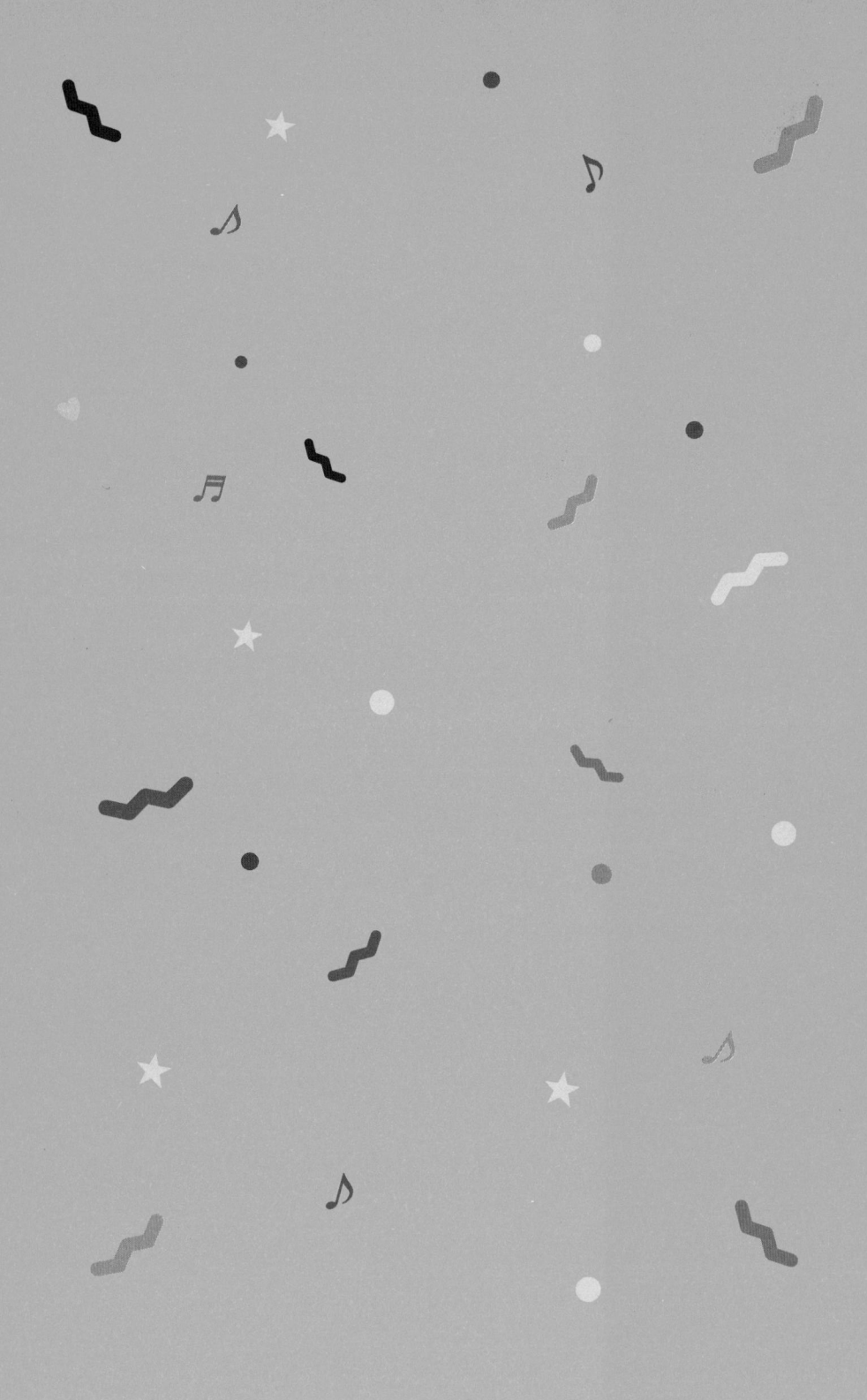

QWER과 바위게
잡은 두 손을 절대로 놓지 말자

QWER과 바위게

초판 1쇄 발행 2025년 10월 18일

지은이 이주강 **펴낸이** 이성용 **책디자인** 책돼지
펴낸곳 빈티지하우스 **주소** 서울시 마포구 성산로 154 4층 406호(성산동, 충영빌딩)
전화 02-355-2696 **팩스** 02-6442-2696 **이메일** vintagehouse_book@naver.com
등록 제 2017-000161호 (2017년 6월 15일) **ISBN** 979-11-993021-4-3 03680

- 이 책은 저작권법에 따라 보호를 받는 저작물이므로 무단 전재와 복제를 금지하며, 이 책 내용의 전부 또는 일부를 사용하려면 반드시 저작권자와 빈티지하우스의 서면동의를 받아야 합니다.
- 빈티지하우스는 독자 여러분의 투고를 기다리고 있습니다. 책으로 펴내고 싶은 원고나 제안을 이메일(vintagehouse_book@naver.com)으로 보내주세요.
- 파손된 책은 구입하신 서점에서 교환해 드리며 책값은 뒤표지에 있습니다.

이주강
지음

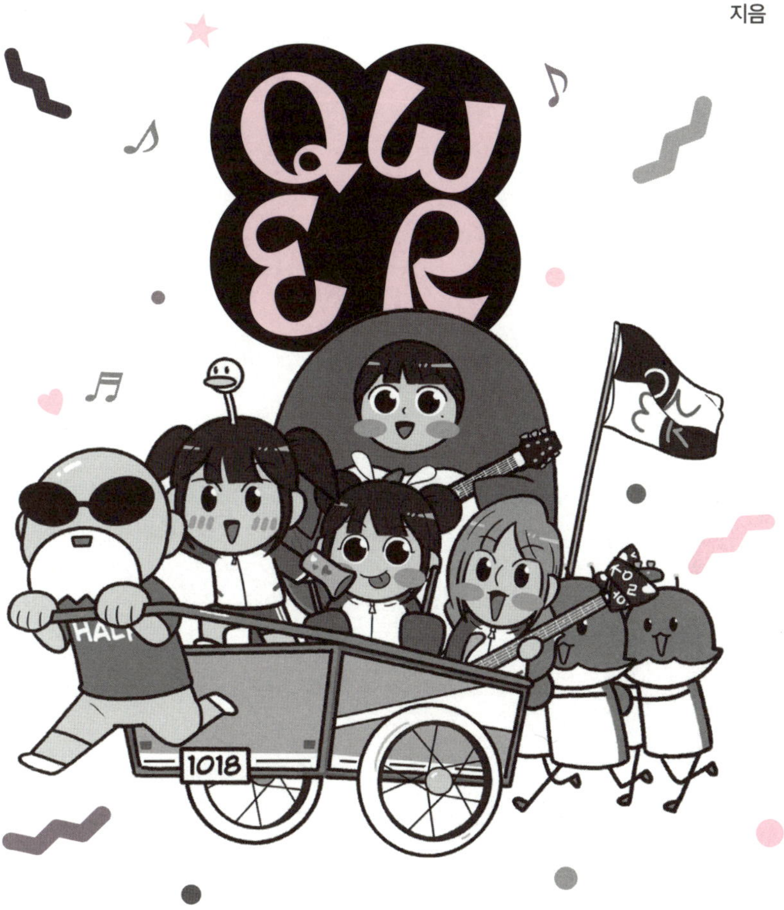

QWER

QWER과 바위게

잡은 두 손을
절대로 놓지 말자

사랑하는 가족과 친구들
QWER과 그녀들을 사랑하는 모든 분들께
이 책을 헌정합니다.

프롤로그 좋은 하루 보내고 있니? 007

From QWER to 바위게
너에게 꼭 말할 거야 오늘도 고마워 ········· 011

데뷔 전후부터 음악방송 3관왕까지 019
데뷔 1주년 되던 그날, 인류는 떠올렸다 025
쵸단 생일 위스키 바: 팬덤 문화의 신기원을 열다 030
[원더리벳 2024] 그리고 QWER의 2024 밴드 상 4관왕 달성 034
MMA와 마젠타의 못다 한 이야기 040
힘내라 시요밍: [마카오 TFT 오픈]과 [아시아 아티스트 어워즈] 045
QWER, 서울에서 첫 번째 팬 콘서트를 열다 052
히나 생일카페에서 만난 바위게들과 티타임을 갖다 063
자작곡 대작전: QWER의 첫 번째 자작곡 도전 067
QWER, 첫 해외 콘서트에 도전하다 074
도쿄 팬 콘서트: QWER과 바위게, 신주쿠를 불태우다 078
오사카 팬 콘서트: 시요밍의 서사가 완성되다 096
낭만 치사량 밴드 QWER의 해남 버스킹 103
QWER, 노들섬을 청춘과 낭만으로 슬램하다 115
감동의 눈물로 얼룩진 QWER 오사카 버스킹 128
타이베이 콘서트에서 '1, 2, QWER!'이 마무리되다 135
한양공대 '싱잉 인 더 레인': 시요밍의 생일날 펼쳐진 빗속의 낭만 공연 140

서울시립대 축제: 시민들도 QWER 응원법을 함께하기 시작하다　146

마젠타 생일카페와 바위게 감자탕집 콘서트　152

QWER, 눈물을 못 참은 채 〈눈물참기〉로 컴백하다　162

[뷰티풀 민트 라이프 페스티벌]: 낭만의 고점을 갱신하다　169

<엠카운트다운> 첫 출연: 사전녹화장이 논산훈련소로 변한 사연　180

QWER 팬클럽 창단 및 빗속 대만 예능 촬영　187

[펜타포트 락 페스티벌] 그리고 앞으로 계속될 우리들 이야기　192

From 바위게 to QWER
힘들고 지친대도 니가 있어 참 좋아 207

총대 바위게: QWER 유니버스의 도라에몽, 만능 재주꾼 에겐남　211

총무 바위게: 공지사항 좀 제대로 읽으세요　220

전바시 바위게: 〈큐떱 로드〉 촬영을 위해 이것까지 해봤습니다　229

생중계 바위게: 캐리비안 베이 파도 속에 서서 중계해도 꺾이지 않는 마음과 허리　244

깃발좌 A 바위게 : 깃발 아래 함께 있을 때 우리는 두려울 것이 없었다　252

깃발좌 B 바위게 : QWER 하이라이트 메들리에 내 깃발이?　262

바텐더 바위게: 쵸단 바에 쵸단이 와 주었으니 더 바랄 게 있나요　280

락스타 바위게: QWER, 나를 구해줘서 고마워요　289

에필로그 오늘도 고생했어요　303

프롤로그
좋은 하루 보내고 있니?

2025년 6월 19일 목요일, 저와 빈티지하우스 출판사 대표님은 오후 2시에 혜화역 4번 출구 앞에서 만났습니다. 마침 QWER이 데뷔 후 처음으로 음악방송에 출연한 날이었습니다. QWER 팬덤인 바위게들은 오전부터 〈엠카운트다운〉 사전녹화가 예정된 상암동 CJENM센터에 모여, 온라인 커뮤니티에 다양한 에피소드를 쏟아내고 있었습니다.

우리는 대형 한옥카페인 '에디션엠 베이커리'로 이동해, 그동안 못 나누었던 이야기를 주고받았습니다. 저는 2024년 11월에 빈티지하우스에서 《온 세상이 QWER이다》를 내놓았지요. 이날 모임에서, 저와 출판사 대표님은

QWER의 역사를 기록하는 책의 지속적인 출간이 의미 있는 작업이라는 데 동의했습니다. 《온 세상이 QWER이다》 출간 이후 다양한 곳에서 마주친 바위게들 가운데, 후속편을 기다리는 분들이 꽤 있었습니다. 이번 《QWER과 바위게》는 그분들께 드리는 선물입니다.

작년에 나온 《온 세상이 QWER이다》는 QWER의 데뷔 때부터 2024년 10월 둘째 주까지의 이야기를 다루었습니다. 〈내 이름 맑음〉이 음악방송 3관왕에 등극하는 데에서 책이 마무리되었지요. 이번 《QWER과 바위게》는 그 이후부터 2025년 8월 1일 [펜타포트 락 페스티벌]까지의 이야기를 담았습니다. 아울러 II부에서는 여러 바위게의 인터뷰를 즐기실 수 있습니다.

2025년 7월 18일, QWER은 2026년 봄까지 이어지는 월드투어 일정을 공개했습니다. 이에 따라 앞으로 QWER을 국내에서 볼 기회는 갈수록 줄어들 듯합니다. 국내 오프라인 현장에서 제가 바위게들과 이야기를 나눌 기회 또한 점차 줄어들겠지요. QWER의 글로벌 위상이 높아지고 팬덤의 규모가 커질수록, 한 줌의 초창기 팬들은 지겹게 마주치던 그 바위게들을 그리워할지도 모르겠습니다. 그것도 아주 가까운 미래에 말이죠.

제가 오프 현장에서 만난 바위게들은 하나같이 열정이 넘치고 긍정적인 에너지를 내뿜는 '참사람'이었습니다. 이들은 어떤 대가도 바라지 않고 순수한 마음으로 QWER을 응원했습니다. 월드투어 소식을 접한 뒤, 저는 그들의 행보가 QWER 유니버스 초기 역사의 일부를 이룬다는 점에서 결코 망각되어서는 안 된다고 생각했습니다. 그래서 《QWER과 바위게》에 이들의 인터뷰를 별도의 챕터로 넣어야겠다고 마음먹었습니다.

쉽지 않은 결정이었지만, 반드시 해야만 하는 일이었습니다. 저는 이 일을 할 적임자가 저밖에 없다고 생각했거든요. 결코 제가 뛰어나서가 아닙니다. 《온 세상이 QWER이다》의 저자이자 다수의 유튜브 영상에 모습을 드러냈던 저는 많은 바위게들에게 부담을 드리지 않고 접근할 수 있는 위치에 있었습니다. 다음 기회란 없다는 사실을 잘 알고 있기에, 여름방학을 빌려 집중적으로 해내야겠다고 마음을 굳혔습니다. 소중한 여름휴가를 QWER이 참여하는 [펜타포트 락 페스티벌]과 [세븐록프라임 페스티벌] 참가로 대체하면서 말이죠.

인터뷰에 흔쾌히 응해 주신 모든 바위게 분들께 진심으로 감사드립니다. QWER과 바위게는 '냉소의 시대에 열정을 뿌리는 챔피언'입니다. 바위게들의 엄청난 에너지와 진솔한 팬심을 책에 담는 과정은 정말로 즐거웠습니다. 아무쪼록 이 책을 통해, 바위게들의 순수한 열정이 잘 전달되었으면 좋겠습니다.

    QWER의 팬덤인 바위게들은 그녀들로부터 하루에 3번 인사를 받습니다. 우선 아침은 시요밍의 "おはよう(오하요, 안녕)!"로 시작합니다. 이른 오후에는 마젠타가 "좋은 하루 보내고 있니?"라는 메시지를 보냅니다. 그리고 늦은 저녁에는 마젠타가 "오늘도 고생했어요"라고 하루의 끝을 알리는 인사를 남깁니다. 이렇게 바위게의 하루는 QWER로 시작해서 QWER로 끝나죠.

    이른 새벽부터 이 책을 읽는 분은 드물 테니, 마젠타의 "좋은 하루 보내고 있니?"를 머리말로 삼아 지금부터 QWER 역사기행을 시작할까 합니다. 드라마 〈도깨비〉에는 "너와 함께한 시간 모두 눈부셨다. 날이 좋아서, 날이 좋지 않아서, 날이 적당해서 모든 날이 좋았다"라는 명대사가 나오죠. QWER 및 바위게와 함께한 모든 날이 저는 좋습니다. 너와 함께한 모든 날이 D-DAY입니다. "오늘의 끝에서 내일을 또 노래해." 그러면 이런 좋은 기운을 받아, QWER 그리고 바위게와 함께하는 시간여행을 떠나봅시다!

장면 #1

2025년 6월 9일, QWER은 〈난 네 편이야, 온 세상이 불협일지라도(난네온불)〉 앨범을 발표하고 쇼케이스를 가졌습니다. 평소 눈물이 많은 QWER의 베이시스트 마젠타(본명: 이아희)는 이날도 쇼케이스에서 펑펑 울었는데요. 모든 행사가 끝난 뒤, 그녀는 늦은 밤에 개인 라이브 방송을 진행했습니다. 그 방송에서 마젠타는 바위게에게 보내는 편지를 써왔는데, 마지막 내용은 대략 다음과 같습니다.

"요번에 안 울겠다고 마음을 먹었던 게, 내가 (바위게에게) 하고 싶은 말을 꼭 하고 싶었어. 근데 결국 눈물을 참는다고 제가 하고 싶은 말을 다 못 하게 돼서, 이렇게 편지를 읽게 되네요. 무대가 사실 아직도 떨리는데, 여러분들 눈을 보면 '괜찮아, 잘할 수 있어' 이런 게 너무 잘 느껴져 가지고, 정말 열심히 준비하게 되는 거 같아요. 여러분들이 저를 구한 거 같습니다. 진짜로. 저를 구해줘서 너무 고맙고 앞으로도 더 힘낼게요. 고마워요. 꼭 앞으로도 함께해요. 아희 올림."

장면 #2

2025년 1월 25일, QWER은 예스24 라이브홀에서 첫 번째 팬 콘서트를 가졌습니다. 그때 4명의 멤버가 쓴 편지가 〈마니또〉를 배경음악 삼아 대형 스크린에 올라왔는데요. 마젠타의 편지 일부는 다음과 같습니다.

"무대를 오르기 전에 항상 심장이 미친 듯이 뛰고 목이 바싹 마르면서, '뭐라도 보여줘야 하는데'라는 걱정이 몰려와요. 그런데 막상 여러분들과 눈을 마주치면 그 떨림이 싹 사라져요! 저를 보는 바위게들의 눈빛이 너무 따뜻하고 기대에 차 있다는 게 느껴지거든요. '괜찮아, 넌 잘하고 있어'라고 말하는 것 같아요! '그냥 젠타는 젠타야, 어떻게 하든 좋다'는 말이 눈에서 가득, 정말 충만하게 느껴져요. 떨고 있는 저를 꼭 붙들어 주고 있어요. 바위게들의 눈빛과 응원은 제가 무대에서 피어날 수 있게 하는 빛이에요."

장면 #3

2024년 10월 18일, 데뷔 1주년 기념으로 진행한 개인방송에서, 마젠타는 촉

촉해진 눈으로 바위게들에게 쓴 편지를 읽었습니다.[1, 2]

"내가 넘어질 때마다 손 내밀어 줬던 너희들의 마음, 결국 내가 이 길을 열심히 걸어갈 수 있게 해준 건 너희들의 믿음 덕분이야. 고맙다는 말로는 부족하지만 언제나 너네가 내 곁에 있어 주기를. 그리고 나도 끝까지 너희의 곁을 지킬게. 항상 너무 고맙고, 덕분에 내 이야기가 이렇게 계속될 수 있었어."

시간 역순으로 배치된 마젠타의 편지들을 보면, 그녀의 마음은 단 한 번도 변한 적이 없습니다. 〈Yours Sincerely〉 가사를 빌리자면, '너에게 꼭 말할 거야, 오늘도 고마워'로 그녀의 진심을 요약할 수 있겠네요.

특히 '팬들이 자기를 구원해주어서 고맙다'는 말이 유달리 깊게 다가옵니다. 통상적으로 아이돌은 "항상 지켜봐 줘서 감사해요", "응원해줘서 고마워요"라고 말합니다. 하지만 팬이 자신을 구원해주었다는 말은 정말 듣기 어렵지요.

그런데 마젠타의 편지들은 덕후를 조련하기 위한 아이돌의 흔한 수법 가운데 하나일까요? QWER을 무척이나 아끼는 선배 가수 윤하는 그녀들의 멘토로 나선 자리에서 '덕후란 깊은 감동이 잦은 사람들'이라고 정의했는데요. 마젠타의 말에 울컥하는 팬들은, 남들 보기에 별것도 아닌 사소한 말에 호들갑을 떠는 '깊은 감동이 잦은 사람들'에 불과할까요?

1    2

세상에 완벽한 사람은 없습니다. 누구나 잘못을 저지르며, 자기만의 흑역사를 지니고 살죠. 하지만 누구에게나 '진실의 순간moment of truth'은 있습니다. 비록 부족한 나지만, 어떤 순간만큼은 진심이었습니다. 적어도 한순간만큼은 한 치의 거짓도 없이 진실했고 온전한 나 자신이었습니다. 저는 바위게들에게 편지를 쓰는 마젠타의 마음 또한 그랬다고 믿습니다. 데뷔 때부터 지금까지 마젠타를 쭉 지켜보며 모든 것을 함께 겪어온 바위게들이라면, 저 순간이 마젠타의 'moment of truth'이었다는 사실을 의심할 수 없습니다. 그리고 마젠타는 이처럼 '진정성을 바탕으로 한 정서적 유대'로 바위게들과 굳게 연결됩니다. 다른 멤버들 또한 마찬가지입니다.

2024년 10월 둘째 주에 음악방송 3관왕을 차지하며 자신의 존재를 음악계에 뚜렷이 각인시킨 QWER. 하지만 이 책의 주제는 숫자놀음이 아닙니다. QWER이 얼마나 많이 앨범을 팔았고 높은 음원 성적을 거두었는지는 저의 주된 관심사가 아닙니다. 이 책은 QWER과 바위게가 진정성에 바탕한 정서적 유대감을 형성하고 서로를 아끼는 가운데 함께 성장해 나가는 이야기를 담고 있습니다.

2023년 10월 18일 데뷔 이전부터 근거 없는 비난과 수많은 증명 요구에 시달렸던 QWER은 1년 만에 '아이돌 자격' 및 '밴드 실력' 논란을 모두 극복하고, 국민 걸밴드의 자리에 우뚝 섭니다. 한편 숱한 시련을 함께 견디는 과정에서, QWER과 바위게의 연대감은 갈수록 강해졌습니다. QWER은 시련을 견뎌낸 보상으로 각종 상을 휩쓸며, 국내외 시상식 무대를 빛냈습니다. 바위게 또한 그녀들과 함께 축제 분위기를 날마다 이어갔습니다.

2025년 1월 말부터 시작된 국내외 팬 콘서트를 통해 QWER과 바위게의 동지애는 더욱 굳건해졌으며, 바위게들은 지난 경험들을 토대로 새로운 아이돌 팬덤 문화를 발전시키는 데 주력했습니다. 오사카 팬 콘서트를 마치자마자, QWER은 다섯 차례에 걸친 국내외 버스킹을 진행했는데요. 바위게는 아이돌 팬덤 응원에 밴드 응원법인 '슬램'을 도입하면서, 아이돌과 밴드 팬 문화를 통합시켰습니다. 아이돌 페스티벌에서는 밴드 문화 중 하나인 대형 깃발을 흔들고, 락 페스티벌에서는 아이돌 문화에서 빌려온 응원법을 밴드 스타일에 맞게 응용해 외쳤습니다. 날 것의 개그와 B급 감성, 거친 열정을 기존 팬덤 문화에 더해, 신문화를 창조했습니다. 이런 감성에 목말라 있던 대만과 일본의 바위게들 또한 QWER의 해외 팬 콘서트에서 이 감성을 수용해 폭발시켰습니다.

2025년 6월 9일 발표한 새 앨범의 〈하이라이트 메들리〉는 'A Day of Busking버스킹의 하루'라는 부제를 달고 있습니다. QWER이 바위게들과 함께 버스킹을 즐기는 내용을 담고 있는데, '깃발좌 바위게'의 바둑판 플래그가 휘날리는 장면을 끝으로 하고 있습니다.³ 쵸단에서 시작해 이시연에 이르는 멤버 4명의 초기 서사를 종결하는 네 번째 앨범은 QWER이 바위게에게 보내는 감사 및 영원히 함께 하자는 소망을 담고 있으며, 그 안에서 QWER과 바위게 그리고 소속사인 타마고 프로덕션은 하나가 되었습니다. 이로써 QWER 유니버스의 삼위일체가 공고히 완성되었습니다.

작년에 이어 두 번째로 [펜타포트 락 페스티벌]에 참가한 QWER과 바위게는 진정성에 바탕한 정서적 유대를 재확인했으며, 그녀들은 마침내 10월 3일 서울에서 출발해 일본과 미국, 홍콩과 싱가포르 등을 아우르는 월드투어를 시작합니다. 바위게 또한 〈가짜 아이돌〉의 가사처럼 "하나 둘, 세상을 뒤집자!"라는 구호 아래, QWER과 질주하고 있습니다.

이런 기본적인 내용을 바탕으로, I부에서는 QWER과 바위게가 정서적 유대감을 강화해가는 과정을 상세히 묘사하고자 합니다. 그리고 그런 과정은 바위게의 일원인 저의 실제 경험을 바탕으로 기술될 것입니다. 따라서 이 책은 음악인류학자인 김정원이 말하듯, '팬덤 내부자로서 개인의 심정과 경험을 기록하고 해석하며, 나아가 내 자신의 정체성을 세밀히 살펴 기술한 자기민족지autoethnography'입니다.[4] 김정원은 자신을 아카팬academic fan, 학자이면서 팬인 사람이라고 불렀는데요. 대학에서 학생을 가르치며 철학을 연구하는 저 또한 아카팬 중 한 명이라고 볼 수 있겠네요.

많은 대중문화연구자들은 팬덤의 특성을 이해한 뒤, 팬덤에 관한 이론을 세우는 대신 직접 팬덤에 참여하고 관찰한 경험을 기술하는 민족지를 중시했는데요.[5] 저 또한 저술 내용의 진실성을 담보하기 위해서, 팬덤의 일원으로 활동 중인 제 경험을 이야기하고자

[4] 김정원, 《음악인류학자의 케이팝하기》, 15쪽.
[5] 김정원, 《음악인류학자의 케이팝하기》, 17쪽.

합니다. 그러면 아직도 QWER이 낯선 독자를 배려해 그녀들의 데뷔 과정부터 간략히 다룬 뒤, 《온 세상이 QWER이다》 이후의 이야기를 이어가도록 하겠습니다.

데뷔 전후부터 음악방송 3관왕까지

옛날 옛적 외환위기가 한반도를 흔들던 때, 한 소녀가 태어났습니다. 그녀는 엄마 아빠에게 뛰어난 음악적 재능과 발군의 운동 능력, 그리고 홍지혜라는 예쁜 이름을 받았습니다. 10살 때부터 드럼을 쳤던 소녀는 성신여대 실용음악과에 드럼 전공으로 입학했습니다. 복싱으로 아마추어 대회에 나가 입상하기도 했죠.

그러나 예체능 모든 분야에 탁월했던 소녀에게도 말 못 할 약점이 하나 있었습니다. 지극히 내향적인 그녀는 무대가 무서웠습니다. 혼자 있을 때는 카메라 앞에서도 떨지 않았지만, 수많은 사람 앞에서 연주하는 것만큼은 죽기보다 싫었습니다. 결국 그녀는 전문 악기연주자가 되는 꿈을 접고, 인플루언서의 길을 걷기 시작했습니다. 귀여운 얼굴에 뛰어난 격투 실력을 보인 소녀는 점차 인기 크리에이터로 유명세를 탔습니다. 한 살 많은 마젠타 언니 등과 함께 트위치라는 플랫폼에서 높은 인기를 누린 그녀. 일본 애니메이션 <진격의 거인>에 나오는 엘빈 단장団長, 단쵸의 일본어 발음을 뒤집은 '쵸단'이란 예명으로 더욱 잘 알려졌습니다.

하지만 소녀의 마음 한구석에는 음악에 대한 열정이 살아 있었습니다. 인터넷 방송 중에도 수시로 장난감 드럼을 쳤으며, 그녀의 노래 솜씨는 일찌감치 정평이 났습니다. 뮤지션의 꿈을 버릴 수 없었던 소녀는 여러 인플루언서와 함께 밴드 결성 직전까지 가기도 했습니다.[6] 비록 팀을 만들지는 못했지만, 소녀의 도전과 열정은 지인들에게 깊은 인상을 남겼습니다. 구독자 삼백만 명을 자랑하는 운동 유튜버인 김계란 또한 그중 한 명이었죠.

러시아에서 대형 프로젝트를 준비하다 러시아-우크라이나 전쟁 발발로 인해 막대한 손실을 본 김계란. 마음을 달래기 위해 빠니보틀, 쵸단 등과 인도네시아 발리로 여행을 떠납니다. 낮 동안 평범한 관광을 마친 쵸단과 김계란은 시끌벅적한 라이브 바에 들어섭니다. 서양인들이 가득한 바에는 밴드의 라이브 연주가 한창이었습니다. 분위기에 취한 김계란이 쵸단을 드러머로 소개하며 무대 쪽으로 밀었습니다.

쵸단은 놀라서 뒷걸음질 쳤습니다. 이런 무대가 무서워서 꿈을 접었었는데 연습이 전혀 안 된 상태에서 등 떠밀려 사

람들 앞에 선다니, 그녀가 가장 바라지 않던 상황이었습니다. 하지만 결국 꿈이 두려움을 이겼습니다. 하늘하늘한 원피스 복장이었던 그녀는 너바나의 〈Smells Like Teen Spirit〉을 커버하는 무대에서 드럼을 쳤고, 그 자리에 있던 모든 이들이 열광했습니다. 김계란은 살면서 이보다 더 큰 도파민을 느껴본 적이 없었습니다.

즉석 공연이 끝난 뒤, 김계란은 쵸단에게 밴드를 해볼 생각이 있냐며 물었습니다. 그리고 며칠의 망설임 뒤에 그녀는 승낙했습니다. 영웅 서사의 수레바퀴가 끼익 소리를 내며 움직였습니다. 〈슬램덩크〉의 북산 고등학교 농구팀처럼, 평범하지 않은 언더독들이 하나둘씩 모여들기 시작했습니다.

친화력과 개그감으로 유명하지만 음악적 박식과 불굴의 노력을 감추고 살았던 인플루언서 마젠타. 이아희란 본명을 지닌 그녀는 몸이 아픈 부모를 대신해 편의점 카운터에 앉았으며, 남동생의 학비를 대는 소녀 가장이었습니다. 이제 겨우 트위치에서 자리 잡았는데, 이를 접고 가기에는 가장의 어깨가 무거웠습니다. 하지만 유달리 도전정신이 강한 마젠타는 동생 쵸단과 함께 모험을 떠나기로 결심하고, 가느다란 팔로 무거운 베이스를 잡습니다.

팀의 막내 히나(본명: 장나영)는 안정적인 가정에서 태어나 많은 사랑을 받으며 자랐습니다. 큰 키에 예쁜 얼굴, 다재다능함을 갖춘 그녀는 한때 음악 전공으로 대학에 가기를 꿈꿨습니다. 현실을 고려해 스튜어디스가 되는 쪽으로 방향을 바꿨지만 적성에 맞지 않아, 결국 대학을 그만두고 방구석에 틀어박혀 코스프레를 시작합니다. 타고난 외모나 감각이 워낙 뛰어나 사백만 구독자의 틱톡커가 되었지만, 평생 이렇게 살 수는 없다는 것을 그녀도 알고 있었습니다. 얼굴이 공개되지 않는 버추얼 유튜버가 되고 싶어 김계란을 찾아간 그녀에게, 빡빡이 아저씨는 기타리스트를 권했습니다. 이렇게 해서 틱톡커 냥뇽녕냥은 기타리스트 히나로 거듭납니다.

    메인보컬인 시요밍(본명: 이시연)은 어릴 때부터 일본 여자 아이돌 덕후였습니다. 본인도 언젠가 아이돌이 되겠다며 홍대에서 찬바람을 맞으면서 커버 댄스를 추던 그녀. 한국에서의 여러 시도가 좌절되고, 일본으로 건너가 꿈에 그리던 일본 아이돌 팀에 합류합니다. 하지만 일본에서 아이돌로 살아남기에는 이미 나이가 많았고, 미래는 너무도 불투명했습니다. 결국 일본 아이돌 생활을 접고 다른 길을 알아보려던 때, 김계란이 그녀의 인스타 라이브 방송에 갑자기 등장했습니다. 밴드 보컬을 찾고 있었던 김계란은 면접을 제안했고, 다수의 후보가 검토된 끝에 시요밍이 메인 보컬로 최종 낙점됩니다.

    자, 사회의 주류와는 거리가 먼 언더독이 모인 밴드 QWER은 이렇게 탄생했습니다. 그러나 사람들은 영화 속 언더독은 응원하지만, 현실의 언더독은 비웃죠. 본인이 비교당하는 것은 싫지만, 타인을 비교질하는 데는 거리낌이 없습니다. 북산 농구팀처럼 괴짜 언더독이 모인 QWER은 처음부터 시련을 겪을 수밖에 없는 운명이었습니다. 하지만 각본보다는 각본 없는 현실이 더욱 짜릿하죠. QWER의 진심어린 열정에 공감한 한 줌의 팬들이 서서히 모여들기 시작합니다. QWER 팬덤인 '바위게'의 탄생입니다.

    2023년 10월 18일에 첫 번째 타이틀곡인 〈디스코드〉로 폐관 수련 끝에 데뷔한 QWER. 그러나 멜론 차트에서 880위로 차트인했다가, 하루 만에 1000위 밖으로 밀려나고 맙니다. 어찌 보면 너무도 당연한 결과라, 멤버들은 크게 상심하지 않습니다. 그런데 [HUP! OUR STAGE] 라이브와 [롤드컵 전야제]에서 빼어난 보컬과 더없는 열정을 보여준 QWER은 점차 입소문이 나기 시작했습니다. 결국 공중파 한 번 못 탔던 〈디스코드〉는 대중픽으로 멜론 TOP 100 차트 27위까지 역주행하는 기염을 토합니다.

2024년 4월 1일에 〈고민중독〉으로 다시 찾아온 그녀들. 한 달도 되지 않아 멜론 차트 3위까지 오르며 전국을 강타합니다. 이 곡은 수개월 동안 노래방 1위, 2024년 유튜브 뮤직 코리아 1위 등을 차지하며, QWER의 대표곡으로 자리매김합니다.

한편 아이돌 밴드 QWER의 인기가 올라감에 따라, 아이돌 판과 밴드 판 양쪽에서 공격이 쏟아졌습니다. 아이돌 판에서는 '통상적인 아이돌 데뷔 코스를 밟지 않았으니, 아이돌로 인정하지 않겠다'라는 '인정 논란'이 일었습니다. 밴드 판에서는 핸드싱크를 한다는 등 근거 없는 '실력 논란'을 제기했습니다. 주홍글씨의 광기가 사방에 넘쳐났고, 마녀사냥의 칼날이 번득였습니다.

하지만 강한 자가 살아남는 것이 아니라, 살아남는 자가 강한 것이죠. '인정 논란'의 경우, 많은 가수가 꿈꾸는 무대인 고려대학교 [입실렌티] 축제에 QWER이 초청되면서 잠시 수그러들었습니다. 한편 핸드싱크 등의 근거 없는 '실력 논란'에 맞서, QWER은 [펜타포트 락 페스티벌]에서 악기에 카메라를 단 채 공연하고 영상을 공개했습니다.

끝을 모를 마녀사냥에 대해, QWER은 맞서 싸우기보다 오직 성장으로 증명하는 길을 택했습니다. 장애물 달리기에서 허들은 부수는 것이 아니라 넘는 것입니다. 허들을 들이받으면 본인도 다치고 쓰러집니다. 오직 실력을 키워 뛰어넘을 생각만 하면 됩니다. 그 누구도 비난하지 않은 채, QWER은 묵묵히 제 갈 길을 갔습니다.

그리고 긍정으로 부정을 뛰어넘는 QWER의 열정과 진정성에, 점점 더 많은 사람이 귀를 기울이기 시작했습니다. 또한 아이돌이든 밴드이든 뮤지션들이 동종업계 동료인 QWER을 비난할 이유는 처음부터 없었습니다. QWER은 챌린지 등을 통해 다양한 뮤지션들과 교류를 넓혀갔습니다.

숨 가쁜 행보를 이어가던 QWER은 2024년 9월 23일에 〈내 이름 맑음〉으로 컴백합니다. 그리고 10월 둘째 주에 음악방송 3관왕을 차지하며, '인정 논란'과 '실력 논란'에 종지부를 찍습니다. BTS나 블랙핑크조차도 공격받는 세상, 허들의 숫자가 줄어들 일은 앞으로도 없습니다. 하지만 QWER은 그동안 시련을 잘 견뎌낸 만큼 더욱 많은 사람에게 사랑받게 되었으며, 이제는 남들에게 증명해야 한다는 압박을 덜고 성장에 집중할 수 있게 되었습니다.

여기까지가 《온 세상이 QWER이다》에 담긴 그녀들의 지난 서사입니다. 그리고 이 책은 QWER 데뷔 1주년인 2024년 10월 18일에서부터 본격적으로 시작합니다.

데뷔 1주년 되던 그날, 인류는 떠올렸다

2024년 10월 9일 〈쇼챔피언〉, 10월 10일 〈엠카운트다운〉, 그리고 10월 12일 공중파인 〈MBC 음악중심〉에서 〈내 이름 맑음〉으로 음악방송 3관왕을 달성한 QWER. 〈음악중심〉 1위곡이 발표될 당시, QWER은 잠실 석촌호수에서 열린 [청춘커피] 페스티벌에 참가해 오후 5시 공연을 준비 중이었습니다. 그곳을 찾은 바위게들은 사운드 체크를 위해 무대로 올라온 그녀들에게, "3관왕 축하해!"라며 목이 메어 외쳤습니다.[7]

    전쟁과도 같았던 지난 1년의 원정을 무사히 마치고 수많은 승전 소식과 함께 귀환한 QWER. 그곳에 모인 바위게들

7

은 비로소 긴장을 풀고 따뜻한 가을 햇살을 만끽하며, 축하 인사를 아끼지 않았습니다. 저 또한 페스티벌에 함께한 에이핑크 덕후와 늦은 밤까지 맥주잔을 부딪치며, 다시 오지 않을-그러나 앞으로도 다른 형태로 계속될-영광의 날을 즐겼습니다.

음악방송 3관왕 이후에도 QWER의 행보는 쉴 줄을 몰랐고, 인기는 계속해서 상승했습니다. 10월 17일에 있었던 마산대학교 [청우대동제] 공연의 경우, 〈고민중독〉뿐만 아니라 〈디스코드〉 떼창이 고려대학교 [입실렌티]나 [펜타포트 락 페스티벌] 등 바위게들이 최고로 꼽는 공연들보다 훨씬 더 우렁차게 터졌습니다. 특히 단독 콘서트가 아닌 상황에서 〈디스코드〉 떼창은 아무도 예상하지 못했죠. QWER의 인기가 폭발적이라는 점을 실감할 수 있었던 일대 사건이었습니다.[8]

지난 1년 동안 수많은 물음표를 느낌표로 바꿔 내고야 말았던 QWER. 이제는 남들에게 증명해야 한다는 압박을 덜고 성장에 집중할 수 있게 되었습니다. 그리고 바위게들도 정신적으로 훨씬 여유가 생기면서, 서로 가까이 다가서기 시작했습니다. 그런 변화는 10월 18일 QWER 데뷔 1주년 카페에서도 감지되었습니다.

데뷔 1주년 당일인 10월 18일, 저는 동료 학자인 '스파이크'

와 함께 1주년 생일카페 투어를 돌았습니다. 지난 6월 2일 마젠타 생일 당시, 저는 그녀의 생일카페였던 '러빈허 플라워 카페' 입구를 배회하다 끝내 들어가지 못했습니다. 하지만 이제는 용기가 생겼습니다.

합정역 근처 하얀 건물 4층에 자리한 '버퍼링 카페'에 들어서자마자, 한 바위게가 앞으로 나와 "브런치매거진에 쓰고 계신 글, 잘 읽고 있습니다!"라며 반갑게 인사해 주셨습니다. 저는 물론이고 친구인 스파이크도 깜짝 놀랐습니다. 아, 팬들끼리 만난다는 느낌이 바로 이런 것이구나! 현대인은 취향을 중심으로 헤쳐 모여 느슨한 연대를 유지하게 될 것이라는 전망이 와 닿는 순간이었습니다. 이날 행사 카페 두 군데를 더 방문했는데, 그곳에서도 낯선 바위게들이 친근히 말을 건네주었습니다. 여태까지 제가 겪지 못한 경험이었죠.

한편 대만 바위게들은 'QWER 데뷔 1주년 기념 버스 광고'를 펼쳤으며, 홍콩 침사추이에서는 'KR카페'에서 'QWER 데뷔 1주년 기념 카페'가 수일 동안 진행되었습니다. QWER의 중화권 인기가 이미 심상치 않았지요. 결국 QWER 월드투어의 일환으로 2026년 2월 8일에는 홍콩에서, 그리고 2월 14일에는 타이베이에서 단독 콘서트가 열리게 됩니다.

한편 2024년 10월 18일 저녁 8시에는 QWER이 직접 진행하는 〈데뷔 1주년 기념 라이브〉가 있었습니다. QWER은 〈알블Algorithm's Blossom〉 앨범

수록곡인 〈사랑하자〉 최초 라이브 무대를 선보임으로써, 바위게들을 깜짝 놀라게 했습니다.

    이 라이브 쇼가 끝나자마자, 3Y코프레이션 직원이자 QWER의 기획자인 김계란이 인스타 라이브 방송을 시작했습니다. 3Y코프레이션은 프리즘필터와 함께 '타마고 프로덕션'을 만들었는데, QWER은 그곳 소속입니다. 이 방송에는 김계란뿐만 아니라 프리즘필터 이기용 대표, 3Y PD 빙튜브(빙빙), 그리고 QWER 매니저 검은수염(검검)이 출연해서 흥미로운 대화를 나누었습니다. QWER의 음악을 담당하는 프리즘필터의 대표는 앞으로도 QWER이 음악적으로 보여줄 것들이 많다고 공언함으로써, 시청하는 바위게들을 더욱 들뜨게 했습니다. QWER 관련 여러 콘텐츠 제작을 담당하는 빙빙은 성취감에서 오는 도파민을 자양분으로 삼아 살아가는 전형적인 크리에이터였습니다. 그는 앞으로도 QWER을 위해서 불철주야 일하겠다는 워커홀릭 특유의 강한 의지를 보였습니다. 한편 3대 600을 치는 미남 매니저 검검은 "QWER 매니저를 하면서 어떤 점이 가장 힘드세요?"라는 김계란의 질문에 "지금 배터리가 2%밖에 안 남았습니다", "운동이 하고 싶습니다!" 등 동문서답을 늘어놓았죠. 상남자 특유의 쑥스러움이 잘 드러나는 장면이었습니다.

    QWER 유니버스는 가수 QWER과 팬덤 바위게, 그리고 소속사 타마고 프로덕션(3Y코프레이션+프리즘필터)의 삼위일체로 구성됩니다. 이 세 그룹은 한배를 탄 동료나 다름없으며, 다른 아이돌 판에서 보기 힘든 유대감으로 똘똘 뭉쳐 있습니다. '원피스'를 찾아 모험을 떠난 해적단은 이후에도 레벨업을 계속해, 고작 1년 뒤에 전 세계로 진출 지역을 확대합니다.

저는 이날, 다른 멤버들은 몰라도 마젠타만큼은 반드시 개인방송을 할 것이라 예상했습니다. 그리고 역시나 김계란 방송이 끝나고 난 뒤, 마젠타의 트위치 방송이 시작되었습니다. 앞선 데뷔 1주년 방송 착장으로 등장한 그녀는 이미 방송 시작부터 눈가가 촉촉하게 젖어 있었습니다. 그리고 그녀는 바위게에게 써 온 편지를 읽으면서 잔잔한 분위기로 방송을 마쳤습니다. 물론 편지를 읽을 때 몇 번씩이나 음소거 상태여서 다시 읽을 수밖에 없던 상황은 참으로 마젠타다웠습니다. 어리숙하고 실수가 많지만 속이 깊고 인간적인 마젠타의 진면목이 잘 드러난 장면이었지요.

"항상 너무 고맙고, (바위게) 덕분에 내 이야기가 이렇게 계속될 수 있었어"라는 말로 심금을 울리는 가운데, 그녀는 참으로 오랜만에 정상적으로 방송을 마무리했습니다. 평소처럼 급방종(예상치 못하게 급히 방송을 종료)하지 않았지만, 어쩌면 그게 가장 자연스러운 날이기도 했지요. 마젠타는 보면 볼수록, 그냥 '사람으로서 멋있다'라는 말밖에 나오지 않습니다.

화양연화花樣年華는 '꽃과 같이 인생에서 가장 아름다운 시절'을 의미합니다. 2024년 10월 18일은 QWER과 바위게의 화양연화였습니다. 하지만 이날이 QWER 역사에서 최고점이었다는 뜻은 결코 아닙니다. QWER 유니버스의 황금기는 이제부터 시작이었습니다.

쵸단 생일 위스키 바: 팬덤 문화의 신기원을 열다

1주년 데뷔일의 일주일 뒤인 2024년 10월 25일, QWER은 [광양 K-팝 페스티벌]에 참가해, 무대를 활활 불태웠습니다.[9] 인기 가수를 현장에서 볼 기회가 적은 지방 소도시의 경우, 뮤직 페스티벌의 호응도가 수도권과는 비교가 안 될 정도로 높습니다. 광양 페스티벌에서는 남녀노소를 막론한 폭넓은 라이트 팬덤이 점차 확대되고 있다는 사실이 확인되었죠.

한편 그녀들은 10월 26일 여의도에서 열린 [아시아 송 페스티벌]에서 상승세를 이어갔습니다. QWER은 이 축제에서 토미오카 아이, 프로미스나인 등 다양한 뮤지션들과 친분을 나누었는데요.

[10, 11]프로미스나인의 팬덤인 플로버는 후배 QWER의 무대에 응원봉을 흔들며 적극 호응해 주었습니다. 2024년 대한민국에 몇 안 되는 남초 팬덤인 플로버에게 바위게는 동질감을 느꼈으며, 응원봉이 절실하다는 사실 또한 깨달았습니다.

한편 10월 28일, QWER은 리더 쵸단의 건강 문제로 며칠간 행사 일정을 취소합니다. 25살의 마지막 날이었던 10월 31일에 퇴원한 쵸단의 병명은 급성위염이었습니다. QWER이 축제에 오기만을 간절히 바랐던 사람들은 아쉬움이 컸지만, 그녀가 혼절에 각혈까지 했다니 얼마나 힘들었을지 상상키 어려웠습니다. 결국 바위게들은 위스키 마니아인 쵸단이 술병(?)으로 요양 중인 상황에서, 그녀의 생일 기념으로 위스키 바를 열게 되었습니다.

11월 1일은 쵸단이 퇴원한 뒤 팬 사인회로 복귀한 첫날이자 그녀의 생일이었습니다. 그런데 저는 일단의 바위게가 쵸단 생일을 기념해 위스키 바를 연다는 소식을 들었습니다. 쵸단은 평소에도 위스키 사랑으로 유명하며,[12] 장래희망으로 위스키 성지인 스코틀랜드 아일라 섬 방문을 꼽습니다. 그런 사실을 잘 아는 바위게들이 케이팝 걸그룹 멤버 생일 기념 이벤트로는 사상 최초로, 위스키 바를 열어버린 겁니다. "그래, 이거지! 내가 이 맛에 바위게 하는 거지! 가수만큼이나 팬덤도 정신이 나갔다니까!" 그래서 저는

10  11  12

오늘도 스파이크와 함께, 합정역 5번 출구 앞에 서고야 말았습니다.

제게 매우 익숙한 합정동 거리를 걸어 내려가, 스파이크와 함께 '로우필름 카페'에 들어섰습니다. 낯이 익은 선량한 바위게가 웃으면서 저를 맞아 주었습니다. 생일카페 안은 각종 쵸단 관련 아이템들로 잘 꾸며져 있었지만, 저는 어서 위스키를 마실 생각에 차분히 둘러보질 못했습니다.

평일 대낮의 '조선 위스키'에는 사람들이 그렇게 많지 않았습니다. 우리는 한쪽 구석에 가방을 던져놓고, 짙은 색 셔츠를 갖춰 입은 바텐더 바위게에게 갔습니다. 이날 메뉴는 쵸단이 평소 방송에서 추천하던 위스키들로 채워졌습니다. 저는 기본으로 제공된 3잔의 위스키 이외에 별도로 '아드벡 코리브레칸'을 맛보았는데요. 위린이(위스키 어린이)인 우리 둘에게 그 맛은 충격적이었습니다. 57.1도 싱글몰트 위스키는 목 넘김이 부드러웠는데, 은은한 피트 향이 천천히 입과 코 전체에 퍼졌습니다. 저는 이날 이후로 아드벡 코리브레칸의 팬이 되었고, 오프 행사에서 이를 바위게들과 나눠 마시기도 했습니다.

한편 11월 2일 새벽, 쵸단은 자신을 걱정해준 팬들을 위해 라이브 방송을 시작했습니다. 그녀는 바위게들에게 자기 대신 쵸바(쵸단 위스키 바)에서 많이 드시라고 권했습니다. 또한 쵸단은 아드벡 우거다일(우가달)도 좋아하지만, 코리브레칸을 정말 좋아한다고 말했습니다. 위스키 문외한인 제게 쵸단 pick 위스키를 제공해 주신 바텐더 바위게에게 진심으로 감사드립니다. 주된 취미가 술이 아닌 차茶이신 분인데, 위스키 바를 준비하시느라 정말 고생하셨습니다.

　기존 케이팝 팬덤은 기부나 봉사활동 등 선행 중심으로 활동했습니다. 이런 선한 영향력은 케이팝 팬덤 문화의 긍정적인 측면입니다. 그런데 바위게는 기존의 팬덤 문화에 '재미와 엉뚱함, 기발함'이라는 전대미문의 테마를 더했습니다. 쵸단이 위스키를 좋아한다니 위스키 바를 오픈하고, 그녀가 복싱에 뛰어나니 아예 샌드백을 생일카페에 설치했습니다. 11월 2일 오후에 아픈 몸을 이끌고 생일카페를 방문한 그녀는 기어코 글러브를 끼고 샌드백을 두들겼죠.[13] 위스키 바를 방문해서는 입맛을 다시기도 했습니다.[14] QWER과 바위게는 진심으로 놀 줄 압니다!

　네덜란드의 인문학자 요한 하위징아가 밝혔듯이, 놀이는 인간 본성입니다. 이 세상에 놀 줄 모르는 꼬마는 없습니다. 하지만 '진지충'이 되어야 한다는 사회 분위기에 눌려 자신의 놀이 본성을 억압했고, 그 과정에서 모두 불행해졌을 따름입니다. 반면에 바위게들을 비롯한 호모 루덴스(놀이하는 인간)는 어떻게 하면 함께 끝내주게 놀 수 있을까 고민하며, 그 과정에서 괄목할 성과를 냅니다. QWER 기타리스트 히나 생일 등 굵직한 QWER 행사가 대기하는 가운데, 바위게들이 또 얼마나 상상을 뛰어넘는 기발함을 발휘해 세상을 놀라게 할지 기대가 됩니다. QWER과 바위게 연구야말로 진정 21세기에 필요한 인문학입니다.

[원더리벳 2024] 그리고 QWER의 2024 밴드 상 4관왕 달성

11월 1일 쵸단 생일카페에서 신나게 논 바위게들에게, 또 다른 놀 거리가 기다리고 있었습니다. QWER이 [원더리벳 2024 페스티벌]에 참가하니까요. 그녀들은 지난 2023년 12월 2일, [아니메 게임 페스티벌 2023]과 함께 열린 '원더리벳 스테이지' 무대에 헤드라이너로 섰지요.[15] 그 당시에는 연주할 곡의 숫자가 부족해서 제이팝 커버를 해야만 했던 QWER이 1년 뒤에는 어떤 곡을 세트리스트에서 빼야 할지 '고민중독'하는 가수가 되었다니, 참으로 감개무량합니다.

[원더리벳 2024]는 11월 8일부터 10일까지 3일 동안 진

15

행되었지만, 사정상 사흘 내내 가는 것이 어려운 저는 QWER이 출연하는 마지막 날 공연만으로 만족했습니다. 사쿠라자카46, 레오르Reol, 메종데 MAISONdes, 아스미asmi, 야마yama, 유우리Yuuri 등이 QWER과 같은 날 공연한다는 소식에 제 마음도 한껏 들떴습니다. 오사카 아이돌 NMB48 출신인 시요밍에게 사쿠라자카46은 꿈에 그리던 대선배죠. 이날 공연을 마친 시요밍은 자신의 SNS를 통해, 사쿠라자카46과 콜라보한 사실이 꿈만 같다고 밝혔습니다.[16]

이번 [원더리벳 2024]는 원더 스테이지와 리벳 스테이지 2곳으로 나뉘어 무대가 펼쳐졌는데요. QWER의 무대는 15시 25분부터 〈사랑하자〉를 필두로 리벳 스테이지에서 펼쳐졌습니다.[17] QWER의 곡들은 떼창 포인트가 분명하다는 특징이 있는데요. 〈사랑하자〉의 경우 최초 공연임에도 불구하고, 바위게들은 미리 합이나 맞춘 듯이 "어이! 어이!"를 외쳤고 "사랑하자~!"라는 파트는 어김없이 따라 불렀습니다. 위염 치료를 마치고 건강하게 복귀한 쵸단은 신이 나서 드럼을 패다가, 〈고민중독〉 마지막 파트에서 기어코 드럼스틱을 부러뜨리고 말았습니다.

한편 〈고민중독〉 공연 때 마젠타존 앞 열에서 일부 바위게들이 '오타게(아이돌에게 보내는 팬의 응원 퍼포먼스)'를 시연해서 김계란과 멤버들을 기쁘게 했습니다. 그리고 공연장 뒤편에서는 락 페스티벌에 익숙한 관객들이 〈내 이름 맑음〉이 연주될 때 '슬램(청중들이 한 곳으로 달려들어 몸을 부딪는 퍼포먼

스)'을 펼쳤습니다. 이때와 [전주 얼티밋 뮤직 페스티벌]의 슬램 경험[18] 등을 토대로 바위게들은 2025년 4월 노들섬 버스킹에서 아이돌 팬덤 최초의 슬램 퍼포먼스를 펼침으로써, 케이팝 팬덤 문화의 신기원을 기록하게 됩니다. 밴드 페스티벌에서 아이돌 응원법을, 그리고 아이돌 축제에서 밴드 응원법을 능수능란하게 사용하는 바위게들의 창의력은 숱한 오프 경험 덕분에 가능했습니다.

QWER의 공연 이후로도 레오르, 키타니 타츠야木谷竜也, 아스미, 야마, 메종데, 유우리 등 한국에서 좀처럼 만나기 힘든 일본 가수들의 무대가 이어졌습니다. 특히 메종데의 경우, 버추얼 애니메이션으로 나온 객원 가수 카후花譜, KAF의 무대가 충격적이었습니다. 사람들은 카후의 무대에 열광했고, 저 또한 그녀의 노래 솜씨에 홀딱 반했습니다. 유튜브 영상으로 보면, 버추얼 가수에 열광하는 팬들의 모습이 기괴하게 보일지도 모르겠습니다. 하지만 공연 현장에서는 전혀 그렇지 않았습니다.

조금 앞서가자면, 2025년 6월 24일에 QWER의 히나는 같은 소속사의 버추얼 아티스트 '헤비'와 합동 방송을 펼칩니다. 이 장면을 받아들이기 어렵다면, 2025년 6월 세계를 강타한 〈케이팝 데몬 헌터스〉의 2D 아이돌인 헌트릭스와 사자 보이즈의 인기는 어떻게 설명해야 할까요? 세상은 이미 온라인과 오프라인을 가리지 않고 무한확장 중이며, 버추얼 아티스트와 함께 하는 QWER은 그 변화의 선두에 서 있습니다.

18

2024년 11월은 QWER 못지않게, 저 또한 바위게 활동으로 바빴습니다. 첫째, 《온 세상이 QWER이다》라는 책을 내놓았습니다. 둘째, QWER 팬튜브 [전지적 바위게 시점]의 'QWER의 성덕을 찾아서' 시리즈 초대 게스트로 출연했습니다.[19] 촬영 당일에 모인 바위게들의 엄청난 에너지에, 저와 출판사 대표는 감탄했습니다. 자정이 넘도록 진행된 촬영을 마치고 캄캄한 밤거리를 거닐며, 출판사 대표와 많은 이야기를 나누었습니다.

사실 수십 년 동안 사회생활을 한 아재들은 삶의 열정을 많이 잃습니다. 그리고 그렇게 매사에 무뎌지고 재미있는 일도 없으며, 심장이 뛰거나 벅차오르는 일 또한 없습니다. 그렇게 마음이 죽은 상태를 일컬어 '철이 들었다', '어른이 되었다'고 말하죠. 그런데 오직 QWER을 좋아한다는 이유 하나만으로 '무보수 홍보대사'를 자처하는 바위게들의 열정에 출판사 대표는 큰 감동을 받았습니다. '진정성'이라는 한 단어로만 설명될 수 있는 일이죠.

그리고 마지막으로 셋째, 《온 세상이 QWER이다》'출판 놀이'를 끝내고 나니, 제게는 뭔가 새로운 놀 거리에 대한 욕구가 생겼습니다. 그래서 성균관대학교 근로 장학생 두 명을 섭외해 〈온 세상이 QWER이다: 바위게가 되지 않을래?〉 시리즈 2편을 촬영했습니다.[20, 21] 영상을 기획하고 촬영하는 내내 즐거웠으며, QWER과 마찬가지로 바위게인 저 또한 삶의 영역을 확장하며 성장하고 있었습니다.

19  20  21

이런 가운데 11월 23일 토요일, QWER은 [2024 MAMA AWARDS](이하 MAMA)에서 '베스트 밴드 퍼포먼스 상'을 수상함으로써, 올해 베스트 밴드 상 3개를 모두 휩쓸었습니다. '밴드 상'으로 범위를 넓히면 무려 4관왕이죠. QWER 팬덤인 바위게조차도 전혀 기대하지 않았던 수상인지라, 기쁨이 두 배가 되었습니다.

2024년 한 해 동안 QWER의 약진은 단순한 앨범 판매량이나 음원 성적만으로는 가늠하기 어렵습니다. '대형기획사나 깊은 관록의 중형기획사, 또는 대형기획사 출신의 연예계 잔뼈가 굵은 인물이 운영하는 기획사'가 아닌, '무명의 온라인 콘텐츠 제작사'가 내놓은 아티스트가 QWER입니다. 다년간의 무한경쟁을 통해 선발된 연습생이 아니라, 트위치 인플루언서와 틱톡 코스프레 전문가 등이 모여 서사를 쌓고 쌓아 알고리즘에서 피어난 성취죠. 80에서 출발해 90을 이루는 대형기획사 출신 가수가 아니라, 0에서 출발해 70을 달성한 괴물 신인이라는 데 큰 의미가 있습니다.

이날 QWER은 아케인 시즌2 팬페스트 특별 콘서트를 진행했는데요.[22] 라이브 공연 중, MAMA 베스트 밴드 상 수상 소식이 떴습니다. 바위게들은 환호성을 지르며 이불 밖으로 뛰쳐나왔습니다. QWER이 출연하지 않았기에, 완전히 마음을 비우고 있었거든요. 이로써 QWER은 [2024 케이월드드림어워즈KWDA], [2024 올해의 브랜드 대상], [2024 코리아그랜드뮤직어워즈KGMA]에 이어 [2024 MAMA]에서도

밴드 부문 상을 받으며, 밴드 관련 4관왕을 석권했습니다.[23]

    QWER 멤버들에게도 MAMA에서 상을 받았다는 사실은 뛸 듯이 기쁜 일임이 틀림없습니다. 이날 밤 히나와 마젠타의 합동 방송 및 쵸단의 개인방송이 각각 장시간 이어졌으니까요. 이를 토대로, 민머리 기상 캐스터가 전합니다. 2025년 '내년은 맑음'입니다. 아니, '내년도 맑음'이라고 해야겠네요.

MMA와 마젠타의 못다 한 이야기

2024년 11월 30일 토요일은 QWER이 참가하는 [2024 멜론뮤직어워드(MMA)]가 있는 날이었습니다. 평소 이종격투기를 즐겨 보던 제게, MMA는 종합격투기 Mixed Martial Art의 준말입니다. 멜론뮤직어워드로서의 MMA를 본 적은 처음입니다. QWER로 인해 제 세상은 참으로 다채로워졌습니다.

5시 정각을 조금 넘겨 시작한 QWER의 MMA 무대는 시청자인 우리 가족의 얼을 쏙 빼놓았습니다.[24] 새하얀 테니스 유니폼 형태의 세일러복을 입은 QWER은 덕후들의 심장을 타격했습

24

니다. 그런데 오늘따라, 평소 활달하던 마젠타의 표정이나 움직임이 다소 정제되었고 이시연의 표정 또한 굳어 있었습니다. 다행히 〈내 이름 맑음〉을 거쳐 〈고민중독〉을 공연할 때쯤에는 두 멤버 모두 평소의 활발함을 되찾았습니다. 그리고 마젠타가 카메라 단독 원샷을 받는 부분인 "이러지도 저러지도 못하는데, 속이 왈칵 뒤집히고" 파트. 그녀는 단독 샷을 포기하고 메인 보컬과 마주 서서 주거니 받거니 하면서 흥을 한껏 돋웠습니다. 항상 자신보다 타인과 팀을 생각하는 '젠타맘'의 배려심은 세계인의 주목을 받는 자리에서도 돋보였습니다.

무대 공연 이후에도, QWER은 (여자)아이들이나 요아소비 등 선배 가수들의 퍼포먼스를 즐기며 꽁냥꽁냥을 이어갔습니다. 특히 요아소비 공연 때에는, 오타쿠들답게 오타게를 시연함으로써 바위게들에게 큰 웃음을 주었습니다. 그리고 멜론뮤직어워드는 QWER에게 '2024 핫트렌드 상'을 수여함으로써, 11월의 마지막 날을 더욱 환하게 빛내주었습니다. 무대를 마친 뒤 늦은 밤 멤버 전원이 함께한 위버스 라이브에서, QWER은 '2025년 1월 말에 팬 콘서트가 있다'라는 폭탄선언을 날렸습니다. 바위게들은 그저 폭발하는 도파민에 어질어질할 따름이었습니다.

한편 2024년 11월 30일의 대미는 마젠타의 위버스 개인방송이 장식했습니다. 여기서 마젠타는 바위게들이 전혀 알 수 없었던 MMA 무대 사고에 대해 이야기했습니다. 젠타의 말을 옮기자면, 무선 앰프로 공연을 준비했지만 주파수가 잡히지 않아, 공연 시작 직전까지 마젠타의 베이스 소리가 전혀 들리지 않았습니다. 마젠타와 무대 관계자들은 패닉 상태에 들어갔습니다. 리허설까지는 전혀 문제가 없었는데, 이제 오프닝 공연이 코앞이니까요. 이 상태로는 마젠타가 인이어로 본인의 연주를 들을 수 없음은 당연하고, 공연장에도 자신이 연주하는 베이스 소리가 나가지 않을 상황이었죠. 공연 3분을 남겨놓고서도 상황은 개선되지 않았고 관계자들은 미친 듯이 뛰어다녔으며, 시요밍까지 와서 걱정하기 시작했습니다.

이 상황에서 마젠타는 '어떻게 나에게만 이런 일이 생기지? 내가 문제인가?' 이러면서 자책 모드에 들어갑니다. 그녀는 이 큰 무대를 앞두고 긍정적 텐션이 사라지면서, 자포자기 상태에 이르렀습니다. 결국 공연 직전에, 관객들에게는 베이스 음향이 송출되지만 마젠타의 인이어에는 소리가 나오지 않는 정도로 수정이 된 상태에서 무대를 시작하기로 결정되었습니다. 마젠타는 '나는 이제 끝났구나. (하지정맥류 때문에) 다리가 아픈데도 열심히 준비했는데. 나 이제 앞으로 어떻게 살지? 왜 내게만 모든 나쁜 일들이 몰리지? 나는 어쩔 수 없는 건가?'라는 심정으로, 공연 직전까지 넓은 무대 한 편에 쭈그리고 앉아 있었습니다. 이 때문에 공연 초반에는 그녀의 평소 활달했던 모습이 보이지 않았던 가 봅니다.

그러나 마젠타는 멤버들에게 민폐를 끼치지 않기 위해 즐겁게 연주하기로 결국 마음을 고쳐먹습니다. 그녀는 '어차피 시작부터 끝난 거(망한 거), 그냥 내 맘대로 하자! 베이스 소리가 나오든 아니든 무슨 상관이야. 그냥 웃으면서 치자. 사람들이 웃는 얼굴에 침 못 뱉을 거니까'라고 마음먹습니다. 2024년 내내 끊임없이 QWER을 괴롭혔던 수많은 안티들에게 신선한 떡밥을 줄 수도 있는 상황이었지만, 그녀는 이제 모든 것을 내려놓았습니다. 여전히 인이어가 들리지 않았지만, 그녀의 몸은 그동안의 미친 연습을 모두 기억하고 있었습니다. 그래서 '노력의 악마'는 기억을 동원해 온몸으로 연주했습니다. 타고난 박치였지만, 연습은 배신하지 않죠.

결과적으로 그녀가 자평하기를, 지금까지의 모든 공연 가운데 가장 잘했습니다! 틀린 부분도 없었고, 눈물이 고여 그렁그렁한 눈은 오히려 화면에 초롱초롱하게 나왔습니다. 해탈한 상태에서 강하게 때린 슬랩은 다소 눌린 MMA 음향을 뚫고 나왔습니다. 항상 엄격했던 안무 선생님이 달려와, 공연 정말 잘했다며 울음을 터뜨렸습니다.

시요밍 또한 맏언니를 끌어안고 서럽게 울었습니다. 평소 긴장하지 않던 QWER의 메인 보컬은 마젠타의 상황으로 인해 초긴장 상태로 무대에 올랐습니다. 그래서 본인이 더 잘해야겠다는 심정으로, 그 어느 때보다 큰 성량으로 인천 인스파이어 아레나 스테이지를 쩌렁쩌렁 울렸죠. 맏언니 마젠타는 공연이 끝나면 항상 울었다고 합니다. 누구도 상상하지 못할 연습량으로 준비했는데 무대가 언제나 성에 차지 않았기 때문이죠. 그런데 오히려 이런 상황에서 무대를 마쳤음에도 불구하고 맏언니가 울지 않으니, 시요밍 또한 긴장이 풀리면서 갑자기 울음이 터졌던 것이지요.

무대를 마친 마젠타는 손을 떨면서 무대 모니터링을 했습니다. 실제로 베이스 음향이 어떻게 송출되었는지 공연 중에는 알 수 없었기 때문이죠. 다행히 베이스 소리가 잘 나가서 그녀는 안심했습니다. 사실 이날 공연은 베이스

소리가 너무 크게 나가서, 쵸단의 드럼 소리가 묻혔습니다. 멜론뮤직어워드 음향팀이 마젠타에게 미안해서인지, 살짝 오버를 한 걸까요? 여하튼 이런 상황들을 상세히 아는 것은 바위게뿐입니다. 머글(덕후가 아닌 일반인)들에게는 멋진 무대였을 따름이죠.

 그런데 이런 우여곡절이 있었음에도 불구하고, 마젠타는 MMA 수상소감 중에 쉴 새 없이 캡처용 포즈를 잡다가, 갑자기 깨갱하며 얌전해졌습니다. 아마 무대 아래 누군가가 주의를 주었던 모양이지요. 이제 글로벌 주책바가지 애교 퀸으로 박제되었으니, 인지도만큼은 확실히 잡았다고 봅니다.[25] 이러니 바위게들은 마젠타를 사랑하지 않을 수 없습니다.

25

힘내라 시요밍: [마카오 TFT 오픈]과 [아시아 아티스트 어워즈]

11월 30일 MMA 다음날인 12월 1일에는 QWER의 겨울방학식이 있었습니다. 정규 활동이 끝나는 마지막 팬 사인회는 통상적으로 '방학식'이라 불리는데요. 정식 명칭은 [진짜 기자회견]입니다. 2시간이 넘게 진행된 기자회견은 항상 그렇듯이 마젠타의 눈물로 마무리되었습니다. 언제쯤이면 그녀의 눈에서 눈물이 마를까요? 어차피 기뻐도 울 그녀이니, 앞으로는 기쁨의 눈물만 흘릴 수 있도록 바위게들이 힘써야겠군요.

 12월 3일은 인천 송도 컨벤시아에서 고3 예비 졸업생을 위한 [인천 고3 와락樂 콘서트]가 개최된 날입니다. QWER의 2024년 마지막 국내 스케줄이었죠. 군부대 위문공연을 방불케 하는 함성 속에, 오전 10:30-12:30과 오후 3:00-5:00 두 차례에 걸친 QWER의 와락 콘서트가 끝났습니다. 2024년 QWER의 국내 공연 일정이 공식적으로 무사히 종료되었습니다. 그리고 이 날 22시 25분경, 아무도 예상하지 못했던 계엄령이 내려졌습니다.

2024년의 마지막 달, 대한민국은 상상치 못했던 시국으로 진입했습니다. 비상시국 중에는 경제와 사회, 문화를 비롯한 모든 영역이 심각하게 위축됩니다. 엔터테인먼트 분야 또한 예외는 아니지요. 자연재해이든 인적재해이든, 비상시국에서 고통받는 대상은 항상 약자입니다. 왜냐하면 강자는 그 기간 동안 생계유지가 가능하지만, 약자의 경우에는 그렇지 못하기 때문입니다.

예술이나 엔터테인먼트 분야 상황 또한 매우 심각합니다. 이제 겨우 세상에 이름을 알렸거나 조만간 데뷔를 앞둔 아이돌의 경우, 갈수록 힘든 상황에 처하겠지요. 든든한 기획사 및 (국내 정세와 관계없는) 글로벌 팬덤을 지니고 있는 대형 아이돌과는 입장을 달리합니다. 특히 알고리즘에서 피어난 꽃인 QWER은 한층 도전적인 상황에 직면했습니다.

이런 가운데 QWER은 마카오에서 열린 제2회 [전략적 팀 전투(롤토체스, TFT) 마카오 오픈]에 참여했습니다. 제1회 대회는 2023년 라스베거스에서 개최되었죠. QWER 멤버 가운데 쵸단과 히나가 선수로 참여했고, 마젠타와

시요밍은 응원팀으로 합세했습니다.[26]

마카오에서 검검·빙빙 등의 보디가드를 앞세워 멋진 밤 나들이를 마친 QWER은 다음날인 12월 13일부터 본격적으로 TFT 오픈에 참가했습니다. 선수인 쵸단과 히나뿐만 아니라, 마젠타와 시요밍 또한 편한 복장으로 대회장에 나섰습니다. 한국에서 넘어간 바위게 및 홍콩 바위게들이 현장에서 그녀들을 둘러싸고 끊임없이 응원해주었습니다.

마젠타는 직접 간식을 들고 다니면서, 바위게들을 마주칠 때마다 나눠주었습니다. 솔직히 제게는 작은 충격이었습니다. 보통 행사장에서는 팬들이 아이돌에게 간식이나 선물을 주는 것이 관행이죠. 또한 가수가 팬들에게 뭔가를 해주지 않는다고 해서, 문제가 되지는 않습니다. 그런데 (선수로 참가하지 않은) 마젠타는 고마운 마음에, 팬들에게 간식을 나누어 주었습니다. 행사장에서 바위게들이 식사하기가 여의치 않았기 때문입니다. 마젠타가 대한민국을 대표하는 인성돌(인성이 뛰어난 아이돌) 중 한 명으로 우뚝 섰다는 느낌이 들었습니다.

그런데 그런 가운데 12월 14일 토요일, 흐뭇하게 바라보기에는 너무 가슴 아픈 영상 하나가 올라왔습니다. QWER의 메인보컬인 시요밍이 자신의 콜라보 의류 제품을 홍보하는 내용이었죠.[27] 이 영상에서 그녀는 이번에 '니티드'라는 니트 전문 브랜드와 협업을 했다면서, 16일 저녁에 무신사 홈페이지에서 라이브 판매도 진행된다고 말했습니다. 니트 제품이 추운 계절에 잘 어울린다며, "안 입으면 알죠!"라고 귀여운 협박을 날렸습니다. 갑자기 쑥스러워진 시요밍은

WMC 셔츠 광고를 하라며 히나에게 말을 건넸고, 항상 느긋한 유경력자 히나는 "WMC, 많이 사랑해주세용~우와~" 하고 마무리했습니다.

데뷔 후 거의 하루도 빠지지 않고 꾸준히 팬들과 소통했던 시요밍은 정치적인 상황으로 인해 SNS 묵언수행을 할 수밖에 없었죠. 시요밍은 히나에 이어서 두 번째로 의류 회사와 협업을 진행했는데요. 이 콜라보 제품 광고 촬영을 위해 눈 덮인 삿포로까지 날아가, 멋진 룩북과 광고 영상을 만들었습니다. 그런데 이렇게 만반의 준비를 끝내고 두근대며 기다리던 시요밍에게, 또 한 번의 시련이 닥친 것이지요.

'시요밍×니티드 콜라보 의류 제품 라이브 판매'가 이제 이틀 뒤였습니다. 하지만 정치적으로 혼란한 분위기 속에서, 그녀는 온라인 홍보 수단을 잃은 상태였습니다. 과거에도 그랬듯이, 이번에도 세상이 시요밍에게 시련을 주기 위해 움직이고 있는 것은 아닌가 하는 한탄이 나올 정도였죠.

팬이 촬영한 영상 속에서 시요밍은 숨도 쉬지 않고 제품 홍보를 이어갑니다. 오랫동안 시요밍을 지켜본 바위게들은 '아니, 시요밍이 저렇게 말을 잘했나?' 하고 놀랐습니다. 무대 아래의 시쪽이는 4명의 멤버 가운데 가장 말이 두서없고 짧기로 유명합니다. 이 때문에, 시요밍이 에미넴처럼 이야기를 쏟아내는 데서 얼마나 그녀가 간절했는지 잘 느낄 수 있었습니다.

2024년 12월 14일 국회에서 탄핵소추안이 의결된 뒤, 시요밍을 비롯한 많은 연예인들의 SNS 활동이 재개되었습니다. 며칠 동안 사랑하는 팬들과 소통하지 못했던 시요밍의 첫마디는 "에그타르트 맛있더라구. 먹여주고 싶어, 바위게들에게"였습니다. 역시 그녀는 변한 게 없습니다. 달달한 디저트를 좋아하고, 좋아하는 모든 것을 바위게와 함께하고 싶어 하죠. "먹여주고 싶어, 바위게들에게"라는 뒷 문장은 시요밍이 '소통의 여왕'인 이유를 잘 보여줍니다.

[마카오 TFT 오픈] 3일째이자 마지막 날인 12월 15일 저녁, 시요밍은 〈마카오 위버스 개인 라이브〉를 진행했습니다. 이제 다소 마음이 놓였는지, 다시 말을 버벅대는 시쪽이로 돌아왔습니다. 이 영상에서 시요밍은 "남성 바위게 분들은 니트를 잘 안 입으실 수도 있고, 도넛 그려진 귀여운 거 안 입으실 수도 있는데…, 그냥 명령이니까 사세요! 그냥 저랑 커플티라고 생각하고 사세요!"라고 지령을 내렸습니다. 이런 급커브가 바로 시쪽이의 매력이죠. 이렇게 가수와 소속사가 광고에 진심인데, 어찌 광고주가 행복하지 않을 리 있겠습니까. 시요밍의 지령에 정신이 나간 수컷 바위게들은 〈니티드〉에서 치마까지 전부 사버리겠다고(!) 다짐했습니다. 이러다가 내년 봄 대학축제 시즌 때, 수컷 바위게들이 치마 입고 군필여고생 코스프레하며 나설까 봐 두렵습니다.

이제 12월 말, 한 해를 마무리해야 할 때입니다. 저를 포함한 3명의 싱글남은 크리스마스 이브에 노원에서 술자리를 가졌습니다. 2명은 바위게이고 나머지 한 명(수유G)은 아니었죠. 두 명의 바위게는 수유G를 포섭하기 위해, 포토이즘에 들어가 QWER을 배경으로 한 네 컷 사진을 찍어 나눠 가졌습니다.

다음날인 12월 25일 크리스마스, QWER은 태국 방콕에서 열리는 [AAA(아시아 아티스트 어워즈)] 참석 차, 인천공항에서 출국했습니다. 그리고 12월 27일에 있었던 [AAA 2024]에서 QWER은 데뷔 최초로 '신인상'을 수상합니다.[28] 저는 솔직히 신인상이라는 점에 큰 관심을 두지 않았습니다. 하지만 이날 시상식을 마친 QWER이 위버스 합방을 통해 기쁨을 토로할 때, '아, 평생 단 한 번밖에 받을 기회가 없는 신인상이 그녀들에게 이토록 간절했구나'라는 점을 실감할 수 있었습니다. 게다가 올해를 마무리하는 마지막 시상식에서 신인상을 받았으니, 더욱 극적이었습니다.

이로써 QWER의 2024년은 완벽하게 마무리되었습니다. 그리고 2025년 을사년이 되었네요. 송길영 작가가 《시대예보: 핵개인의 시대》에서 적절히 지적한 바와 같이, 2020년대는 핵가족을 넘어선 핵개인의 시대입니다. 진정성을 추구하는 개인들은 자기답게 살면서, 자신과 취미와 관심사가 유사한 다른 개인들과 '정서적 유대감'을 형성하며 사회적 욕구를 충족합니다.

물론 핵개인 시대의 정서적 유대감은 과거에 비해 '쿨'합니다. 감정적으로 소모되는 사이가 아니라, 적절한 선을 유지하죠. 그러나 그렇다고 해서 차가운 관계는 아닙니다. 내게 소중한 인간관계는 강화하되, 부질없는 인간관계에는 시간과 노력을 들이지 않는 '정상적인' 사회는 이미 도래했습니다. 오지랖과 사회성을 동일시하는 구시대적 입장에서 볼 때, '다정한 개인주의'가 이해되지 않을 뿐이죠.

저는 핵개인의 시대에, 정서적 관계가 훨씬 성숙된 형태로 드러난다고 생각했습니다. 또한 온라인의 긍정적 경험은 결국 오프라인에까지 영향을 주게 됩니다. 저는 QWER과 바위게를 통해, 이런 시대정신을 확인했습니다. 그리고 2025년 한 해는 '진정성에 바탕한 정서적 유대로 핵개인의 시대를 살아가는 과정'을 더욱 상세히 살펴볼까 합니다. 물론 QWER과 바위게를 중심으로 말이죠.

QWER, 서울에서 첫 번째 팬 콘서트를 열다

지난 2024년 11월 30일 MMA 시상식 뒤풀이 라이브 방송에서, QWER은 첫 번째 팬 콘서트가 1월 말에 있을 예정이라고 폭탄선언을 했습니다. 12월 말 AAA 시상식을 끝으로, QWER의 공식 스케줄은 더 이상 찾아보기 어려웠습니다. 2025년 1월 셋째 주까지 바위게들은 QWER 유튜브 채널에 매주 일요일 업로드 되는 자체 콘텐츠로 연명할 수밖에 없었습니다. QWER 공식 팬카페와 팬튜브 [전지적 바위게 시점]은 주요 곡 응원법을 편집해 업로드했으며,[29] 콘서트 한정판 굿즈들도 차례대로 공개되었습니다. 바위게들은 온라인 커뮤니티에서 설레발을 치며,

29

1월 25일 콘서트 날짜만을 기다렸습니다.

    그리고 드디어 2025년 1월 25일, 대망의 토요일 아침이 밝았습니다! 날씨의 요정('맑음이' 히나, '테루테루보즈' 시요밍)이 둘씩이나 포진한 QWER의 첫 번째 팬 콘서트 날답게, 날씨는 맑고 포근했습니다. 광나루역 2번 출구를 나와 검은 옷의 덩치들을 따라가니, 예스24 라이브홀이 모습을 드러내었습니다.

    제게 티켓을 양도해 주실 바위게가 크림KREAM에서 예매했는지라, 저는 크림 부스 앞에 줄을 섰습니다. 정말 많은 바위게들이 저를 알아봐 주셔서, 즐겁게 대화를 나누고 사진도 찍었습니다. 특히 저의 앞뒤로는 형제가 함께 콘서트를 보러 왔는데, 2024년 7월 입덕 이후 거의 모든 오프라인 활동에 다 가신 듯했습니다. 제 책을 가져오신 바위게 분께서 에너지 바를 주셨고, 해맑은 미소의 여성 바위게는 포토카드를 여러 장 선물해주셨습니다. 작년 8월 [현대카드 다빈치 모텔 콘서트] 때는 2시간 이상 땡볕에서 줄을 섰지만, 주변 분들과 대화할 기회가 없었습니다. 하지만 음악방송 3관왕 이후로 팬덤 규모가 확실히 커진 데다, 분위기도 훨씬 여유로워졌습니다. 게다가 오늘은 바위게들의 대축제인 팬 콘서트 날이죠! 거리낌 없이 대화할 수 있는 바위게들이 많아, 줄을 서는 내내 행복했습니다.

    진행이 원활하지 않아 입장이 다소 지연되었지만, 저는 대화를 좀 더 못해서 오히려 아쉬웠습니다. 콘서트홀에 들어선 뒤에도, 저는 주변 바위게 분들과 끊임없이 재잘대었습니다. "오프는 어디를 뛰셨어요?", "오늘 첫 곡은 무엇일까요?", "오늘 〈마니또〉를 부를까요?", "히나가 오늘 울까요?" 등등.

기다리는 동안 〈고민중독〉 인스트루멘탈(보컬을 제외한 반주곡)의 볼륨이 점점 높아지면서 콘서트를 가득 메운 바위게들의 기대와 긴장 또한 점차 커 갔습니다. 저와 주변의 바위게들은 환호성을 지르며 QWER의 등장을 기다 렸죠. 불이 꺼졌다가 들어온 뒤, 산뜻한 분위기의 뮤직비디오가 재생되었습 니다. 하지만 상큼한 분위기도 잠시, 온갖 색채의 레이저 광선들이 난무하며 공연장은 EDM 페스티벌 분위기로 전환되었습니다. 바위게들의 환호성이 미친 듯이 커가는 가운데, 아무도 예상하지 못한 무대 중간에서 QWER이 등장했습니다!

본디 '팬 콘서트'는 음악이 아닌 팬과의 소통을 위주로 합니다. 따라서 무대 형식이나 구성 등에 '단독 콘서트'만큼 돈을 쏟지는 않습니다. 그리고 그만큼 티켓 비용이 저렴합니다. 하지만 프리즘필터와 3Y코프레이션은 어중간한 무대로는 바위게들의 성에 차지 않을 것이라고 믿었던 모양입니다. 이 때문에 첫 번째 타이틀곡인 〈디스코드〉를 비롯한 모든 세트리스트는 새롭게 편집되고, 무대 퍼포먼스에도 변화를 주었습니다. 이거 실화냐! 그렇게 짧은 준비기간 동안, 전곡을 편집하고 무대를 새롭게 꾸민다고? 그것도 팬 콘서트에서? 단독 콘서트에서도 주기 힘든 임팩트였습니다.

〈디스코드〉와 〈지구정복〉, 〈자유선언〉까지 마친 QWER은 한숨 돌린 뒤 멘트 시간을 가졌습니다. 마젠타는 "좋은 하루 보내고 있니?"로 팬들을 박장대소하게 만들었습니다. 시요밍은 "저는 보컬을 맡고 있는 '밍밍' 시요밍입니다!"라고 인사해서, 시요밍단의 괴성을 이끌어냈지요. 한편 오늘을 너무나 기다렸다며 전부 쏟아붓고 가겠다는 히나의 말에서, 그녀가 얼마나 이날을 꿈꿔왔는지 제대로 느낌이 왔습니다.

이어지는 무대는 새로이 편곡된 인트로로 시작했지만, 저는 히나를 우주 최고의 덕통령으로 만든 〈소다〉라는 것을 금세 알아챘습니다. 그녀는 1천만 원이 넘는 PRS 기타를 연주하며 스쿨존 창법으로 랩을 하는 세계 유일의 미녀 기타리스트입니다. 넘버원이 아닌 온리원! 그 누구도 히나를 대체할 수 없으며, 그런 점에서 그녀는 독보적인 존재입니다.

시요밍의 엉덩이 살랑살랑 댄스로 유명한 〈수수께끼 다이어리〉가 이어서 연주된 뒤, 소등된 무대에는 잠시 정적이 흘렀습니다. 이후 언니즈(쵸단과 마젠타)가 블랙 앤 화이트 톤의 제복 차림으로 등장해, 인트로의 드럼과 베이스가 인상적인 〈달리기〉 무대를 선보였습니다.

이 곡은 사랑하는 너와 함께 숨이 턱에 닿을 때까지 뛰어가고 싶다는 내용을 담고 있습니다. "숨이 차오를 때까지 위로 뛰어올라 구겨진 사랑을 펼치자!" 하지만 쵸단과 마젠타는 이번 팬 콘서트에서 이 세련된 곡에 새로운 의미를 부여했습니다. 쵸단은 고질적인 무릎 통증으로 걸을 때조차 부축을 받아야 했으며, 마젠타는 어린 시절 발목 인대를 다쳐 지금도 약간 뒤뚱거리며 걷습니다. 이런 두 소녀의 〈달리기〉 무대는 그 때문에 더욱 가슴 시렸습니다. "그래, 맞아. 우리네 버거운 삶 속에서의 2인 달리기는 서로를 부축하면서 끝까지 함께하는 거야. 삶 자체에서 오는 오해와 힘겨움으로 인해 잠시 구겨졌던 우리네 사랑을 다시 펼치면서 말이지."

그런데 언니즈의 멋진 무대가 끝이 아니었습니다. 동생즈(히나와 시요밍) 또한 의상을 바꾸고 돌아와 '따로 또 함께' 댄스 퍼포먼스를 시작했습니다. 검정색 크롭티와 데님을 입고 나온 히나는 길고 아름다운 팔과 다리를 놀리며, 압도적인 퍼포먼스를 선보였습니다. BGM 또한 밴드 음악과는 거리가 먼, 전형적인 케이팝 아이돌 뮤직이었습니다. 뒤이어 레드톤의 크롭티와 와이드핏 저지를 입고 모자를 깊게 눌러쓴 시요밍 또한 파워풀한 무대를 보여주었습니다. 이렇게 막내즈는 짧지만 강렬한 퍼포먼스로 바위게들의 얼을 쏙 빼놓았습니다. 도대체 얼마나 더 상상을 초월한 무대를 보여주려는 것일까요?

소등된 무대 위로 다시 오늘의 서사를 이어가는 영상이 스크린에 떠올랐습니다. QWER 멤버들이 모여 앉아, 바위게들에게 그동안 들려주지 않았던 노래를 준비하는 게 어떠냐고 토론 중이었습니다. 〈배고파송〉, 〈메아리〉, 〈하프타임〉, 그리고 쵸단이 좋아하는 슬립낫 노래 등 여러 후보가 있었지만, 정답은 하나였습니다. 바로 〈메아리〉이지요.

바로 그 종소리, "미! 도! 레! 솔!"이 울리자마자, 바위게들은 너무나 기쁜 나머지 광란 상태에 들어갔습니다. 〈알블〉 앨범이 공개되자마자 〈고민중독 2〉로 불리며, 바위게들의 열렬한 지지와 사랑을 받았던 〈메아리〉. 라이브로 들으니 더욱 빠르고 악기 편성이 화려합니다. QWER의 〈보헤미안 랩소디〉로 불릴 만큼 웅장합니다. "네게 들린다면!"의 초고음 파트도 시원하게 소화해내는 시요밍의 보컬 실력에, 저는 그만 기저귀를 찾았습니다. [2024 원더 리벳 페스티벌]에서 제이팝 가수들을 응원하면서 "어이! 어이!"를 야무지게 배웠던 바위게들은 〈메아리〉에서 "어이!"의 절정을 보여줬습니다. 뒤이은 〈사랑하자〉에서도 "어이! 어이!"의 함성은 그치지 않았습니다.

〈메아리〉와 〈사랑하자〉 2연타로 녹초가 된 바위게들에게 호흡기를 붙여 주기 위해, 다시 '버벅버벅 멘트 타임'이 돌아왔습니다. 4명의 멤버들은 지난 1년을 추억하며 2025년 소원을 말했는데요. 그녀들은 전국 버스킹을 꼽았습니다. 그리고 이 소원은 4월 '어디로든 버스킹' 프로젝트로 실현됩니다. 지나고 나서 보니, 이날 했던 멘트 대부분이 스포일러였습니다.

멘트 타임에 이어 〈안녕 나의 슬픔〉과 〈대관람차〉, 〈내 이름 맑음〉이 차례대로 공연되고, 이어서 〈가짜 아이돌〉 순서가 되었습니다. 〈고민중독〉을 제외하면 떼창 포인트가 가장 많은 이 곡 마지막 파트에서, 시요밍은 "여러분들! 〈배고파송〉 아시죠? 다 같이 해볼까요?"라고 외치며, "하, 하하, 하하하!" 파트를 반복하기 시작했습니다. 바위게들은 완전히 뒤집어졌습니다. 시요밍은 배를 쓰다듬는 안무를 거듭하며 마이크를 바위게에게 넘겼고, 바위게들은 목이 터져라 따라했습니다. 이렇게 다들 무아지경으로 넘어가고 있었습니다.

이윽고 〈가짜 아이돌〉에서 자연스럽게 넘어오는 전주만 들어도, 다음 곡을 예상할 수 있었습니다. 바로 압도적 1황 〈고민중독〉이 나설 차례죠. 콘서트홀에서 "원! 투! QWER!" 하는 순간 그냥 끝나는 겁니다. 이번에는 보다 거칠고 강렬한 사운드로 편곡되었습니다. 엄청난 떼창이 콘서트홀을 가득 메운 가운데, 마젠타가 베이스 솔로 연주를 한 뒤 직접 마이크를 잡고 "이러지도 저러지도 못하는데, 속이 왈칵 뒤집히고!"를 불렀습니다. "이아희! 이아희"를 외치는 챈팅이 공연장을 가득 메웠습니다. 이어서 시요밍이 "좋-아-한-단"이라고 네 글자를 외칠 때마다, 폭죽이 그에 맞춰 펑! 펑! 터졌습니다. 리드미컬한 4연타였죠. 아이고, 기저귀, 내 기저귀 어디 갔냐. 귀가하면 쿠팡에다 냉큼 주문해야겠다. 2025년 한 해 쓸 분량으로 넉넉하게 오더 넣어야지. 〈고민중독〉은 시요밍의 힘찬 치어리딩과 함께 마무리되었습니다.

본 무대가 끝난 뒤 QWER이 자리를 비웠지만, "앵콜!"을 외치는 바위게들의 목소리는 커져만 갔습니다. 다들 알고 있죠. 그녀들이 다시 나올 것이란 사실을 말이죠. 그러나 이 간절한 순간에, 멤버 4명이 쓴 손편지가 스크린에 천천히 올라올 것이라고는 상상조차 하지 못했습니다. 〈마니또〉가 흘러나오는 가운데 순식간에 분위기가 숙연해지며, 다들 눈물 많은 군필여고생 모드로 들어갔죠.

너무나 많은 두려움으로 인해, 껍질 속에 자신을 가둔 채 떨고 있던 리더 쵸단. 눈물을 머금고 선 그녀의 무대 앞에, 항상 그녀를 지켜주고 응원하는 바위게들이 있었습니다. 바위게와 함께하는 모든 순간이 그녀에게 힘이 되고 편안한 때였다는 쵸단은, 오래 오래 함께하자고 약속했습니다.

마젠타의 편지는 어찌나 길었는지, 중간에 화면 올라가는 속도가 빨라지기 시작했습니다. 진심을 담은 수많은 말들 속에 "누군가에겐 오늘의 제가 작은 자극이 되었으면 좋겠어요! '나도 할 수 있을까?'라는 고민을 가진 분들에게 저의 이야기가 용기가 되기를! 정말로요. 저의 첫 모습을 아시나요? 박자를 모르는 베이스, 음악을 해본 적 없는 밴드 멤버, 그게 저였어요. 그랬던 제가 잘 보이고 싶단 마음과 작은 노력을 쌓다 보니, 어제보다 나아질 수 있었던 것 같아요. 그 마음 하나만으로도 충분히 달라질 수 있다는 걸 오늘 이 무대로 여러분들께 보여 드리고 싶었어요"라는 멘트가 특히 와 닿았습니다.

다음으로 만능재주꾼 히나! 바위게 그림으로 편지를 시작해 큰 웃음을 주었던 히나는 무려 팬들에게 보내는 글에서 '16자 세로 드립'을 시전했습니다. 이 외에 그녀의 편지에서는 다른 멤버들의 글에서 찾아볼 수 없는 단어가 반복되었습니다. 바로 '재미'죠. "이렇게 바위게들이랑 하나하나 이루어 나가는 게 요즘 정말 재밌어요…. 앞으로 더 재미있고 좋은 추억 만들어가요!" 명랑소녀 히나와 함께라면, 2025년도 정말 신나고 재미있는 일들이 많을 것만 같습니다.

끝으로 SNS 달필이자 말투는 어눌한 시요밍입니다. "제2장의 인생이 시작된 것 같아요. 행복한 나날을 선물해줘서 너무 고마워요. 바위게, 앞으로도 함께하자! 사랑해. 어느 순간보다 오늘 더, 내일 더. 앞으로도 쭉…"으로 마무리되는 그녀의 말이 진심이라는 것을 바위게 누구도 의심하지 않겠지요. 잘못하지 않아도 두들겨 맞고, 숱한 오해와 비난을 견뎠던 지난 시절. 마음의 문을 닫고 돌멩이처럼 살아가는 편이 훨씬 견디기 수월했을 연예인 생활. 하지만 시요밍은 단 한순간도 변한 적이 없습니다. 그리고 제2장의 인생이 멋지게 시작되었습니다! 이 시대 마지막 열혈 아이돌, 시요밍이 바위게와 '오늘 더, 내일 더' 추억을 만들어갈 것을 믿어 의심치 않습니다.

이제 감동의 순간이 끝났으니, 다시 앵콜로 달려갈 때이죠. 〈불꽃놀이〉에 이어 포토타임이 진행된 뒤, '찐' 마지막 곡인 QWER의 근본 곡 〈별의 하모니〉가 시작되었습니다. 이 근본 곡을 부르는 동안, 콘서트홀 안에서는 소란하게 별이 내렸습니다. QWER의 그 어떤 콘서트에서도 마지막을 장식할 〈별의 하모니〉. 바위게라면 이 곡에 쌓인 서사 때문에, 더욱 먹먹해질 수밖에 없습니다. 이 마지막 곡을 연주할 때, 적지 않은 바위게들의 훌쩍거리는 소리가 곳곳에서 들렸습니다. 오사카 공원에서 뒤돌아 뛰어가는 시요밍의 아련한 모습을 떠올리며, 끝까지 차분하게 감상했습니다.

〈별의 하모니〉까지 모두 끝낸 뒤, 멤버 4명은 무대 중앙에서 동그랗게 얼싸안았습니다. 그리고 무대 곳곳을 돌며, 바위게들에게 끊임없이 감사 인사를 전했습니다. 이제 정말 끝이 났군요. 양일 티켓을 소지한 바위게들은 내일이 기다려지겠지만, 저는 오늘이 마지막입니다. 쉽게 발걸음이 떨어지지 않아, 그녀들이 퇴장하고 난 뒤에도 펜스에 기대 바위게 분들과 이야기를 나눴습니다. 하지만 순서대로 질서 있게 퇴장해달라는 요청에 조용히 콘서트홀을 빠져나왔습니다.

야외에는 감동의 여운이 가시지 않은 바위게들이 QWER의 퇴근길을 보기 위해 기다리고 있었습니다. 고맙게도 저를 알아봐 주시는 바위게들이 여럿 계셔서, 함께 사진을 찍었습니다. 지금 이 순간의 감정과 느낌을 놓치지 않기 위해, 아쉽지만 귀가해서 글을 써야죠. 지나가면 다시 돌아오지 않을 기억들이니까요. 제가 경험한 [QWER 1st 팬 콘서트: 1, 2, QWER!]은 이렇게 마무리되었습니다.[30]

다음날인 일요일에도 흥분이 가시지 않아, 직캠의 음원을 추출해서 mp3 플레이어에 넣고서 산책에 나섰습니다. 쌓인 일거리를 처리하기 위해 스마트폰도 집에 놓아둔 채 일터로 향했지만, 머릿속이 여전히 팬 콘서트 모드인지라 도무지 일이 손에 잡히지 않았습니다. 결국 저녁에 귀가해서 두 번째 팬 콘서트 관련 후기들을 읽으며, 감동을 되새김질했습니다.

한편 2025년 1월 27일 월요일 정오 즈음, 마젠타는 다음

과 같은 글을 SNS에 게시했습니다. "좋은 하루 보내고 있니? 나는 아직도 어제의 그 콘서트야, 헷." 젠타의 마음은 모든 바위게의 마음과 똑같군요. 저 또한 여전히 콘서트의 여파에서 벗어나지 못했습니다. 하물며 그녀는 공연의 당사자로서 전날까지 활약했으니, 오죽하겠습니까!

심지어 QWER 매니저 검검은 1월 28일 새벽 2시가 넘은 시각 'QWER 콘서트 세트리스트 순서 그대로' 노래방 개인 콘서트를 라이브 방송함으로써, 콘서트 도파민이 가시지 않아 잠 못 이루던 바위게들을 열광시켰습니다. 그렇구나. 우리 모두 그렇게나 기다렸고, 이렇게나 좋았고, 저렇게나 못 잊는구나.

이처럼 QWER 유니버스에 속한 모두는 2025년에도 더욱 멋진 추억을 함께 만들어갈 것입니다. 2024년까지 수많은 '억까'로 인한 고통이 있었다면, 단단히 자리 잡은 2025년의 QWER 유니버스는 아쉬움보단 설레임을 안고 있습니다. 오늘 넘어 만나러 갈 내일은 과연 어떤 모습일까요. 수백 번의 오늘이 와도 마주보고 웃으며 달려갈 것입니다. 모두 함께.

히나 생일카페에서 만난 바위게들과 티타임을 갖다

2025년 1월 25일과 26일 양일간 펼쳐졌던 QWER의 첫 팬 콘서트가 끝난 뒤로도, 바위게들은 남은 열병을 앓을 수밖에 없었습니다. 하지만 QWER과 소속사 직원들은 바위게들을 가만히 내버려 두지 않았죠. 소속사 PD인 빙빙이 쵸단과 마젠타 듀엣곡 댄스 연습 영상 및 히나와 시요밍의 댄스 브레이크 리허설 영상을 올렸습니다. 아울러 29일 저녁에는 마젠타가 1시간이 넘는 위버스 방송을 진행했고요. 29일에서 30일(냥놈녕냥 히나 생일)로 넘어가자마자, 바위게와 QWER 멤버들의 축하 메시지가 어지럽게 온라인을 수놓았습니다. 그리고 1월 29일부터 히나 생일을 축하하는 생일카페가 하나둘씩 문을 열기 시작했습니다.

    2025년 1월 31일 아침, 새벽부터 하얀 눈이 내렸습니다. 저는 행복 속에 히나 생일카페 투어를 홀로 나섰습니다. 팬 콘서트 때도 혼자였지만 많은 바위게들과 즐거운 시간을 보냈기 때문에, 전혀 걱정하지 않았습니다.

    양일간 펼쳐진 팬 콘서트는 QWER 유니버스에 막대한 긍정적 영향을 끼쳤습니다. 첫째, 신규 팬들의 유입이 눈에 띄게 늘어났습니다. 둘째, 팬들이 오프라인에서 만나, 보다 편하게 말을 건넬 수 있는 계기가 되었죠. 다른 뮤지션 팬들이 많은 곳에서는, 숫기 없는 바위게들끼리 살갑게 다가가서 말을 거는 장면을 보기가 쉽지 않습니다. 오직 바위게 농도가 높은 팬 콘서트 정도 되어야만, 조금이나마 마음의 문이 열리죠. 저 또한 적지 않은 바위게들과 히나 생일카페인 '갤러리 카페 바이아스'에서 만나, QWER에 관한 여러 가지 주제로 즐겁게 이야기를 나눌 수 있었습니다. 눈부시게 아름다운 히나의 사진들을 보는 것만큼이나 기쁜 일이죠.

    몇몇 운영진 및 방문객은 여러 번의 오프 활동을 통해 이미 낯이 익습니다. 하지만 팬 콘서트를 계기로, 바위게는 오프라인에서 비로소 친하게 이야기를 나눌 수 있게 되었습니다. 그 가운데 두 분과 저는 오후 내내 동행하게 되었습니다. 이제 저를 포함한 3명의 바위게는 (홍대 스트릿 버스킹을 하며 아이돌의 꿈을 키우던 시요밍의 팀명을 닮아) '나풀나풀'하게 날리는 눈을 맞으며, 여러 카페를 돌아다녔습니다. 중고등학생이 가득해서 샤방샤방한 '오소'를 거쳐, '히나 박물관'을 차려도 될 정도의 덕력을 지닌 주인장이 운영하는 '다밍'까지 둘러보았습니다.

3명의 '카페 원정대'는 다시 홍대 메인 스트리트를 거슬러 올라가 '바이아스'에 들렀는데, 저는 팬 콘서트 때 바로 제 뒤에 줄을 섰던 바위게 C님을 만났습니다. 바위게 상위 레벨인 친한 동생 바위게 D님과 함께 오셨죠. 우리는 팬 콘서트 및 히나 생일카페 후기를 공유하고 싶어 입이 근질근질했습니다. 그래서 '바이아스' 맞은편에 있는 '아비아채'라는 카페에 가서 대화를 나누기로 했습니다.

저를 포함한 다섯 명의 수컷 바위게는 널찍한 카페 1층에 앉아, 시간 가는 줄 모르고 이야기했습니다. 모두 QWER을 진정으로 아끼고 사랑한다는 공통점이 있었죠. 특히 오프라인 행사 때 QWER에게 욕되지 않도록 깔끔하게 입고 다니려 노력한다는 말씀에 공감이 갔습니다.

옆 테이블 여성들이 까무러칠 정도로 '오디오가 비지 않는' 대화를 이어가던 바위게 5형제는 밤을 새우지 않기 위해 자리에서 일어섰습니다. 앞으로 오프 활동에서 만나면 반갑게 인사 나누기를 기약하며, 그렇게 헤어졌습니다. 눈 내리는 금요일에 히나 생일카페가 인연이 되어 만난 바위게 분들, 어쩌면 별일 없이 평범하게 지나갈 수도 있었던 제 하루를 벅차게 만들어 주셔서 진심으로 감사드립니다. 나눠 주신 열정, 소중히 간직하겠습니다.

아울러 히나 생일카페를 준비하신 모든 바위게 분들, 정말 고생하셨습니다. 본인이 즐거움을 느끼고 타인에게도 기쁨과 감동을 주는 것만큼 가치 있는 일이 없다고 생각합니다. 그런 훌륭한 일들을 마지막까지 멋지게 해내셨으니, 올해에는 좋은 일이 가득하리라 믿어 의심치 않습니다.

이날 만났던 바위게들과는 한국과 일본 콘서트, 페스티벌과 대학축제 등에서 계속 마주치며 더욱 많은 추억을 공유하게 되었습니다. 커피 한 잔이 술 한 잔으로 바뀌고, 공연 뒤풀이는 디폴트로 자리 잡았습니다. 저와 다른 곳에서 활동하는 바위게들 또한 같은 경험을 늘려가고 계실 것입니다. 이런 식으로 팬덤 바위게는 QWER을 중심으로 뭉쳐 활동 범위 및 실행 능력을 확장해 갔습니다.

자작곡 대작전: QWER의 첫 번째 자작곡 도전

2025년 2월 16일 일요일, QWER 역사에서 중요한 이벤트가 발표되었습니다. 당일 정오에 올라온 자체 콘텐츠에서 QWER이 자작곡을 만드는 과정이 일부 공개되었거든요. 무려 40분이 넘는 자컨은 제목부터 매우 도발적이었죠. '자작곡도 없는 게 무슨 밴드야?'[31] 저는 이런 빙빙 특유의 개그를 심각하게 받아들이지 않고 즐기는 편입니다. 〈가짜 아이돌〉부터 해서 이런 방식의 어그로는, 서브컬처에서 피어난 꽃인 QWER에게 일상이나 다름없으니까요. 여하튼 QWER은 가수나 소속사나, 멘탈이 갑입니다.

자체 콘텐츠 내용에 근거한다면, 팬 콘서트가 끝난 다음

날인 1월 27일부터 QWER 최초의 자작곡 논의가 시작되었습니다. 일단 전담 작곡가인 이동혁(동동)을 제외하고, 멤버끼리 여러 번의 회의를 가졌는데요. 이번 자체 콘텐츠는 자작곡을 공동으로 써가는 과정에서 발생하는 여러 격한 토론을 가감 없이 담았습니다. 그래서 더욱 손에 땀을 쥐고 볼 수 있었죠.

사실 팀 프로젝트를 하다 보면, 저 정도의 의견 차이는 수시로 접할 수 있죠. 이렇게 4명이서 좌충우돌하며 함께 곡을 써 봐야, 그 과정에서 서로 의견을 조율하는 노하우를 터득할 수 있으니까요. 멋진 곡을 써내는 것 이상으로 중요한 점은 바로 4명의 멤버가 한 명도 빠짐없이 함께 성장하는 것입니다. QWER이 대한민국 유일의 성장형 걸밴드라는 점을 놓쳐서는 안 되겠죠.

한편 이번 영상에서는 4명 멤버의 성격이 고스란히 드러나, 보는 이들을 더욱 즐겁게 했습니다. 크게 보면 마젠타와 시요밍은 '돌진 스타일'이고, 쵸단과 히나는 '조율 스타일'이었습니다. 시요밍은 항상 돌아갈 다리를 끊고 '전속력으로 돌진'하며, 아이디어가 넘치는 이아희(마젠타)는 일의 순서를 따지지 않고 밀어붙이다가 불협화음을 냅니다. 한편 느긋하고 침착한 히나는 논리적으로 차근차근 설명해서 모두를 이해시켰고요. 쵸단은 너그럽고 인자한 자세로 팀을 조율했습니다.

이 4명이 만들어낸 멜로디를 들어보니, 역시 애니메이션을 사랑하는 그녀들의 성향이 여과 없이 드러났습니다. 저는 그녀들이 '항해'를 말하는 순간, 곧바로 〈원피스〉를 떠올렸죠. 벅찬 열정과 도전정신, 뭐든지 함께하는 동료 의식, 공동 목표를 향한 긍정적 노력…. 그녀들의 이미지에 딱 맞는 곡이 나올 듯했습니다.

2025년 2월 22일은 QWER이 또 한 번 수상의 기쁨을 누린 날입니다. 제1회 [디 어워즈]에서 베스트 밴드(Blue label), DELIGHT(Blue label), 올해의 트렌드(Black label) 등 총 3개의 상을 받았기 때문이죠. 2024년의 영광이 2025년에도 그대로 이어지고 있습니다. 다만 저는 국내 유일의 성장형 걸밴드에 반한 사람이기에, 그녀들이 함께 작사·작곡을 해나가는 과정이 담긴 〈자작곡 대작전〉을 보는 편이 더욱 신납니다.[32]

지난 2월 16일 〈자작곡 대작전〉에서는 드넓은 바다로 떠나는 '출항'의 느낌을 주는 곡을 만들기로 합의했었지요. 그런데 일주일 뒤인 이번 영상에서, 그녀들은 출항보다는 '자기들의 이야기'를 하는 쪽으로 방향을 바꿨습니다. 마젠타와 시요밍의 견해를 종합하면, 무대에 오르기 직전 QWER의 마음을 담은 내용이 주를 이뤘습니다.

흥미롭게도, QWER의 음악 취향이야말로 4인 4색입니다. 이렇게 음악적 취향이 천차만별인 그녀들을 어떻게 하나로 묶을 수 있을까요? 음악적 형식이 아닌 '음악적 주제'가 그녀들을 하나로 만듭니다. 결국 'QWER만이 할 수 있는 이야기', 'QWER이 들려주고 싶은 이야기'라는 주제와 전반적인 분위기가 정해지면, 그에 따라 리듬과 멜로디(탑라인)이 구성되겠죠.

 본디 말하고 싶은 이야기와 감정이 정해지면, 그것들을 표현하기 위한 멜로디와 리듬, 가사가 뒤따릅니다. 하고 싶은 이야기나 감정이 없는 곡은 형식만을 갖춘 껍데기에 불과하죠. 또한 하고 싶은 말의 주제에 따라 형식이 바뀝니다. 가령 〈고민중독〉은 신나고 빠른 장조 풍의 형식을 지닌 반면에, 〈안녕, 나의 슬픔〉은 느리고 슬픈 단조 풍의 형식을 지니죠. 이제 그녀들이 하고 싶은 이야기의 구체적인 성격에 따라, 리듬과 멜로디가 정해질 것입니다. 가사 또한 마찬가지이고 말이죠.

 아울러 "쵸단의 음악적 아이디어가 묻힐까 봐, 그것을 살리기 위해 작곡을 더욱 배우고 싶다"라고 말하는 마젠타의 따뜻한 마음씨에는 정말 두 손 두 발 다 들었습니다. 작곡에 문외한인 사람이 친구의 음악적 아이디어를 살리기 위해 작곡에 더욱 매진한다는 이야기는 들어본 적조차 없습니다. 마젠타야말로 지智·덕德·미美를 모두 갖춘 진정한 롤모델이 아닐까요. 코젠타를 떠올릴 때마다, 감동으로 인해 코를 훌쩍일 수밖에 없습니다.

2월 28일은 QWER 데뷔 500일이자, 그녀들의 소속사 PD인 빙빙(빙튜브)의 생일이었습니다. 아니, 어째서 소속사 PD 생일까지 알게 되었느냐? PD인 빙빙과 매니저인 검검, 율율이 새벽부터 합동 라이브 방송을 했기 때문입니다. 소속사 직원들은 인스타 방송에서 〈소다〉를 비롯한 QWER 노래를 맛

깔나게 불러주었죠. 그리고 합동 방송이 끝나자마자 마젠타가 개인방송을 시작했습니다. 바위게들의 현생을 박살내는 2월 마지막 금요일 새벽이었습니다. 하지만 QWER의 데뷔 500일인 2월 28일의 서프라이즈는 아직 남아 있었습니다.

2월 28일 저녁 6시. 다음 주 개학을 앞둔 저는 그동안 QWER 생일카페 투어를 함께해 준 스파이크와 함께 대학로 '자미더홍' 2층에 앉아 있었습니다. 홍콩 디저트 요리점인 차찬텡을 멋지게 구현한 카페입니다. 그런데 제가 어찌나 QWER에 몰입했던지, 신나는 대화 중에도 갑자기 촉이 왔습니다. 이거 뭔가 업로드되었을 것 같은데? 그리고 제 예감은 틀리지 않았습니다. QWER의 최초 자작곡인 〈청춘서약〉이 최종 믹싱을 거치지 않은 날 것의 상태로 업로드되었던 것입니다!

두 40대 아재는 서둘러 이어폰을 꺼내어 한 쪽씩 나눈 뒤, 카페에서 〈청춘서약〉을 함께 듣기 시작했습니다. '지각한 식빵소녀遲刻する食パン少女', 다시 말해 "지각이다, 지각이야!"를 외치며 입에 식빵을 문 채 푸른 하늘과 바다가 펼쳐진 여름 에노시마 골목길을 뛰다가 잘생긴 남학생 서태웅과 부딪혀 책을 떨어뜨리는 북산 고등학교 여학생 채소연의 밈meme이 곧바로 그려졌습니다(미안해, 강백호). 그런데 1절을 채 듣기도 전에, 스파이크의 와이프에게 전화가 왔습니다. 빨리 저녁식사를 하러 들어오라고 말입니다. 그래서 우리는 노래를 다 듣지도 못한 채, 지하철역에서 헤어졌습니다.

저는 금요일 퇴근길 지하철에서부터 귀가해서까지 〈청춘서약〉을 반복해서 들었습니다. 그리고 금방 눈시울이 뜨거워졌습니다. 이 곡은 기본적으로

〈별의 하모니〉 및 〈메아리〉와 주제 의식을 같이 합니다. 무한한 가능성을 지녔지만 아직은 어설픈 청춘이 힘을 합쳐 함께 목표를 향해 나아가는 내용이지요. 실제로 그녀들은 프리즘필터의 도움 없이 모든 것을 해냈고, 대학가요제 스타일의 투박함이 오히려 몇 배의 공감을 자아냈습니다. 〈청춘서약〉은 듣는 이를 대번에 풋풋한 청춘 시절로 돌려보내는 대단한 힘을 갖고 있습니다. 나오자마자 유튜브 '인기 급상승 음악'을 기록한 영상 아래 달린 댓글들의 감동 포인트 또한 이 점에 집중되는 듯합니다.

한편 〈청춘서약〉을 공개한 뒤, QWER은 무려 4연속 방송을 함으로써 팬들을 잠 못 들게 했습니다. 위버스에서 4명이 모여 데뷔 500일 축하 및 자작곡 비하인드 스토리를 공개하더니, 시요밍-히나-마젠타 순으로 개인방송을 이어갔습니다. 그녀들이 음악방송 3관왕을 하거나 팬 콘서트를 마쳤을 때에도 없었던 일입니다. 그만큼 첫 번째 자작곡 도전이 QWER에게 큰 의미를 지녔다는 뜻이지요. 그리고 그 도전은 두말할 나위 없이 성공적이었습니다.[33]

QWER 바라기인 제가 성공적이라고 해봐야 큰 의미가 없다는 것을 잘 알고 있습니다. 하지만 저는 〈청춘서약〉의 음악적 완성도가 탑급이라고 말하는 것이 아닙니다. 확실히 멜로디나 리듬, 그리고 가사 내용은 그녀들이 흠뻑 빠져 있는 수많은 애니메이션 송을 많이 닮았습니다. 그래서 그녀들의 음악 멘토들은 "너희들의 색깔이 좀 더 들어갔으면 좋겠어"라고 충고했지요.

하지만 이번 도전은 매우 바쁜 와중에 촉박하게 진행되었습니다. 게다가 저는 애니 덕후들에게서 나온 노래가 애

33

니풍이라는 점이 오히려 더욱 솔직하고 자연스럽다고 생각합니다. 위대한 작가나 화가들도 초기 작풍이나 화풍은 자신이 가장 좋아하는 선배의 그것을 따라갑니다. 가령 도스토예프스키의 경우, 그의 데뷔작인 《가난한 사람들》을 통해 '제2의 고골리(선배 러시아 문학가)' 탄생을 알리며 문단에 화려하게 데뷔하였습니다. 비록 후속작들마저도 고골리풍이어서, 개성이 없다는 혹독한 비평을 받고 한동안 슬럼프에 빠졌지만 말이죠.

　작사와 작곡의 기본 문법을 익숙히 하는 초기 단계인 QWER에게, 애니풍의 자작곡이야말로 가장 티끌이 없는 참된 원석이 아닐까요? 어차피 그녀들의 작사·작곡 실력이 쌓이면, 점차 독창성 있는 곡들이 나올 것입니다. 어떤 새로운 영역이든 개척 가능하니, 바위게들은 그녀들의 성장을 지켜보며 기쁨을 누리기만 하면 됩니다.

QWER, 첫 해외 콘서트에 도전하다

2025년 2월 2일, QWER의 메인 보컬 시요밍은 부산에 내려가 '니티드' 팝업스토어에서 팬들과 만났죠. 이것만 해도 며칠은 즐길 떡밥이었습니다. 하지만 공동기획사인 3Y코프레이션은 다음날인 2월 3일에 'QWER 첫 도쿄 팬 콘서트' 소식을 알림으로써, 긴 연휴를 끝낸 뒤 출근했던 바위게들의 월요병을 단숨에 날려버렸습니다.

QWER이 참여했던 [2024 원더리벳 페스티벌]의 제작사가 소니 뮤직 솔루션즈Sony Music Solutions라는 뉴스를 예전에 접했을 때, 저는 QWER의 일본 진출에 소니가 관여한다고 예상했습니다. 소니 뮤직이야 일본 음악 시장에서 부동의 1위인 만큼, 그 회사가 나서 준다면 더 바랄 나위가 없겠죠. 그런데 이번 도쿄 콘서트의 제작사가 실제로 소니 뮤직 솔루션즈이니 감개무량할 따름입니다.

그동안 한국 아이돌의 일본 진출을 쭉 지켜봤던 저로서도, QWER의 이번 행보는 충격 그 자체였습니다. 일반적으로 한국 아이돌은 국내에서 탄탄히 입지를 굳히고 일본 케이팝 팬들에게 이름을 알린 뒤, 일본 예능과 음악방송에 나가서 인지도를 높입니다. 일본 진출 초기에 팬 미팅이나 쇼케이스를 할 수는 있으되, 곧바로 단독 팬 콘서트를 하는 경우는 드뭅니다.

물론 소속사 내리사랑을 등에 업은 대형기획사 아이돌의 경우, 저런 과정을 단축하거나 일부 생략할 수도 있습니다. 하지만 한국에서 유명세를 얻은 지가 얼마 되지 않고 소속사가 영세하며, 케이팝 비주류인 밴드 음악을 하는 QWER이 곧바로 도쿄 팬 콘서트로 일본 진출의 서막을 연다니…. 무엇을 하든 사람들의 예측을 아득히 뛰어넘습니다. 이거야말로 도파민 폭발하는 낭만과 열정 그 자체잖아!

저는 원래 일본 콘서트 티켓 1차 추첨 때만 해도 지원조차 하지 않았습니다. 어느 바위게나 마찬가지겠지만, 현생이 만만치 않았거든요. 그러나 2차 추첨 전에 만난 바위게들이 "사관이 안 가는 게 말이 됩니까!"라고 저를 공갈 협박하는 과정에서, 큐뽕이 단단히 차올랐습니다.

그 뒤 2차부터 부지런히 지원했고 3차까지 고배를 마셨습니다. 사실 〈봇치 더 록!〉 시사회부터 실패의 연속이었기 때문에 이런 상황이 낯설지는 않았습니다. "괜찮아, 패배는 익숙하니까." 하지만 이번만큼은 꼭 가고 싶었습니다. 앞으로 다시 이런 기회가 없을 것이라는 생각이 자꾸만 저를 사로잡았기 때문이죠. 시시각각으로 체급이 올라가는 QWER이다 보니, 2026년의 일을 장담할 수 없었습니다. 게다가 해외 첫 단독 콘서트 아닙니까! 다행히 한 바위게가 내려준 구원의 손길로, 4월 6일 QWER 첫 번째 해외 팬 콘서트에 가게 되었습니다.

사실 제게 이번 콘서트는 바위게 투어나 마찬가지입니다. 개인적으로는 일본 콘서트의 레퍼토리에 큰 변동을 바라지 않습니다. 한국 팬들과 달리, 기존의 팬콘 레퍼토리는 일본 팬들에게 어차피 처음 보는 것입니다. 그런데 가뜩이나 바쁜 그녀들에게 새로운 콘서트 콘텐츠를 계속 바란다면, 오히려 QWER을 갈아 넣겠다는 심보지요. 바위게들이 매일 무엇을 먹을까 고민하는 사이, 자작곡까지 만들 정도로 부지런한 그녀들이 아니겠습니까? 이미 오버 페이스입니다. 새로운 앨범 준비도 병행 중일 것이 분명한데 말이죠.

이 때문에 저는 QWER에게 기대감이라는 부담을 주는 대신, 바위게들과 즐기는 것으로 이번 도쿄 여행 목표를 정했습니다. QWER 팬 콘서트 레퍼토리에는 익숙하니, 이번에는 그 레퍼토리를 즐기는 바위게들과 함께하는 것이 제 주된 목표입니다. "아니, 한국 바위게는 국내 행사에서도 실컷 볼 수 있지 않나요?" 아닙니다. 포인트가 다릅니다. 일본까지 와서 QWER 콘서트를 보는 바위게는 '찐 of 찐'입니다. 이 바위게 농도가 부담스레 짙은 분들과 함께 젭Zepp 콘서트홀에서 함께할 수 있다는 데에 가슴이 뜁니다.

자, 이제 QWER의 첫 해외 콘서트가 얼마 남지 않았습니다. 저는 한 아재 바위게를 만난 자리에서, QWER의 스토리는 넷플릭스 다큐멘터리 자격이 충분하다고 말했었는데요. 모든 바위게의 발자취가 쌓이고 쌓여, 세계인이 시청할 무언가로 탄생할지도 모릅니다. 저 또한 이 길에 작은 발자국을 보태어 서투른 꽃을 피우고 싶습니다.

도쿄 팬 콘서트: QWER과 바위게, 신주쿠를 불태우다

 2025년 4월 5일 토요일 새벽 3시 반, 저는 집 근처에서 4시 18분에 출발하는 공항버스 첫차를 타기 위해 눈을 떴습니다. 이날이 바로 QWER 도쿄 팬 콘서트 및 성지순례를 겸한 2박 3일 여행의 첫날이기 때문이죠. 나리타 공항에 도착한 저는 나리타 익스프레스를 타고 신주쿠역에서 내려, 가부키초에 자리한 숙소 체크인을 마쳤습니다.

 오후 3시가 조금 넘어, 저는 [전지적 바위게 시점]에서 주관하는 '큐떱 로드' 투어에 참가하는 바위게들과 함께 가마쿠라로 QWER 성지순례를 떠났습니다. 아, '큐떱 로드'에 대해 설명하려면, 먼저 〈에바 로드〉를 이야기해야겠군요.

지난 2013년 봄, 전 세계 애니 오타쿠들이 주목할 만한 사건이 하나 있었습니다. 다름 아닌 〈에바 로드〉이지요. 지금까지도 오타쿠들의 인구에 회자되는 이 명품 다큐멘터리의 줄거리는 다음과 같습니다. 10년이 넘도록 〈신세기 에반게리온〉 덕후지만, 삶에 치여 평범하게 살아가는 직장인 현복과 종호. 그런데 2012년 6월, 에바 덕후들을 까무러치게 할 공지사항이 에바 공식 홈페이지에 올라왔습니다. 정해진 기간 동안 미국과 프랑스, 중국과 일본 4개국에서 열리는 행사에 참석해 애니메이션 등장인물 4명의 스탬프를 받아오면, 소정의 상품을 받을 수 있다는 내용이었습니다. 심지어 상품은 미정 상태였습니다.

각국 스탬프 부스의 운영 기간이 짧은 데다 첫 타자인 프랑스 파리 부스는 7월 5일에서 8일까지만 운영되었죠. 그런데 홈페이지 이벤트 공개일은 6월 22일이었습니다. 두 직장인에게는 준비할 시간이 얼마 없었습니다. 우여곡절 끝에 두 명의 에바 덕후는 '아스카' 스탬프를 받기 위해 프랑스 파리로 향했습니다. 이어 두 번째 행선지인 일본 도쿄에서는 '레이' 스탬프를, 그리고 미국 샌프란시스코에서는 '마리' 스탬프를 받는데 성공했죠. 이제 중국만이 남았습니다. 그런데 예상에 없던 중일 관계 악화로 인해 중국 일정이 무기한 연기되며 두 사람은 시름에 젖었습니다. '우리는 역시 안 되는 건가.' 다행스럽게도 그해 12월에 중국 베이징 일정이 확정되었고, 그들은 마지막으로 '신지' 스탬프를 획득했죠.

2012 에반게리온 공식 스탬프 랠리 마감 결과, 4개국을 돌면서 모든 스탬프를 모은 이는 전 세계에서 현복과 종호 두 사람뿐이었죠. 이들은 당장 유명인사가 되었습니다. 훗날 '〈에반게리온 Q〉 개봉 국가 호텔 숙박권 및 왕복 항공권'과 '극장판 애니의 작화 감독이 그린 일러스트' 가운데 하나를 상품으로 선택하라는 요청에, 두 오타쿠는 두말없이 후자를 골랐습니다. 그리고 "나는 이제 좀 현실로 돌아와야 될 것 같아"라는 여운을 남긴 채, 다큐멘터리는 막을 내립니다.[34]

제가 브런치매거진에 〈에바 로드〉에 대한 글을 적은 뒤,[35] [전지적 바위게 시점]에서 자체적으로 세계 각국의 QWER 공연을 탐방하는 '큐떱 로드' 제작을 결정했습니다. 물론 채널 주인장의 주체적 결단이죠. 그리고 저는 기꺼이 그 투어의 일원이 되기로 했습니다.

오늘 큐떱 로드 팀이 갈 곳은 크게 두 군데입니다. 〈슬램덩크〉 애니메이션 오프닝 장면으로 유명한 '가마쿠라고코마에역' 기찻길, 그리고 QWER이 서로 손 잡고 걸어 다녔던 '이나무라가사키' 해변. QWER이 그랬던 것처럼 바닷가에서 저녁노을을 보는 것이 최종 목표였습니다. 구름이 잔뜩 낀 데다 출발시간이 상당히 지체되었지만, 일단 도전한다는 것 자체가 중요하죠.

1년 만에 다시 찾은 가마쿠라고코마에역은 바다가 찬란하게 반짝이는 시간대가 지나서

34  35

그런지 덜 붐볐습니다. 하지만 제게는 보다 색다른 느낌으로 다가왔습니다. 〈슬램덩크〉 오프닝에 나오는 아름다운 해변 풍경을 눈앞에 두고서, 저는 바위게들과 함께 "저 기찻길 옆 건물은 요즘 시세가 얼마일까요?" 등의 시시껄렁한 농담을 주고받으며 열차가 지나가기만을 기다렸습니다. 물론 그런 멘트의 대부분은, 쑥스러운 나머지 늘어놓는 남자들의 상투적 표현일 따름입니다. 저 또한 "소금기 많은 바닷바람을 자꾸 맞으면 건물 벽이 빨리 부식되죠. 관리하기가 쉽지 않아 보이네요." 등의 황당한 소리를 이어갔습니다. 다만 제 마음은 QWER 멤버들이 이곳을 방문했던 장면을 계속 떠올리고 있었습니다.

그런 가운데, 마침내 레트로한 분위기를 한껏 뽐내는 에노덴 열차가 지나갑니다. 지브리 애니메이션에서 곧장 튀어나올 법한 외관이죠. 솨악. 그리고 얼마 지나지 않아 반대 방향에서 오는 열차가 저와 바다 사이를 가르며 지나갑니다. 솨악.

촬영을 마친 바위게들은 새벽부터 이동하느라 온종일 한 끼도 먹지 못해 뱃가죽이 등에 붙은 상태였습니다. 그런데 근처에는 편의점이 하나도 없더군요. 아니, 가마쿠라 고등학교에 다니는 강백호와 서태웅은 군것질조차 하지 않는단 말입니까?! 여기에 살면 절로 건강해지겠군요. 노을이 지기까지 시간이 얼마 남지 않아, 큐떱 로드 팀은 발걸음을 재촉했습니다.

이나무라가사키역에 내렸을 때에는 이미 사방이 제법 어둑어둑했습니다. 노을 구경은 사실상 포기한 채, 마을로 발걸음을 옮겼습니다. QWER 자체 콘텐츠에 나왔던 사당이나 계단이 모습을 드러내었습니다. 지극히 평범한 사당이었습니다만, QWER을 사랑하는 바위게들에게는 의미 있는 곳이죠. 사당 앞을 지나면서, 'QWER이 더욱 잘 될 수 있기를!' 하고 마음속으로 빌었습니다.

간단한 촬영을 마친 바위게들은 편의점으로 향했습니다. 산토리 캔 맥주를 들이키고 마른안주를 몇 점 집어먹고 나니, 비로소 정신이 들었습니다. 여행의 흥이 다소 적었던 까닭은 결국 배가 고파서였네요. 어느 정도 기운을 차린 큐떱 로드 팀은 가마쿠라 성지순례 마지막 장소로 발걸음을 옮겼습니다.

QWER 멤버들은 붉은 노을이 서서히 짙어가는 초저녁 항구와 해변을 즐겼지만, 저는 까만 어둠이 내린 그곳을 지켜보았습니다. 자체 콘텐츠에서 히나의 카메라가 향했던 어느 구석진 곳에서는 큐떱 로드 팀 중년 바위게 2명이 쪼그리고 앉아 담배를 피우고 있었습니다. 어쩌면 그런 장면들이 우리네 일상에 가깝죠.

QWER 멤버가 서 있었던 장소 길 맞은편에는 은은한 불빛을 뿜내는 멋진 카페와 술집이 줄지어 서 있었습니다. 그중 한 곳에 들어가 시간 가는 줄 모르고 내일 콘서트에 대한 망상을 꽃피우고 싶었죠. 하지만 늦지 않은 시간에 신주쿠역 쪽으로 돌아가야만 안심이 되었기에, 바위게들은 발걸음을 되돌려 지하철역으로 향했습니다.

큐뗩 로드 팀은 세이부신주쿠역 근처에 있는 한 이자카야를 찾았습니다.[36] 3시간 동안 음식과 술이 무제한 제공되는 주점이었는데, 우리는 이곳에서 주지육림을 즐겼습니다. 가게를 나오니 밤 11시였지만, 어찌 벌써 잠자리에 든단 말입니까. 평소 크래프트 맥주를 사랑하는 바위게들의 제안으로, 우리는 유달리 간판이 두드러지는 '신주쿠 에일'이라는 펍으로 발걸음을 옮겼습니다.

바와 테이블을 모두 갖추고 있는 2층 홀에는 서양인 손님들이 여럿 앉아 있었고, 안경을 쓴 바텐더는 일본인으로 보이는 남성이었습니다. 바에 착석한 저는 IPA 맥주를 한 잔 주문한 뒤, 은은한 조명이 매력적인 이 갈색 공간을 휙 둘러보았습니다. 그리고 제 왼편에 놓인 노래방 기계를 발견했죠!

그동안 일본을 여러 번 방문했습니다만, 노래방 기계를 갖춘 작은 주점을 가본 적이 없습니다. 일본 드라마에서 흔히 보이는 장면(소도시의 조그마한 술집에서 동네 주민들이 마이크를 잡고 노래 부르는 광경)만큼은 한 번쯤 경험해 보고 싶었습니다. 그런데 엉뚱하게도, 수제 맥주를 파는 서구식 펍에 노래방 기계가 떡하니 놓여 있다니요! 그야말로 혼돈의 카오스였지만, 제게는 절호의 기회였습니다. 그래서 잠시 망설이다, 결국 노래를 부르기로 결심했습니다. 그렇다면 어떤 가수를 검색해야만 하겠습니까? 당연히 QWER이죠!

노래방 기계에는 QWER의 곡이 무려 4개나 들어 있더군요. 그래서 큐뗩 로드 팀은 돼지 서너 마리의 멱을 따면서, 내일 콘서트에서 완창할 곡들을 불렀습니다. 다행스럽게도 홀 안의 손님들은 우리에게 전혀 관심이 없었습니다. 환락이 넘치는 신주쿠에서 저 정도 객기 따위는 소소한 웃음거리에 불과하다는 표정이었습니다. 이에 오히려 마음이 놓여, 바위게들은 즐겁게 노래했습니다. 덕분에 콘서트 시작 전부터 목소리가 살짝 갔습니다.

그런데 이런 과정에서 매우 흥미로운 사실 하나를 발견했습니다. 알고 보니, 우리가 노래 부르는 광경을 지켜보던 바텐더가 한국인이었습니다! 그는 일본 유학 중인 공대생이었으며, 이곳에서 일한 지는 이제 3개월이 되었다는군요. 퇴근이 얼마 남지 않은 그는 본인이 직접 마이크를 잡고 노래를 부르기 시작했습니다. 20대 청년이 부르기에는 너무 아재틱한 곡들이었지만, 바위게들도 아재이니 아무런 상관이 없었습니다.

이렇게 한국인들끼리 가라오케 기계를 독차지한 채, 흥겨운 시간을 보냈습니다. 덕분에 저는 큰 꿈을 하나 이뤘죠. 노래방 기계를 갖춘 일본 주점에서 QWER 노래 부르기. 이만하면 새벽 3시 반에 시작된 오늘 하루를 제법 충실하게 보낸 셈입니다. 자정이 훌쩍 넘었으니, 이제는 귀가할 때가 되었죠. 저는 일본 가라오케에서 QWER 노래를 함께 부른 바위게들을 더욱 좋아하게 되었습니다.

드디어 QWER 첫 번째 해외 콘서트가 열리는 2025년 4월 6일 아침이 밝았습니다. 오전에는 시부야 스크램블 교차로에 있는 스타벅스에서 '티켓 바위게'를 만나, 콘서트 티켓을 양도받았죠. 2달 만에 본 티켓 바위게는 살이 많이 빠져있더군요. 그는 'QWER 덕질을 하려면 체력이 중요하다'는 사실을 깨닫고 운동과 식단 조절을 통해 감량에 성공했다고 합니다. 사실 이 점은 많은 바위게들이 공감할 만한 대목이라고 생각합니다.

8시간 가까이 진행되었던 [원더리벳 페스티벌], 한증막과도 같았던 한여름의 [펜타포트 락 페스티벌]을 경험한 바위게들은 체력의 한계를 절감했습니다. 게다가 락 페스티벌은 대부분 '스탠딩'으로 즐기죠. 몸무게가 많이 나가면 허리와 무릎에 무리가 와서, 오래 버티기 힘듭니다. 남들에게 잘 보이기 위한 '몸매'를 만드는 것이 아닌, 내가 좋아하는 일을 위해 '체력'을 만든다는 점이 중요하죠. 그 때문에 고작 2달 만에 눈에 띄게 달라진 티켓 바위게가 정말 멋져 보였습니다.

그와 헤어지고 나서 구단시타역 근처 '치요다 벚꽃 축제'가 한창인 '치도리가후치'에서 흐드러진 벚꽃을 즐긴 뒤, 오늘의 공연장으로 이동했습니다. 'ZEPP 신주쿠'는 2023년에 완공된 가부키초 타워 지하에 자리하고 있습니다. 일본 아이돌들이 야외무대에서 공연 중이었고, 생각보다 많은 인파가 그쪽에 몰려 있었습니다. QWER 공연을 위해 대기하는 바위게들은 다른 쪽에서 서성거리며 대기 중이었습니다. 벌써부터 제게 와서 인사해주시는 바위게들이 계셨습니다. 국내 콘서트에서 만났던 분들인데 해외에서 보니 더욱 반갑고, 그래서인지 보다 편하게 이야기할 수 있었습니다. 특히 눈물 없이는 들을 수 없는 '유부남 바위게 콘서트 도전기'가 흥미로웠습니다.

많은 유부남 바위게들에게, '허락보다 용서가 쉽다'는 국룰입니다. QWER 덕질을 하기 위해서는 와이프와 아이에게 몇 배로 잘해야만 하죠. 게다가 덕질로 인해 긍정적으로 변화하는 모습을 보여줘야만 와이프를 납득시킬 수 있습니다. 예컨대 (스탠딩 공연에서 버티기 위해) 술을 줄이고 다이어트를 하는 모습은 와이프에게 기특하게 보일 수 있습니다. 하지만 온갖 노력을 해도 '사전 허락'은 쉽지 않습니다. "나하고 데이트할 때는 살을 안 빼더니, 걸밴드 덕질하려고 살을 빼? 이게 미쳤나? 가기는 어딜 가!" 이 때문에 일단 질러 놓고 '사후 용서'를 비는 편이 빠르죠. 유부남 바위게들이 QWER만큼이나 온갖 시련과 역경을 딛고 여기까지 왔다는 점을 시사하는 대목이었습니다.

제 책의 사인 받기를 원하는 바위게와의 약속이 있어, 저는 가부키초 타워 내의 스타벅스로 이동했습니다. '사인 바위게' 및 그 친구인 '소용녀 바위게'와 만나 반갑게 인사했습니다. 그 스타벅스는 바위게의 농도가 꽤 높았습니다. 제가 평소에 '수컷 바위게 평균 사이즈는 XL이다'라고 많이 쓰는데요. 키가 커서 사이즈가 XL일 수는 있겠으나, 대부분이 훈남이었습니다. 눈에 띄게 잘생긴 미남들도 많더군요. 무엇보다 눈빛이 긍정적으로 반짝이고 있어서 참으로 보기 좋았습니다.

3시 반 경에 우리는 자리에서 일어났습니다. QWER 온라인 커뮤니티에서 티셔츠를 분배하기 시작했는데, 사인 바위게 2인조는 티셔츠를 수령하기로 예정되어 있었거든요. 저 또한 3시 40분에 다른 바위게들과 약속이 있었습니다. 가부키초 타워를 빠져나오니, 햇빛에 눈이 부셨습니다. QWER 팬튜브를 운영 중인 전바시(전지적 바위게 시점)를 비롯한 여러 바위게들이 바삐 움직이고 있었습니다.

저는 금융권에서 일하는 바위게 3명을 만나 근처 위스키 바로 이동했습니다. 콘서트 전에 술을 마실 생각까지는 없었는데, 어쩌다 보니 그렇게 되었습니다. 빈속에 야마자키 위스키를 한 잔 쏟아부으니, 금세 온몸에 열이 올랐습니다. '콘서트 전에 취하면 안 되는데…. 오늘 저녁에도 모임이 많을 텐데…'라는 생각에, 한 잔으로 그쳤습니다. QWER을 사랑하는 바위게들이 다양한 분야에서 활동하고 있으니, 참으로 '온 세상이 QWER'입니다.

그 외에 히나 생일카페 투어 때 만났던 두 바위게와 재회하게 되었습니다. 한 분은 두 형제가 모두 QWER 팬이고, 다른 한 분은 아마추어 밴드에서 보컬을 맡고 있는 '락스타 바위게'였습니다. 총 3분이 한 팀으로 오셨는데, 오사카 콘서트까지 가실 예정이라 했습니다. 1월 당시 이 바위게들과 홍대 카페에서 너무도 즐겁게 이야기를 나누었기에, 꼭 오시지 않을까 생각했었습니다. 아니나 다를까, 오사카 콘서트까지 해치울 계획이라니 정말 대단했습니다. 하지만 이제 입장을 위해 줄을 서야 하는 시간이라, 우리는 몇 마디 나누지도 못한 채 아쉽게 헤어졌습니다.

놀랍게도 '사인 바위게'와 '소용녀 바위게', 그리고 저는 지정번호가 연속순이었습니다. 쉽게 말해 바로 옆에서 함께 콘서트를 관람할 수 있게 되었지요. 줄을 서서 기다리는데, 제 앞쪽에 'k-pop watchmen'이 서 있었습니다. 일본인인 그는 케이팝을 전문적으로 다루는 [k-pop watchmen] 유튜브 채널 운영자인데요. QWER의 가능성을 일찌감치 알아채고 〈고민중독〉, 〈가짜 아이돌〉, 〈내 이름 맑음〉 등을 분석하는 영상을 여럿 올렸습니다.[37] 검은 뿔테 안경이 인상적인 그를 현장에서 실제로 보니 매우 반가워, 대화하고 싶었습니다. 하지만 중구난방인 운영으로 미루어 볼 때 제가 자리를 뜨는 순간 문제가 생길 것 같아서, 꾹 참고 있을 수밖에 없었습니다.

'ZEPP 신주쿠' 지하로 내려가는 어두컴컴한 통로는 지난 2024년 8월 [이태원 다빈치 모텔] 콘서트장과 유사했습니다. 말하자면 생각보다 꽤 길었고, 그만큼 긴장이 고조되었다는 의미지요. 600엔 음료 코인을 구입했는데 결국 음료를 마시지는 않았고, 대신 기념으로 그 코인을 한국에 가져왔습니다. 아울러 한국 바위게들이 나눠 주는 고품격 슬로건을 받고서 텐션을 올렸습니다. 그리고 꾸불꾸불 돌고 돌아, 드디어 우리 3명 바위게는 콘서트홀에 입장했습니다.

'ZEPP 신주쿠'는 천장이 높아, 실내 공기가 정말 쾌적했습니다. 공연장은 무대가 좁은 대신 관객석이 세로로 길게 뻗어 있었습니다. 무대가 좁을 경우, 4명의 멤버를 한눈에 볼 수 있다는 장점이 있습니다. 반면에 대형 댄스팀을 동반한 퍼포먼스는 불가능하죠(댄스팀이 불필요한 밴드 전용 콘서트홀임을 알 수 있습니다). 또한 지정번호가 뒤쪽일 경우, 무대에서 너무 멀다는 단점도 있었습니다. 제 경우에는 600번 대였기 때문에 중간 정도 되었습니다. 하지만 공연을 보는데 전혀 문제가 없었습니다.

한편 일본 공연 문화 특성인지 알 수는 없으나, 앞뒤 줄 간격이 꽤 넓어서 사람들과 몸이 닿는 경우가 거의 발생하지 않았습니다. 지난 1월 YES24 라이브홀 팬 콘서트 때 닭장 체험을 했던 바위게들로서는 무척 편안한 경험이기도 했습니다.

제 오른쪽으로는 '사인 바위게' 2인조가 자리했고, 왼쪽에는 공식 팬카페에서 부지런히 활동하시는 '깃발좌 A 바위게'가 함께하셨습니다. 대기열에서도 많은 이야기를 나누었는데, 위스키를 좋아한다는 점에서 쵸단과 취향을 함께하는 분이셨습니다. 경상도 사투리가 구수하신 참으로 쾌남이셨습니다.

공연 시작이 다가오자, 수줍은 미소를 보이시던 '사인 바위게' 2인조의 눈빛이 갑자기 진지하게 바뀌었습니다. 커다란 더플백에서 나온 응원 도구들이 하나둘 착용되는 폼이 마치 아이언맨과도 같았습니다. 굿즈 하나 제대로 챙기지 않은 제게, 여러 도구들을 나누어 주셨습니다. 미치도록 놀되, 무엇 하나도 어설퍼서는 안 된다! 저 또한 그들 못지않게 중무장하고, 헐크 버스터가 되어 으르렁거렸습니다.

엄청난 근육질의 '소용녀 바위게'께서는 "선생님, 좀 시끄러울 수도 있습니다"라고 제게 웃으면서 말했습니다. 그리고 이내 저는 그 이유를 알 수 있었습니다. 주성치 영화 〈쿵푸허슬〉에서 사자후를 토해내는 주인공인 '소용녀'와 같았습니다. 강철 성대라는 표현이 부족할 정도로 비브라늄 성대를 지니셨더군요. 주변을 완전히 압도했습니다.

이제 공연 오프닝 시간이 얼마 남지 않았습니다. 이미 팬 콘서트 경험이 있는 우리 4인조에게는 느낌이 왔죠. 이에 우리는 라이트밴드에 4인 4색의 불을 밝히고, 하나가 되어 뭉쳤습니다. 오늘만큼은 미친 듯이 한 번 놀아봅시다!

드디어 공연장이 완전히 소등되고, 우리는 '무대 위 춤을 추는 D선상의 글자들'을 바라보며 환호했습니다. 이윽고 무대 전체가 환해지며, QWER 4명이 등장했습니다! K-바위게들의 함성 소리에 주변 일본 바위게들은 놀라서 입을 딱 벌렸습니다. 물론 콘서트까지 보러 올 정도면, 이미 QWER 공연장 분위기를 잘 알고 있을 터입니다. 지난 1월 팬 콘서트 풀 영상이 유튜브에 있으니까요. 하지만 기차 화통을 삶아 먹은 바위게들의 사자후를 곁에서 직접 들는 것은 또 다른 일이죠. 이날 K-바위게는 말 한 마디로 주변을 쑥대밭으로 만드는 주언사인 '이누마키 토게(〈주술회전〉 등장인물)'였습니다.

대부분 레퍼토리가 인기 있었지만, 아무래도 끝판왕은 〈고민중독〉이죠. 여기서 시요밍은 바위게들을 향해, "모오 이치도もう一度, 한 번 더 소리 질러!"라고 기괴한 한본어(한국어+일본어)를 작렬했습니다. 그녀는 공연 도중에도 한숨을 푹 쉬며 "일본어, 다 까먹었습니다"라고 한탄해서, 바위게들의 폭소를 자아냈죠. 여하튼 매력덩어리입니다.

이날 앵콜 곡으로 〈별의 하모니〉를 부르던 시요밍은 참지 못하고 그만 눈물을 쏟았습니다. 목이 메어 노래를 제대로 이어가기 힘든 상황에서 간신히 마쳤습니다. 시커먼 수컷 바위게들의 눈에서도 닭똥 같은 눈물이 뚝뚝 떨어집니다.

세상에는 정말 비현실적인 서사가 실현되는 경우가 종종 있습니다. 2023년 중반부터 시작된 시요밍의 서사는 데뷔 2년이 채 되지 않아, 모두의 예상을 훌쩍 뛰어넘고 있습니다. QWER 전체의 서사 또한 놀랍습니다만, 시요밍의 서사는 더욱 가슴 시립니다.

시요밍의 가장 큰 매력은 응원하고 싶은 마음을 끝없이 불러일으킨다는 점입니다. 물론 그녀는 어린아이가 아니며, 모든 일을 스스로 해결하는 성인입니다. 그러나 대다수 아이돌은 승자독식의 배틀 로얄 우승자 신분으로 데뷔하죠. 반면에 시요밍은 길거리 댄스팀 '나풀나풀'에서 댄스 버스킹을 하며 꿈을 키웠던 마이너 중의 마이너입니다. 게다가 그녀의 보석과 같은 목소리를 충분히 발휘할 기회를 NMB 시절에는 얻지 못했죠. 그녀의 진가를 확실하게 드러내 줄 프로듀서와 작곡팀, 그리고 트레이너를 만나, 그녀는 비로소 밴드 보컬로 재탄생했습니다. 그리고 수많은 역경을 딛고 일어서, 이제 도쿄에서 단독 콘서트를 하게 되었습니다. 어찌 눈물이 북받쳐 오르지 않겠습니까.

콘서트 종료 후 4명의 멤버는 서로 얼싸안고 한참 동안 서 있었습니다. 한국 콘서트 때보다 훨씬 긴 시간이었죠. 쵸단의 눈에서 눈물이 글썽였고, 마젠타 또한 눈가가 촉촉해졌습니다. 공연장에 계속 남아 있던 K-바위게도 울먹이기는 마찬가지였습니다.

생각보다 관객 퇴장 시간이 길었기에, 저는 무대 앞쪽으로 나갔습니다. 그러다 겸겸과 눈이 마주쳐, 힘차게 손을 흔들었죠. 살이 쏙 빠진 겸겸은 정말 미남이었습니다. 매니저가 살을 뺐다면, QWER도 곧 새 앨범으로 찾아온다는 의미일까요? 알 수 없습니다. 하지만 2024년에 이어 2025년에도 QWER이 저의 큰 기쁨이 될 것이란 점에는 변함이 없네요.

콘서트가 끝난 뒤, 저는 전바시 바위게와 함께 신오쿠보역 K-플라자 대형 전광판에서 송출 중인 'QWER 콘서트 광고'를 보러 갔습니다. 하지만 저녁 9시 가까이 되어서 갔더니, 9시 정각에 전광판이 아예 소등되더군요. QWER 광고를 제외한 다른 광고는 모두 보았는데…. 이렇게 놓치는 것도 낭만의 한 조각인지라, 그다지 서운하지는 않았습니다. 이렇게 저의 4월 6일 공식 일정은 모두 마무리되었습니다.

이번 QWER 도쿄 콘서트의 주된 목적은 '바위게 투어'였습니다. QWER 입덕 동기, 가장 좋았던 무대 및 노래, QWER로 인해 변화된 삶 등에 대한 서로 다른 이야기들을 듣고 싶었거든요. 이런 점에서 볼 때, 저의 도쿄 여행은 대성공이었습니다.

어차피 오프 활동 이외에는 만날 일이 없는 분들입니다. 제가 온라인 커뮤니티 활동을 하지 않으니까요. 하지만 아무런 이해관계 없이 오직 QWER로 하나 되어, 이렇게 많은 이야기를 나눌 수 있다는 것 자체가 얼마나 행복한 일인지요. 게다가 오프 활동에서 자주 마주쳐 말까지 트게 된 바위게들은 대부분 나이가 있거나 유부남이었으며, 젊은 경우에도 생각이 매우 성숙했습니다. 제가 듣고 배울 점이 많았죠.

대형기획사 소속 남자 아이돌 팬덤이었다면, 어찌 제가 감히 그곳에 발을 들일 생각을 했겠습니까. 영세기획사 소속의 걸밴드 QWER을 좋아하는 바위게들 사이에는 확실히 공통의 느낌이 있습니다. 물론 그녀들이 월드 스타가 되고 팬덤의 규모가 커진다면, 이 느낌이 사뭇 달라지거나 옅어지겠죠. 하지만 그건 그때 가서 생각할 일이고, 지금은 제게 주어진 이 행운을 기꺼이 즐길까 합니다.

QWER 도쿄 콘서트가 열린 다음 날인 4월 7일. 새벽 5시 반까지 술을 마신 터라, 숙소로 복귀했을 때는 이미 6시가 넘었습니다. 멀리서 신주쿠역에 들어서는 새벽 지하철이 철로를 긁는 굉음이 들려왔죠. 오전에는 큐떱 로드 팀과 함께 시모키타자와 성지순례를 함께했고, 그들과 헤어진 뒤 나리타 공항으로 이동했습니다. 이제 귀국할 때죠.

나리타 제2터미널에 내려서 제3터미널로 걸어가는 중, 제 오른편으로 QWER 주연의 단편 영화 〈청춘록〉 마지막 장면이 연상되는 광고가 눈에 들어왔습니다. 저녁노을이 내린 고등학교 옥상에 선 4명의 소녀. 학교 축제에서 밴드 공연을 하자고 이야기를 나누는 소녀들 앞으로 비행기가 지나가는 장면이 〈청춘록〉의 마지막이었지요.[38]

갑자기 제 눈시울이 뜨거워졌습니다. QWER과 함께했던 지난 1년이 얼마나 행복했는지 새삼 느낄 수 있었습니다. QWER의 메인 보컬 이시연의 도쿄와 오사카 금의환향을 끝으로, 그녀들은 장대한 QWER 역사의 한 챕터를 완성했습니다. 모든 바위게가 바라던 일이었고, 예상보다 빨리 그 꿈이 이루어졌습니다. 그리고 바위게들은 QWER 덕질을 통해, 예전에는 생각조차 못 했던 여러 활동을 경험하며 삶을 풍요롭게 가꾸고 있습니다. 저 또한 응원하는 가수의 콘서트를 보기 위해 해외여행을 하게 되리라고는 생각지도 못했습니다. 하지만 결과는 이보다 더 만족스러울 수 없었습니다. QWER 덕분에 제 삶은 보다 다채로워졌고, 새

38

로운 사람들을 많이 만나게 되었습니다.

　우리가 하는 일이 조금이라도 더 세상을 행복하게 해주고 우리가 머물렀던 공간이 떠난 뒤에 더욱 행복하게 변한다면, 그것만으로도 충분히 성공한 삶이 아닌가 합니다. QWER이 있기 전보다 있고 난 뒤, 세상은 좀 더 좋은 쪽으로 변했습니다. 정확히 말하자면, 더욱 많은 사람들이 행복해졌지요. 제 글을 읽고서 좋았다는 바위게들이 있으시니, 저 또한 바위게와 독자들 그리고 무엇보다 제 자신의 행복을 위해 계속 글을 써나가고자 합니다. 이렇게 저의 도쿄 콘서트 여행은 성공적으로 마무리되었습니다.

오사카 팬 콘서트: 시요밍의 서사가 완성되다

2025년 4월 6일 QWER 도쿄 콘서트의 여운이 가시지 않은 한 주, 그녀들은 4월 10일 오사카에서 팬 콘서트를 가졌지요. 시요밍과 관련된 거대한 서사 하나가 4월 10일에 일단락됩니다. 이 때문에 QWER 역사 전체로 보았을 때, 4월 10일 오사카 콘서트가 지니는 의미가 남다르죠.

 이번 오사카 콘서트는 도쿄보다 늦은 시각인 저녁 7시에 시작되었습니다. 공연장인 'Yogibo Meta Valley'의 규모는 작년 8월 이태원 다빈치모텔 공연장보다 협소해서, 오히려 QWER을 더욱 가까이에서 볼 수 있었습니다. 마젠타가 앞 열 바위게들과 손바닥을 마주치며 하이파이브를 했을 정도니까요.

K-바위게들은 두 멤버의 감정 상태가 유독 신경이 쓰였습니다. 우선 QWER의 맏언니이자 베이시스트인 마젠타입니다. 도쿄 콘서트가 있었던 당일 밤, 그녀는 집안의 큰 변고를 통보받았습니다. 그로 인해 다음날 있었던 타워레코드 시부야점 팬 사인회에 참여하지 못하고 일시 귀국했습니다. 평소 여리고 눈물 많은 마젠타였기에, K-바위게들은 그녀를 많이 걱정했습니다. 하지만 다행스럽게도 마젠타는 목요일 오사카 콘서트에서 프로페셔널한 모습을 보여주었으며, 이로 인해 바위게들은 젠타와 더욱 사랑에 빠지게 되었습니다.

다음으로 QWER의 메인 보컬인 시요밍입니다. 그녀는 앞선 도쿄 콘서트 마지막 곡인 〈별의 하모니〉를 부르는 도중에 눈물을 터뜨렸습니다. 목이 메어 노래를 제대로 부르지 못했죠. 도쿄에서도 그렇게 감정이 북받쳤다면, 오사카에서는 대성통곡할 가능성이 높았습니다. 물론 자기 가수가 울기를 손꼽아 기다리는 팬이 어디 있겠습니까. 다만 XL 사이즈의 시커먼 수컷 바위게들은 QWER이 울 경우, 더욱 크게 울음을 터뜨릴 만반의 준비가 되어 있었습니다.

오사카 콘서트는 도쿄 콘서트 티켓 판매가 호조를 보이는 가운데 급작스레 결정되었고, 평일인 목요일 저녁에 있었습니다. 제가 도쿄에서 파악한 바로는, 정말 '찐 of 찐' K-바위게만이 그곳에 갔습니다. 그러나 그들로서는 아쉽게도(?) 시요밍은 오사카 콘서트에서 눈물 한 방울 흘리지 않았습니다. 도쿄에서 이미 다 쏟아 버려 더 이상 쏟을 눈물이 없다나? 후훗, 이래서 저는 편한 마음으로 정신 승리를 할 수 있었습니다. '그래, 이시연의 일본 서사는 도쿄 콘서트에서 한 챕터를 마무리했고, 나는 거기 있었다니까!'

제 도쿄 콘서트 여행 목적이 '바위게 투어'였듯이, 금번 오사카 콘서트에 대한 제 관심사 또한 바위게였습니다. 그중에서도 NMB48 시절부터 꾸준히 시요밍을 응원해 온 '올드팬'의 소감이 듣고 싶었죠. 비록 직접 가지는 못했지만, 어디에나 있는 바위게들 덕분에 인상적인 소감 몇 개를 모을 수 있었습니다. 그래서 QWER 역사의 일부인 일본 팬들의 소감을 여기 옮기고자 합니다. 사진을 포함한 보다 자세한 내용은 아래 QR코드에 링크된 제 브런치 글을 참고해 주시기 바랍니다.[39]

일본팬 #1

특공복을 입고 머리를 파르라니 깎은 작은 체구의 사내, 그의 직업을 우리는 알 수 없습니다. 하지만 저와 같은 폭주족 패션은 일본에서 오래된 패션 전통 가운데 하나이기에, 굳이 직업을 넘겨짚을 필요는 없겠지요. 저는 저 팬의 뒷모습에서 진정한 '오토코(사내)'의 포스를 느꼈습니다. 그가 입은 특공복 등에는 한 마리의 용이 굽이치며 승천하는 가운데 '이! 시!연!'이 뚜렷하게 새겨져 있고, 그 위에는 QWER 네 글자

39

를 수놓았습니다. 상남자 중의 상남자 포스인데도 또 귀여운 면이 있습니다. 하지만 이 사내의 매력은 여기에서 끝나지 않습니다. 바로 위에 "오카에리 おかえり, 잘 다녀왔니"라는 히라가나 네 글자가 무심한 듯 쓰여 있었던 것입니다.

저 네 글자를 보자마자, 그만 저도 모르게 왈칵 눈물이 터졌습니다. 억지로 눈물을 쥐어짜는 '신파 드라마'가 아니라, 외모는 거칠지만 가슴은 따뜻한 상남자의 진면목을 들여다볼 수 있었기 때문입니다. '아, 일본 드라마에 나오는 여러 장면들은 가짜가 아니었구나. 정말로 저런 무심한 듯 따뜻한 감정이 있구나.' 저 거칠고 입이 무거운 사내는 오랜 세월 동안 묵묵히 시요밍을 응원해왔습니다. 시요밍을 한국으로 떠나보내면서도, 오직 잘 되기만을 바랬겠지요. 그리고 수많은 K-바위게들과 함께 시요밍은 오사카에 돌아왔습니다. "타다이마 ただいま, 다녀왔습니다"라는 인사와 함께. 제게 있어, 저 상남자의 뒷모습은 '올해의 포토제닉' 수상감입니다. 사진 한 장에 얼마나 많은 이야기가 담겨 있는지요.

일본팬 #2

두 번째 일본팬이 자신의 SNS에 남긴 글은 다음과 같습니다. "오늘 라이브 공연 후 회장 앞에 있었는데, 시연의 '넘버 배틀 2 조끼'를 입고 있던 내게, 시연을 좋아하는 한국 팬이 말을 걸어왔어. '그 조끼 처음 보는데, 귀중한 거라서 사진 좀 찍을 수 있을까요?' 지저분한 남자의 사진을 찍어봤자 소용없을 텐데…. 조끼는 셔츠 위에 입는 것이고, 프리 사이즈라서 누구나 입을 수 있어. 그래서 그 조끼를 입혀주고 사진을 찍어 줬더니, 좋아하더라. 말을 걸어준 청년아, 그 조끼는 정말로 귀중한 거야. 왜냐하면 시연이 NMB48에 있던 기간 동안 그 조끼를 입고 있던 오타쿠는 나밖에 없었거든."

이 두 번째 경우도 저의 눈물샘을 자극하기는 마찬가지였습니다. 시요밍은 NMB48에서 인기 멤버가 아니었습니다. 언어 장벽을 포함한 여러 난관들로 인해, 그녀는 항상 NMB 무대에서 맨 끝 가장자리에 서 있었습니다. 졸업할 때까지도 사정은 마찬가지였죠. 이 때문에 NMB 시절의 그녀를 응원했던 팬이야말로 '찐 팬'이라고 할 수 있습니다. 그리고 그는 일본인 특유의 '기다림의 미덕'을 보여줍니다. 시요밍이 다시 일본에 돌아와 NMB48의 멤버로 활동할 가능성은 없지만, 그럼에도 불구하고 그는 '시연의 넘버 배틀 2 조끼'를 소중히 간직합니다. 언젠가 성공해서 돌아올 그녀를 기다리며.

뜻밖에도, 그 기다림의 시간은 길지 않았습니다. QWER은 2024 유튜브 코리아 뮤직 연간 1위인 〈고민중독〉을 필두로 거듭 대박을 터뜨리며 비중 있는 케이팝 뮤지션 가운데 한 팀으로 자리 잡습니다. 그런 가운데 도쿄 콘서트를 성공적으로 마치고, 이시연은 다시 오사카를 찾습니다. 그것도 좁디좁은 공연장을 말이지요. 하지만 이런 조그마한 공연장이야말로 내가 힘껏 응원하는 아이의 얼굴을 가까이에서 볼 수 있는 소중한 기회를 제공하죠. 그가 QWER의 팬이 될 가능성은 낮습니다. 하지만 그는 끝까지 시요밍을 응원할, 속 깊은 '진짜 남자'입니다.

일본팬 #3

세 번째 일본 팬의 사연은 다음과 같습니다. "시연이 오사카에서 메이드로 일하던 시절 처음 만나서 메이드를 졸업하는 것을 지켜봤고, NMB48에 가입해서 첫 공개 무대에 서는 것도 봤고, 졸업하는 순간도 함께했는데, 그런 내가 오사카로 돌아온 시연의 공연을 보지 않는 선택지는 없었기에 보러 갔던 라이브. 그 무대 위에는 생기 넘치게 노래하는 시연이 있었다. 그 모습을 볼 수 있어서 정말 다행이었다."

그는 시요밍이 메이드로 일하던 시절부터 그녀를 지켜본 찐 팬입니다. 이 시연은 NMB48 공식 데뷔 전인 2021년 초에 메이드 카페 체인인 '앳홈 오사카점'에서 하루네はるね라는 이름으로 근무했습니다. 다시 말해 '하루네'의 팬이라면 NMB48보다도 더욱 오래된 팬이라는 점을 알 수 있죠. 시요밍의 데뷔 및 졸업 무대까지 보았다는 점으로 미루어볼 때, 시요밍이 활동했던 거의 모든 무대를 함께한 것으로 짐작됩니다. 그러나 일본인 특유의 감성인지, 그녀에게 바라는 바가 없습니다. 그냥 멀리서 묵묵히 지켜보며 그녀를 응원하고, 그녀가 가는 곳 어디라도 함께할 따름입니다. 그런 그에게, 오사카로 돌아온 시요밍의 무대를 보지 않겠다는 선택지는 존재하지 않습니다. 그리고 그는 말합니다. "그녀의 모습을 볼 수 있어서, 정말 다행이었다."

한국의 QWER 팬 커뮤니티에 올라오는 후기에는 "QWER의 모습을 볼 수 있어서, 참 다행이었다." 등의 담담한 표현은 등장하지 않습니다. 저를 포함한 한국인들은 보다 직설적이고, 감정 표현이 '날 것'이죠. 잔잔하면서도 은은한 느낌, 그러면서도 절대 변하지 않겠다는 꾸준함을 드러내는 이런 팬심을 재패니메이션이 아닌 현생에서 접할 수 있는 것도 저의 큰 행운이라고 할 수 있습니다.

이분들은 QWER의 결성과는 관계가 없습니다. 하지만 QWER 메인 보컬인 이시연의 서사에서 빼놓을 수 없는 일부를 담당함으로써, 결과적으로 QWER 유니버스 전체에 불가결한 집단으로 자리매김했습니다. 정말로 감사드립니다.

한편 4월 10일 오사카 콘서트를 마치고 쉴 틈도 없이, QWER은 닷새 뒤인 4월 15일부터 '어디로든 버스킹' 일정에 들어갑니다. 그 가운데 5월 2일 오사카 버스킹이 유달리 눈에 띄는군요. 보다 많은 시연의 일본 팬들이 참석하시겠지요. 이번에는 시요밍을 보다 가까운 곳에서 바라보며, 벅찬 행복을 안고 뒤풀이에 임하실 것을 믿어 의심치 않습니다. 멀리 한국에서 열심히 응원하겠습니다.

낭만 치사량 밴드 QWER의 해남 버스킹

4월 10일 오사카 콘서트를 성황리에 마친 QWER은 쉴 틈조차 없이, 4월 15일부터 다섯 차례의 버스킹 스케줄에 들어갔습니다. 대만에서 열리는 [앨런 워커 콘서트]에 게스트로 참여하는 4월 26일 이전까지 4번, 그리고 콘서트 이후 5월 2일 오사카 버스킹을 포함하여 총 다섯 번을 진행합니다.

  현생의 온갖 어려움을 뚫고 도쿄나 오사카 QWER 콘서트를 다녀온 바위게들은 이제 한층 대담해졌습니다. QWER 제천 버스킹은 평일 낮인 4월 15일 화요일 오후 3시로 공지되었지요. 하지만 연차를 사용한 국내 원정은, 이제 바위게들에게 아무것도 아니었습니다. "그래도 오사카 평일 저녁 공연보다는 난이도가 낮은데요?", "와이프요? 허락보다는 용서를 구하는 게 쉽죠." 이처럼 간이 배 밖으로 나온 바위게들의 열렬한 응원 하에, QWER의 첫 번째 버스킹이 제천에서 진행되었습니다.[40] 그리고 두 번째 버스킹은 보령 원산도에 있는 전교생 14명의 광명 초등학교 학생들을 대상으로 비공개 진행되었습니다.[41] 세 번째 버스킹은 전라남도 해남의 산이공원에서 진행 예정이었죠.

2025년 4월 19일 토요일 오전 6시 30분. 지하철을 타고 잠실역에 내린 저는 3번 출구 포켓 차선 쪽에 대기하고 있는 벤츠 스프린터 밴에 올라탔습니다. 오늘은 QWER 해남 버스킹이 있는 날입니다. 그런데 QWER 팬 커뮤니티 가운데 한 곳에서 해남으로 가는 차량을 무려 2대나 빌렸습니다. 사당역에서 1호차 우등고속버스가, 잠실역에서 2호차 벤츠 밴이 출발했는데요. 저는 그 가운데 2호차에 탑승했습니다.

 QWER 커뮤니티는 놀라운 추진력으로 5만 원에 서울-해남 왕복이 가능하도록 'QWER 버스킹 1일 투어'를 만들었는데요. 열화 같은 성원 속에 마감되어, 수컷 바위게들로 버스를 꽉꽉 채웠습니다. 2호차 벤츠 밴을 모시는 기사님께서는 슈마허를 방불케 하는 놀라운 운전 솜씨로 해남까지 달려가셨습니다. 서울에서 해남까지 내려가는 동안 온갖 날씨를 경험했는데요. 빗길이 여러 번 나

40    41

왔음에도 불구하고 F1에 출전한 선수처럼 신나게 내려가셨습니다. 향후 카타르에서 '관광버스 포뮬러 원' 대회가 열린다면, 강력한 우승 후보가 되실 것이라 자신합니다.

1호차보다 무려 40여 분 빠르게, 우리 2호차는 해남 산이정원에 도착했습니다. 티끌 하나 없이 맑은 공기 속에 짭쪼름한 바다향과 잔디밭의 풀 향기가 가득했습니다. 대기 중에 떠도는 초여름의 향긋함이 바위게들에게 지난 페스티벌의 낭만과 열기를 일깨웠습니다. 사실 버스킹이라는 명목하에 투어가 진행되고 있지만, 이번 QWER 지방 버스킹은 지자체와 협업한 무료 공연에 가깝습니다. 그래서인지 바위게들은 버스킹이라기보다는 오히려 한여름 락 페스티벌에 온 것 같은 느낌을 받았습니다. 알록달록 잘 가꿔진 조경을 배경으로 탁 트인 잔디밭이 펼쳐져 있었습니다. 공연 중에 하나도 언급했지만, 바위게들은 피크닉에 온 것이나 다름없었죠.

이날 산이정원에는 각 지방에서 모인 바위게들 이외에도 가족 단위로 피크닉을 온 분들이 많이 계셨습니다. 우리는 버스 안에서 받은 'QWER 어깨띠'를 두르고 인간 화환 모드로 들어갔습니다. 이 정도로 수치스러움을 느낄 단계는 지났습니다만, 다수 관중의 편의를 위해 앉아 달라는 요청이 있었습니다. 때문에 우리는 어깨띠를 두른 채 앉았고, 결과적으로 공연 중에는 QWER에게 인간 화환의 모습을 보여주지 못했습니다.

비가 올 것이라는 예보가 무색하게 화창한 날씨 속에 땡볕이 쏟아지며, 바위게들은 찜통 속에서 익어가는 듯한 기분이 들었습니다. 그런 가운데, 저 멀리서 분홍색 '큐떱카'가 웅장한 모습으로 들어오기 시작했습니다. 이미 바위게들의 가슴은 감당 못할 정도로 요동치기 시작했습니다. 게다가 놀랍게도, 큐떱카는 잔디밭을 지나 공연 무대 바로 앞에 섰습니다. 제천 버스킹에서조차도 이 정도로 가까이 차를 대지는 않았죠. 그리고 열띤 환호 속에 QWER 네 명의 멤버들이 차에서 내렸습니다.

저는 4명 멤버들의 착장을 본 순간 웃음이 나왔습니다. 2023년부터 제가 알고 있던 QWER은 전혀 변하지 않았네요. QWER의 평상시 복장의 경우, 언니즈(쵸단, 마젠타)와 막내즈(히나, 시요밍)가 차이를 보입니다. 언니즈는 일상복 차림으로 나올 때도 어느 정도 신경을 씁니다. 한 마디로 '꾸안꾸' 스타일이지요. 반면에 막내즈의 경우에는 밤을 꼴딱 새며 합주실에서 연습하다 바로 나온 것 같은 꼬질꼬질한 복장을 보이는 경우가 많습니다. 한 마디로 '진짜로 안 꾸민' 날 것의 패션이라고나 할까요. 저게 바로 '락'이죠.

〈고민중독〉으로 시작했던 제천 버스킹과는 달리, QWER은 〈내 이름 맑음〉으로 무대를 열었습니다. 오늘 날씨에 딱 맞는 멋진 선곡이었죠. 두 번째로 〈지구정복〉을 연주하는 도중에, 마젠타는 더위를 이기지 못해 입고 있던 점퍼를 벗어 던졌습니다. 세 번째 곡인 〈자유선언〉을 마친 뒤, 시요밍은 후

드티 안의 녹색 티셔츠를 꺼내보였는데요. QWER의 매니저가 선물한 '퉁퉁퉁 사후르' 셔츠였습니다. 〈가짜 아이돌〉과 〈사랑하자〉 공연을 마친 뒤 더위를 끝내 이기지 못한 시요밍은 결국 연두빛 후드티를 벗고 녹색 '퉁퉁퉁 사후르' 티셔츠를 입은 상태로 무대에 임했습니다. 이어진 공연은 〈대관람차〉였습니다. 이 곡은 늦여름이나 초가을의 선선한 저녁에 들으면 좋은데요. 찌는 더위 속에서도 끝내줬습니다. 역시 명곡은 어느 때나 들어도 최고라는 점을 다시 한번 확인했습니다.

최근의 케이팝 곡들은 '자의식 과잉'인 경우가 많습니다. 힘든 삶을 함께 헤쳐나가자는 목소리가 드뭅니다. 또한 틱톡 바이럴 용으로 만들어진 여러 히트곡들은 가사 내용조차 분명하지 않은 경우가 많죠. 일부 가사가 영어라서 문제가 아니라, 한글 가사마저도 별 의미가 없습니다.

이런 케이팝 산업 주류의 분위기와는 달리, QWER의 노래들(특히 이동혁이 작사·작곡에 참여한 곡들)은 '너와 함께하는 삶'을 강조합니다. 사실 제이팝에서는 흔한 테마인데, 한국에서는 꽤나 낯설죠. QWER의 곡들은 가사가 건전하고 아름다울뿐더러, 문장 구조 및 메시지도 분명합니다. 해외 케이팝 팬들이 한글 공부를 위해 텍스트로 쓰기에 적합하죠.

〈대관람차〉 이후에 〈별의 하모니〉를 마지막으로 연주한 뒤, QWER은 좁은 잔디밭을 한 바퀴 돌면서 팬들 한 명 한 명과 눈을 맞추고 인사했습니다. 행사 퇴근길이나 공항 출입국 등에서는 쫓기는 분위기가 보였는데, 오늘만큼은 가수와 팬덤 모두 여유로웠습니다. 따뜻한 초여름 날씨 속에서

QWER은 분홍색 '큐떱카'를 타고 떠났는데요. 그녀들이 자리를 뜨자마자, 귀신같이 빗방울이 떨어졌습니다. 물론 잠시 내리다 그쳤지만, 역시 QWER의 시요밍은 '날씨의 요정'이라는 점이 분명해졌습니다. 이렇게 QWER의 해남 버스킹은 막을 내렸습니다.[42]

그런데 이런 가운데, 오늘 버스킹에서 아주 중요한 모멘트가 있었습니다. 〈별의 하모니〉를 마치고 난 뒤, 마이크를 잡은 마젠타가 "뒤에 있는 바위게 분들, 뭔가 약간 슬램을 하고 계셔 가지고… 〈별의 하모니〉인데"라고 말하는 것이었습니다. 공연에 푹 빠져 주변을 살필 새가 없던 저는 그제야 뒤를 돌아보았습니다. 그랬더니 공연 무대와 떨어진 잔디밭 한가운데에서 한 무리의 바위게들이 손을 흔들며 목소리를 높이고 있었습니다. 그 곁에는 야외 공연에서 빠질 수 없는 '깃발좌 B'가 거센 바람을 뚫고서 깃발을 흔들고 있었죠. 그곳에 있는 바위게들 상당수는 낯이 익은 분들이었습니다. 그들은 QWER 공연에서 앞쪽 자리를 확보하는 대신, 뒤쪽에서 그들만의 열띤 놀이를 이어가고 있었습니다. 향후 QWER 공연 직전에 오더라도 자리 스트레스 없이 신나게 즐기다 갈 수 있는 새로운 가능성을 보여주고 있었죠. 심지어 QWER 소속사 PD인 빙빙이 직접 가서 "잘 보이지 않아서 뒤쪽으로 온 겁니까, 아니면 그냥 놀려고 옮긴 겁니까?"라는 취지로 물어보기까지 했습니다. 물론 그들의 대답은 후자였죠.

이는 케이팝 아이돌 팬덤 가운데 QWER 팬덤인 바위게에서만 볼 수 있는 독특한 퍼포먼스입니다. QWER은 댄스 아이돌이 아닌 아이돌 밴드라서, 락 페스티벌 등에 많이 섰습니다. 보통 락 페스티벌에서는 각 밴드를 상징하는 커다란 깃발이 나부끼며, 무대 공연과 상관없이 팬들끼리 무리를 지어 함께 몸을 부딪는 '슬램'을 하거나, 미친 듯이 춤사위를 벌이는 경우가 흔합니다. 반면에 케이팝 메이저 아이돌 팬덤의 경우, 질서정연하게 앉아 응원봉을 흔들며 단합된 모습을 보여주는 경우가 대다수죠. 또한 아이돌 밴드라도 팬덤이 여초일 경우, 깃발이나 슬램이 등장하는 경우를 보기 어렵습니다.

이 때문에 QWER은 물론이요 그녀들의 팬덤인 바위게들은 한국 음악 역사에서 매우 독특한 지위를 점합니다. 락 페스티벌에서는 밴드 음악팬들과 함께 거칠게 놀죠. 아이돌 페스티벌에서는 손수 준비해온 응원봉을 흔들고 질서정연하게 응원합니다. 하지만 제이팝 밴드 공연에서 흔히 볼 수 있는 "어이! 어이!"까지 동원하기 때문에, 기존의 한국 락 페스티벌 응원 스타일과도 차별화됩니다.

대한민국 아이돌 신에서 드물게 남초 팬덤인 바위게! QWER은 그간 엔터테인먼트 시장에서 소외되었던 남성 팬들이 놀 수 있는 놀이터를 만들었습니다. 이는 남성과 여성을 차별하는 주장이 아닙니다. 오히려 그간 아이돌 업계에서 남성 팬들의 입지가 매우 좁았기에, 정상화되는 과정일 따름입니다. 그리고 인류의 반인 남성 고객을 타게팅한 아이돌 그룹이 QWER을 제외하면 드물기 때문에, 그녀들은 비즈니스적으로도 성장 가능성이 높습니다. 갈수록 연애와 결혼에 시들해진 남성들이 자기계발과 취미에 집중함에 따라, 아이돌 시장에도 남성 팬들의 돈이 점차 많이 유입되는 중이기 때문입니다. 그녀들이 CU와 와인 콜라보를 하고 각종 게임 행사를 휩쓰는 것을 보면 잘 알 수 있죠.[43] 술과 게임, 아직까지는 남성 소비자 비율이 우세한 분야입니다.

코로나 팬데믹 동안 사회적 거리두기를 겪으면서 온라인 세계에 갇혀야만 했던 한국인들. 그들은 오프라인 활동에 목말라 있었습니다. 그 결과 엔데믹이 선언된 뒤, 야구장이나 페스티벌 등 야외 활동이 가능한 장소에 대한 수요가 폭발적으로 증가했습니다. 야구장은 이제 특정 팀을 응원하러 가는 곳이 아니라, 신나게 놀러 가는 오프 장소입니다. 락 페스티벌은 내 가수를 보러 가는 곳이기도 하지만, 불특정 다수의 팬들과 몸을 부딪으며 '락놀이'하는 놀이터입니다. 대한민국 유일한 아이돌 밴드인 QWER은 이런 기회를 어느 아이돌보다 많이 제공합니다. QWER 유니버스 자체가 무궁무진한 놀이터이죠. 일단 한 번 페스티벌이나 콘서트에서 그녀들의 공연을 경험하고 바위게들과 함께 뛰다 보면, 절로 빠져들 수밖에 없습니다.

아울러 케이팝 팬덤 가운데 '웃긴' 팬덤은 QWER의 바위게가 유일합니다. 공감, 소통, 단합, 다 좋습니다. 그런 요소들은 기존 아이돌 팬덤에 있었고 바위게에도 있습니다. 하지만 가수와 팬 모두의 엉뚱한 퍼포먼스에 박장대소하며 깔깔 웃을 수밖에 없는 팬덤은 바위게가 유일합니다. 공연 현장에서 자기 가수를 놀리는 주책바가지 팬덤을 아이돌 판에서 달리 찾아볼 수 없습니다. 그 때문에 웃음 넘치는 QWER 및

43

웃기는 팬덤인 바위게의 등장은 대한민국 음악사에서 매우 유의미하다고 봅니다.

QWER의 소속사 PD인 빙튜브 또한 바위게들이 노는 장면을 의미심장하게 받아들인 모양입니다. 그래서인지 바위게들이 무대 멀찍이서 노는 영상을 촬영해서, 자신의 인스타그램에 업로드했습니다.

QWER 해남 버스킹이 끝난 뒤, 바위게들은 남아서 쓰레기를 수거하며 주변을 정리했습니다. QWER 관련 여러 행사에서 보았던 얼굴들을 다시 보니, 마치 이산가족을 상봉한 느낌이었지요. 물론 우리는 이대로 헤어져도 '대한민국 최고의 낭만 밴드 QWER'이라는 키워드 아래 하나로 뭉쳐 언제든 웃으며 재회하겠지요. QWER 유니버스가 세계인이 어린아이처럼 뛰어놀 수 있는 놀이터가 될 수만 있다면, 이보다 더 아름다운 일이 또 있을까요?

잠실로 복귀하는 2호차, 그 안에서는 전면에 달린 대형 TV를 통해 오늘 본 버스킹을 단체로 리뷰하는 시간이 이어졌습니다. 여러 바위게들이 촬영에 임했고, 그 가운데 실시간 중계 영상이 이미 유튜브에 업로드되어 있었으니까요. 멀찍감치 별도 응원을 하던 바위게들에게 저 영상은 새로웠고, 저처럼 코앞에서 보았던 바위게들은 놓쳤던 디테일을 확인하며 웃을 수 있었습니다. 도중에 함평군 '옥당 기사식당'에 내려 뷔페 식사를 마친 바위게들은 배를 두드리며 대화를 이어갔습니다. 또 한국인의 특성상 단체 사진을 찍지 않을 수가 없었죠. "하나, 둘, 셋, 좋아해!"라고 외치면서 찍었는데 낭만이 치사량이었습니다.

　버스에 올라탄 바위게들은 이제 [고려대 입실렌티]이나 [펜타포트 락 페스티벌] 등 기념비적인 공연들을 함께 되짚어보는 시간을 가졌습니다. 이 버스 안의 바위게들은 입덕 시기 및 공연 경험이 제각기 달랐습니다. 따라서 대화하면 할수록 서로 배울 점이 많았죠. 2024년 레전드 영상들을 함께 보고 있자니, 지금 이렇게 마음 편히 QWER 덕질할 수 있는 상황에 감사하게 되었습니다. 저 당시에는 주는 것 없이 증명만을 요구하는 많은 목소리에 답하느라, 하루하루가 전쟁과도 같았습니다. 미치도록 즐거웠지만 힘든 순간들도 적지 않았죠. 하지만 그런 과정을 거쳐 오늘에 이르렀으니, 모든 순간이 소중할 수밖에 없습니다. 이런 식으로 해서, 잠실역에 내릴 때까지 시간 가는 줄을 몰랐습니다. 우리 2호차의 슈마허 기사님은 이번에도 저녁 8시를 조금 넘겨 잠실역에 도착하는 기염을 토했습니다. 전광석화 같은 안전운전에 다시금 감사드립니다.

　잠실역에 내린 바위게들은 다음 오프 만남을 기약하며 헤어졌습니다. 하지만 저는 여운이 남아 도저히 이대로 귀가할 수 없었죠. 아직 9시도 되지 않은 터라, 시간 여유가 있었습니다. 그래서 저는 다른 세 명의 바위게와 함께 잠실 롯데월드몰에 있는 '고호재'를 찾아, 9시 45분 마감 때까지 대화를 이어갔습니다. 20대에서 40대까지 다양한 직종에 종사하는 남성 4명이 모였습니다만, QWER이라는 주제 하나로 끊임없이 대화할 수 있었습니다. 밤을 새울 수도 있을 정도였죠. 무엇보다 당일치기로 해남을 왕복했는데, 전혀 피곤하지 않았습니다. 우리가 탔던 벤츠 밴의 경우, 노면을 제대로 느낄 수 있을 정도로 요동이 심했는데도 말이지요. 모두 그만큼 열정이 넘쳤나 봅니다. 그렇게 우리는 귀가하는 지하철 안에서도 마지막까지 신나게 대화하다 제 갈 길로 갔습니다. 정말 길고도 재미있던 하루였습니다. 이렇게 좋은 추억을 만들어 주신 팬 커뮤니티 운영진 여러분께 진심으로 감사드립니다.

2025년 4월 19일 QWER 해남 버스킹을 한 단어로 정리하자면 '낭만'입니다. 이 '낭만'은 말로 설명하는 것보다 그냥 몸으로 느껴보는 수밖에 없습니다. 우리가 잊고 살았던 것, 그러나 사실은 그 무엇보다 우리를 인간답게 만들며 벅차오르게 하는 바로 그 단어. '낭만'은 QWER이라는 뮤지션과 소속사인 타마고 프로덕션, 그리고 팬덤인 바위게가 삼위일체가 될 때 극에 달합니다. 저는 이들을 합쳐 'QWER 유니버스'라고 부릅니다. QWER 덕질이 돈이나 시간의 낭비가 아닌 까닭은, 덕질 활동을 통해 얻는 수많은 경험이 내게 낭만과 함께 열정과 즐거움을 되살리기 때문이지요.

2025년에도 QWER과 바위게들은 이 낭만을 계속 만끽할 것이며, 이를 본 수많은 사람들이 'QWER 유니버스'로 놀러 올 것입니다. 어딘가에서 신나는 일들이 계속 벌어진다면 관심을 가지지 않을 수 없고, 더 나아가 거기에 뛰어들어 함께 놀고 싶어지지요. QWER 유니버스가 세계인의 놀이터가 되어 '평화로운 지구정복'을 달성하는 그 날까지, 바위게의 일원으로서 즐겁게 뛰놀아보겠습니다. 노는 것만큼은 누구에게도 지지 않는다! 낭만과 재미만큼은 우리가 최고다!

QWER, 노들섬을 청춘과 낭만으로 슬램하다

지난 4월 19일 해남 산이정원 버스킹을 다녀 온 뒤, 해남 땡볕에 피부가 살짝 벗겨지기 시작하네요. 영광의 상처입니다. 4월 23일 노들섬 버스킹은 염두에 두지 않았지만, 해남에서 한껏 흥이 올랐다 보니 또 가지 않을 수 없었습니다. 4호선 신용산역에서 내려 500번 버스를 타고 두 정거장 지나 내린 그곳, 오늘 QWER 버스킹이 있을 예정인 노들섬입니다. 서울에 살았지만, 이제 겨우 두 번째 방문입니다. 해남의 경우, 태어나서 처음 가 보았습니다. QWER만 따라 다니면, 전국 방방곡곡을 다 가 볼 기세입니다.

이날 QWER의 매니저인 검검은 아침부터 잠실과 동대문, 연남동과 광화

문 등을 돌며 이날 있을 노들섬 버스킹을 홍보했습니다. 계란탈을 쓴 '김계란'과 함께, 궁서체가 돋보이는 홍보 현수막을 들었습니다. 3대 600을 치는 덩치에 헝클어진 머리, 아무렇게나 입은 검은색 상하의는 바로 QWER의 매니저가 보여주는 날 것의 '낭만'입니다.

QWER의 팬이 아닌 경우에는, 어째서 매니저의 인기가 저렇게 높은지 이해하기 어려울 것입니다. 저는 검검이야말로 이 시대가 원하는 '편한 동네 형'의 이미지를 지녔다는 글을 쓴 적이 있습니다. 지금도 그 생각에는 변함이 없습니다. QWER 유니버스는 QWER, 바위게, 타마고 프로덕션(3Y코프레이션+프리즘필터)으로 구성되는데요. 재미와 낭만, 진정성, 털털함을 모두 갖춘 소속사 직원들은 QWER 유니버스의 낭만에 큰 몫을 담당하고 있습니다. 그리고 이런 편한 동네 형 이미지는 남초 팬덤인 바위게에게 크게 어필하고 있습니다.

오후 5시가 조금 넘은 시각, 저는 노들섬 버스 정류장에서 하차했습니다. 너무 오랜만에 온지라, 잔디마당이 어느 쪽인지 잊었습니다. 하지만 방향을 찾는 수고는 할 필요가 없었습니다. 엄청난 대기열이 건물을 빙빙 돌아 이어지고 있었기 때문입니다. 저는 두리번거리며 그 줄의 끝을 찾아 헤매었습니다. 그리고 중고등학생에게 잔뜩 둘러싸인 채, 줄을 섰습니다. 그간 오프 행사는 주로 국내외 팬 콘서트, 대학교 축제, 페스티벌 등이었습니다. 그러다 보니 미성년자를 접하기가 어려웠습니다. 서울 노들섬 버스킹에 와서야, 중고등학생에게 QWER이 상당한 인기가 있다는 사실을 실감할 수 있었습니다.

　운영팀의 안내에 따라 저는 계단석으로 이동했습니다. 그런데 해남 버스킹에서 만났던 바위게 분들이 나란히 자리하고 계셨죠. 저는 그쪽에 합류했습니다. 하지만 제 눈은 이미 '깃발좌'를 찾고 있었습니다. QWER 야외 공연 때마다, 항상 길고 무거운 QWER 깃발을 흔들며 뒤편에서 힘을 보태시는 깃발좌. 그를 중심으로 오늘 슬램존이 형성되리라는 것은 의문의 여지가 없었기 때문입니다.

　아이돌 밴드의 팬덤인 바위게는 그동안 여러 락 페스티벌에 참가했습니다. 그리고 둥글게 모여 있다가 일정한 신호와 함께 서로 가운데로 달려가 몸을 부딪는 '슬램' 문화를 체험했죠. 2024년의 경우 [JUMF]와 [원더리벳 페스티벌]에서 '슬램'이 있었습니다. 하지만 페스티벌을 찾은 불특정 다수의 음악팬과 함께하는 슬램이었죠. 바위게들끼리의 슬램은 여태까지 시도된 적이 없었습니다. 오프 식사 자리에서 닭다리를 먼저 움켜쥐려고 몸빵을 하는 상황이 아니라면 말이죠.

　지난 4월 19일 해남 버스킹 당시, 서울에서 2대의 바위게 버스가 출발해 해남으로 달렸습니다. 그 가운데 1호차는 2호차에 비해 40분 이상 지각했습니다. 그 결과 앞 열에 자리하기가 어려웠죠. 1호차 바위게들은 아예 객석 뒤편의 언덕 쪽으로 물러나 그들만의 응원 놀이를 펼쳤습니다. 그리고 공연 도중에 마젠타가 '바위게들이 〈별의 하모니〉와 같은 슬픈 노래에 맞춰 슬램을 하고 있다'고 말했죠. 하지만 마젠타가 미처 몰랐던 점이 있습니다. 그들은

'슬램'을 한 것이 아니라, 다만 모여서 손을 흔들며 응원하고 있었을 따름이니까요. 아니면 다음 버스킹 때 꼭 슬램을 하라는 마젠타의 큰 그림이었을까요?

여하튼 바위게들이 노들섬 버스킹 때 별도의 존을 형성하여 슬램을 할 가능성이 매우 높아졌습니다. 해남 버스킹 당시 2호차 바위게였던 저는 대한민국 아이돌 팬덤 역사상 최초의 '버스킹 슬램'을 노들섬 도착 전부터 확신했습니다. 2025년 4월 23일은 한국 팬덤 문화사에 큰 족적을 남길 날이 될 확률이 높았고, 저는 현장에서 그 역사에 동참하고 싶었습니다.

이윽고 6시가 넘자, 저 멀리서 분홍색 큐떱카가 천천히 들어서기 시작했습니다. 지난 해남 버스킹 때 신나게 달려오던 모습이 새삼 떠올랐습니다. 제법 덩치가 있는 밴임에도 불구하고, 제 눈에는 꼬마 자동차 붕붕처럼 귀여웠습니다.

그런데 그 큐떱카는 4명의 멤버들을 내려준 뒤, 저와 찐 바위게들이 몰려 있는 '슬램존' 앞에 주차했습니다. 바위게들은 순식간에 열광하며 몰려들었습니다. 그곳에는 바로 매니저인 검검 '김정광'이 타고 있었기 때문이죠. 그런데 우스꽝스럽게도, 바위게들이 큐떱카 쪽으로 몰려들자 그곳에 QWER이 있는 줄 알고서 일반인들 또한 달려왔습니다. 하지만 '힝!' 속았죠? 설마 3대 600을 치는 시커먼 매니저에 열광하는 미친 팬덤인 줄 몰랐죠?

바위게들은 끊임없이 "김정광 사랑해!"를 외치면서, 검검이 등장하기를 기다렸습니다. 아마 일반인들은 헷갈리셨을 겁니다. '김정광이 누구지? 쵸단 본명인가?' 이윽고 우리의 검검은 운전석에서 내리자마자, 우사인 볼트를 방불케 하는 놀라운 속도로 무대를 향해 뛰어갔습니다. 어찌나 빠른지 축지법을 쓰는 줄로만 알았죠. 덩치가 커서 발은 느릴 줄 알았는데, 오히려 더욱 매력적이네요. 바위게들의 머릿속은 검검 때문에 소용돌이쳐 어지러웠습니다.

하지만 언제까지 김정광만을 바라보고 있을 수는 없는 노릇이죠. 오늘의 주인공인 QWER이 무대에 올라왔으니까요. 저를 비롯한 많은 바위게들은 '슬램존' 쪽으로 빠져 있었기 때문에, 무대를 제대로 볼 수는 없었습니다. 하지만 마음만 먹으면 그녀들의 얼굴이나 의상을 보는 데에는 문제가 없었습니다. 멘트는 매우 정확하게 들을 수 있었죠. 게다가 오늘도 스마트폰으로 현장 생중계를 해주시는 바위게가 계셨기에, 그를 믿고 마음껏 놀 수 있었습니다. 디테일한 영상을 나중에 챙겨볼 수 있기 때문이지요.

⟨내 이름 맑음⟩과 ⟨디스코드⟩, ⟨소다⟩에 이어, 계절과 날씨와 시간대에 가장 잘 어울리는 명곡 ⟨대관람차⟩가 시작되었습니다. 저는 해남 버스킹 때 ⟨대관람차⟩를 최애곡으로 삼은 바위게와 함께 그 곡을 들었는데요. 이번 노들섬 버스킹 때도 바로 옆에 그가 서 있었습니다. 그래서 더욱 감명 깊었죠. 시원한 초여름 저녁에 어울리는 ⟨대관람차⟩의 아름다운 가사는 하루 일과가 끝나고 저녁노을이 지는 즈음을 배경으로 합니다.

낮아지는 저녁 하늘 아래로

오렌지빛 커튼이 또 내리고

참 길었던 이 하루도 잘 견뎌줘 고마워

언제나 네 곁에 있어

어떤 날이 와도

작아지는 맘을 껴안아

세상 가장 높은 곳에서

이제 감은 눈을 떠

두려움보단 설레임을 안은 채

봐, 오늘 너머 내일의 너를

만나러 가고 있어

 떨어지는 해와 함께 낮아지는 저녁 하늘 아래로 오렌지빛 커튼이 내린 가운데, 지하철이 해 질 무렵 한강 다리 위를 그림처럼 지나갑니다. 황금색 63빌딩이 아련한 저녁노을 아래 점차 빛이 바래갑니다. 그리고 저는 역광 속에 신비롭게 빛나는 QWER을 바라보며, 누구보다 그녀들을 사랑하는 바위게들과 함께 노들섬에 서 있습니다. 모든 것이 아름답고 꿈만 같습니다. 잠시 응원을 잊고 현재에 머물며, 눈부시게 아름다운 이 순간을 함께한다는 사실에 감사합니다. 시티팝에 어울리는 이런 장면을 염두에 두고 3Y코프레이션은 이 시간대에 이 장소를 섭외했겠지요. 빙빙, 당신은 성공했어요.

 〈지구정복〉의 분위기를 이어 〈불꽃놀이〉가 연주되었습니다. 〈대관람차〉가 초저녁을 위한 곡이라면, 〈불꽃놀이〉는 한낮의 열기가 식은 여름밤 페스티벌에 어울리는 곡이죠. 불꽃놀이를 보려면 일단 어두운 밤이어야 하니까요. 이를 통해서 볼 때 〈대관람차〉와 〈불꽃놀이〉는 멋진 한 쌍입니다. 바위게들의 가슴 속에 몽글몽글한 감정을 일으키며 또 하나의 하이라이트를 만들어 주었네요.

이윽고 앵콜을 제외한 오늘의 마지막 곡이 기다리고 있었습니다. 앵콜 곡이 무엇인지는 아무도 몰랐지만, 마지막 곡이 무엇인지는 모두 눈치채고 있었습니다. 지금까지 〈고민중독〉이 나오지 않았다면, 고민할 필요가 없죠. 그리고 국내외 4번의 팬 콘서트를 통해 갈고닦은 '찐 바위게'들의 응원 실력을 모두에게 보여줄 때가 되었습니다.

한 손을 번쩍 든 4명의 멤버가 "원! 투! QWER!"을 외치자마자, 하얀 어깨띠를 두른 찐 바위게들은 박자에 맞춰 "어이! 어이!" 하고 뛰기 시작했습니다. 오랜 대기 시간과 짧지 않은 레퍼토리로 인해 상당히 체력이 저하된 상태였지만, 국가가 허용한 마약인 〈고민중독〉을 듣고 도파민이 터지지 않을 수 없었죠. 이렇게 석양이 가득한 초여름 더위 속에 찐 수컷 바위게들은 웅취를 사방에 퍼뜨리며, 만인의 시선을 사로잡았습니다. 심지어 QWER의 무대보다 슬램존에 더욱 눈길이 갔다는 후기도 있더군요. 이건 바라던 바가 아닌데….

이런 가운데, 갑자기 수컷 바위게의 철근처럼 무거운 팔뚝이 제 어깨를 감쌌습니다. "쏟아지는 맘을 멈출 수가 없을까?"에 맞춰 찐 바위게들은 어깨동무를 하고 빙빙 돌며 강강술래를 하기 시작했습니다. 본디 이런 어깨동무는 리듬에 맞춰 일정한 방향으로 돌아야 보기에 좋고 움직임도 자연스럽죠. 그런데 찐 바위게들은 방향도 없고 리듬도 없이 서로 어깨를 걸고 좌충우돌했습니다. 이런 상황에서는 차라리 모두 제자리에서 뛰는 편이 나았는데, 그래도 각자 좌우로 움직이려 들다 보니 다들 스텝이 꼬여 엉망진창이었습니다.

그리고 드디어 한 바위게가 잽싸게 중앙으로 나서, 슬램 분위기를 만들어 가기 시작했습니다. 옳거니, 올 게 왔구나! '슬램 바위게'의 용의주도한 지휘 아래 찐 바위게들은 둥그렇게 서서 가운데로 달려들 준비를 했습니다. 그리고 두 번째 "쏟아지는 맘을 멈출 수가 없을까?"가 터져 나오자, 바위게들은 그의 신호에 맞춰 일제히 한 곳으로 쏟아져 들어가 몸을 부딪었습니다. 사방에서 덤프트럭 충돌하는 굉음과 신음이 울렸습니다. 벌써부터 치명상을 입었지만, 어찌나 재미있는지 도저히 한 차례로 끝낼 수가 없었죠.

"좋아한다, 너를 좋아한다, 좋아해." 확성기 파트에서 숨을 고르며 둥그렇게 스크럼을 짜고 있던 찐 바위게들. 그들은 "너를 많이 많이 좋아한단 말이야!"라는 클라이맥스가 터지자, 맞은편 상대를 너무 많이 좋아한 나머지 떡실신시키기 위해 다시 한번 황소처럼 돌격했습니다. 이게 바로 스페인 '황소 달리기' 축제의 맛인가요? 평범한 체구의 40대 아재인 저는 여기에서 마젠타나 다름없었습니다. NFL 선수들 사이에 낀 종이 인형이었죠. 두 번만 더 좋아했으면, 황천으로 갈 뻔했습니다. 하지만 지금까지는 다 농담이었고, 2025년 최고의 환희 속에 바위게들은 〈고민중독〉 응원을 마무리했습니다.

당시에 슬램존 주변에서 촬영 중이셨던 구독자 6천 명의 할머니 유튜버께서 귀한 슬램 영상을 남겨 주셨습니다.[44] 한편 슬램존에 함께 있던 바위게 한 명이 이곳의 응원 장면을 1시간 넘게 촬영해서 업로드했습니다. 앞으로 수많은 2차 자료로 가공되어 박제될 자료였습니다. 하지만 그만큼 뜻깊은 영상이기도 합니다. 왜냐하면 케이팝 아이돌 팬덤 역사상 처음 있었던, 팬들 간의 '버스킹 슬램'이었기 때문입니다.[45]

이번 5번의 버스킹 가운데 다수의 바위게들이 참여할 수 있었던 경우는 3번(제천, 해남, 노들섬)이었습니다. 그리고 이를 통해, 바위게들은 한층 진화했습니다. 다시 말해 QWER의 공연을 바로 앞에서 보는 그룹과 공연을 멀찌감치 보면서 자기들끼리 슬램하며 노는 그룹이 나뉘었습니다.

사실 2024년 [JUMF] 등 각종 페스티벌 때에도 이런 분화의 기미가 엿보였습니다. 하지만 이때는 바위게들끼리 슬램한다기보다는, 락 페스티벌 문화에 익숙한 다수의 음악팬들이 함께 즐기는 향연이었습니다. 바위게들은 이때의 '몸빵' 맛을 잊지 못했습니다. 바위게가 되기 이전에도 페스티벌에서 슬램을 즐

44    45

겼던 분들은 한층 몸이 달았죠. 이제 페스티벌이 아닌 소규모 버스킹에서도 QWER 팬들끼리 슬램을 하며 노는 문화가 이번 버스킹 시즌에서 본격적으로 시작되었습니다. 이는 QWER 뿐만 아니라 바위게 또한 시간이 흐르면서 동반 성장한다는 점을 보여준 사례 가운데 하나입니다.

QWER의 소속사인 타마고 프로덕션은 워낙 연예기획사 경험이 없어서, 응원봉은 물론 응원법조차 만들지 않았습니다. 오죽하면 QWER이 몸소 간단한 응원법을 만들어 소개해야만 했을까요. 하지만 그녀들이 만든 응원법조차도 바위게들은 제대로 숙지하지 않습니다. 세 줄 요약도 읽기 귀찮은데, 응원법을 어찌 외우겠습니까. 대신 여러 공연 경험이 쌓이면서, 바위게들만의 암묵적인 응원법이 만들어졌습니다.

그리고 그런 응원법을 지키면서도 관객석 앞열과 뒷열의 응원 그룹이 분리되었습니다. 앞열 또는 무대 앞쪽은 QWER의 공연에 집중하고 조금이라도 더 그녀들의 모든 것을 기억에 새기려는 바위게, 또는 사진이나 영상에 집중하는 촬영 바위게들이 포진합니다(무대존). 오프 활동 경험이 얼마 되지 않은 신입 바위게들 또한 주로 무대 중앙 쪽으로 몰립니다. 반면에 관객석 뒤쪽은 까다로운 자리 확보 및 불미스러운 상황들에서 훨훨 벗어나 QWER 공연장에서 시원하게 놀고 가겠다는 바위게들이 포진했습니다(슬램존).

'무대존'의 경우에는 여타 케이팝 아이돌 팬덤에서도 흔히 볼 수 있습니다. 하지만 뒤쪽에서 깃발을 흔들며 슬램하고 노는 '슬램존'의 문화는 케이팝 유일의 아이돌 밴드 QWER의 팬덤인 바위게만이 가능한 문화입니다. 락 페스티벌에서는 흔히 볼 수 있는 광경이지만, 댄스 아이돌이 중심이 되는 케이팝 팬덤 문화에서는 없던 현상이죠. QWER의 팬덤인 바위게들은 수많은 팬들이 같은 장소에서 동일한 방식으로 응원하며 동질감을 확인하는 기존의 케이팝 응원 문화를 단숨에 뛰어넘었습니다.

    회사 측의 방침이 아니라, 팬덤 안에서 자율적으로 이루어진 일입니다. 서로 연락한 것도 아니죠. 다만 슬램하면서 밴드 응원 방식으로 놀고 싶은 바위게들이 한쪽 구석으로 빠졌을 따름입니다. 그래서 다양성이 유지되면서도, 어떤 갈등이나 충돌 없이 원만한 공연 관람이 이루어졌습니다. 이런 방식으로 자연스럽게, 관객들은 각자의 스타일대로 QWER 공연을 즐기며 평화롭게 공존했습니다.

이 모든 것들은 해남 버스킹부터 시작되었습니다. 사당역에서 출발하여 예정 시간보다 늦게 도착한 1호차 바위게들. 그들은 자의 반 타의 반으로 무대로부터 멀찌감치 벗어나 자기들끼리 놀면서 새로운 가능성을 발견했습니다. 그리고 고작 며칠 뒤 노들섬 버스킹 무대 한편에 슬램존을 자율적으로 만들어냈습니다. 놀이가 창조로 연결된 순간이었죠. 2025년 내내 다채로운 장면들이 QWER 팬덤 내에서 연출될 듯하네요. 아니, 야외무대뿐만이 아닙니다. 이러다 향후 QWER 실내 콘서트에서는 슬램존과 오타게존을 뒤쪽에 따로 만들어야 할지도 모르겠습니다. 이런 과정들이 블루레이로 출시된다면, 또 하나의 역사적 사건이겠군요.

QWER이 케이팝 역사상 유일무이한 성장형 아이돌 걸밴드인 덕분에, 팬덤 문화 또한 지금껏 존재하지 않았던 방식으로 발전하고 있습니다. 노는 것만큼은 누구에게도 지지 않는다! 재미와 엉뚱함만큼은 우리가 최고다! 우리가 바로 세계 최고의 놀이터다! 드루와, 드루와! QWER과 함께라면 바위게는 무엇이든 해낼 수 있습니다.

〈고민중독〉 이후에 마운틴듀 광고송인 〈PLAY, WE, DEW〉가 또 한 번 바위게들을 들썩이게 한 뒤, 2025년 4월 23일 QWER의 노들섬 버스킹은 막을 내렸습니다.[46] 광기 넘치는 슬램 축제를 벌였던 찐 바위게들은 언제 그랬냐는 듯이 차분히 쓰레기를 수거하고 뒷정리를 마친 뒤, 칼같이 해산했습니다. 저는 바위게 두 분과 남아, 기가 막히게 아름다운 노들섬의 석양을 한동안 감상했습니다.

그런 뒤 우리 셋은 노들섬 내에 위치한 BHC 치킨에 들어가 간단히 치맥을 했습니다. 물론 1시간이 넘는 대화 주제는 처음부터 끝까지 QWER이었습니다. 공연 리뷰, 입덕 시기와 오프 경험, 향후 성장 가능성 등에 대한 다양한 생각들을 듣다 보니 시간 가는 줄을 몰랐습니다. 9시가 넘어 가벼운 열기와 좋은 기억을 안은 채, 우리는 헤어져 각자의 삶으로 돌아갔습니다.

4월 10일에 오사카에서 팬 콘서트를 가진 뒤 4월 23일에

46

서울 노들섬에서 네 번째 버스킹을 마친 QWER. 이틀 뒤인 4월 25일에는 그녀들이 일본 굴지의 음악 콘텐츠 유튜브 채널인 [더 퍼스트 테이크]에서 〈고민중독〉을 부른 영상이 업로드되어 한동안 시끌벅적했습니다.[47] [더 퍼스트 테이크]는 구독자가 1천만 명이 넘는 세계적인 음악 채널인데, 재촬영 없이 단 한 번의 퍼포먼스만을 허용하는 콘셉트로 유명합니다. 〈고민중독〉 완창을 마친 뒤 심적 부담감에 주저앉는 시요밍의 마지막 모습까지, 모든 장면이 최고였습니다.

[더 퍼스트 테이크]의 여파로, 일부 바위게들은 5월 2일 오사카 버스킹을 위해 항공권을 뒤늦게 구매하기도 했습니다. QWER으로 인해 바위게들의 통장은 '텅장'으로 변해 가는데요. 4월 6일과 10일 일본 콘서트 때도 벚꽃 시즌이라, 항공권 및 숙박료가 상당했습니다. 그런데 하필 오사카 엑스포가 한창인 때 버스킹을 하다니… 하지만 어쩌겠습니까. QWER 덕질에서 '갈말갈(갈까 말까 망설인다면, 가는 게 옳다)'는 무오류의 진리인걸요. 아무튼 이런 식으로 해서 QWER은 일본 내 인지도를 착실히 쌓아가고 있습니다. 성장형 밴드 아이돌인 QWER의 2025년 일본 도전기 또한 2024년 한국 성장기 못지않게 도파민 폭풍입니다.

47

　제천과 해남을 거쳐 노들섬까지 이어진 QWER의 '어디로든 버스킹'은 이제 오사카 단 한 곳만을 남겨두었습니다. 노들섬에서 아이돌 팬덤 역사상 최초로 '슬램'을 하며 팬덤 문화사에 신기원을 이룩한 바위게들은 한층 몸이 달았습니다. 지금 오사카는 엑스포로 인해, 세계인의 이목이 집중되고 있습니다. 이럴 때 QWER이 길거리 버스킹을 한다면, 또 한 번 널리 홍보될 기회겠죠.

　하지만 하늘도 무심하셔라! 일본 기상청은 버스킹 당일인 5월 2일 금요일 오사카 우천 확률을 90%로 예보했습니다. 2025년 4월 29일, QWER의 소속사인 타마고 프로덕션은 공식 팬카페를 통해 소규모 라이브하우스인 '루미오'에서 실내 공연을 하겠다고 공지했습니다.

개인적으로는 오사카 날씨가 그렇게 원망스러울 수 없었습니다. 지난 4월 10일 오사카 팬 콘서트 때도 비가 내려서, 줄을 섰던 바위게들이 고생했습니다. 이번에도 상황은 마찬가지였습니다. 소속사가 엑스포 시즌 때 오사카 버스킹 날짜를 잡은 것도 다 이유가 있겠죠. 그나마 최선을 다해 움직여서 공연장을 잡을 수 있었으니, 얼마나 다행인지 모릅니다. 그리고 QWER 유니버스처럼 매사에 진심을 다하는 집단의 경우, 무엇을 하든 레전드로 남게 됩니다.

결과적으로 이번 오사카 버스킹은 시요밍 '오사카 서사'의 종지부를 확실하게 찍으며, QWER 역사에 또 하나의 분수령으로 기록됩니다. 바위게들이 오사카 팬 콘서트에서 보고 싶었던 그 장면들(옛 동료와의 재회, 부모님의 눈물, 신곡 공개 등)이 이번 버스킹에서 모두 나왔죠. 시요밍의 그간 사정을 죄다 꿰뚫고 있는 찐 바위게들이 모인 소극장이 아니었다면 불가능한 장면들이었습니다.

QWER은 데뷔 당시에 일본 여러 애니메이션의 걸밴드 및 아이돌을 참조했습니다. 그 가운데에서 가장 핵심적인 그룹은 <봇치 더 록!>에 나오는 '결속 밴드'였죠. 그녀들은 시모키타자와의 조그마한 지하 라이브하우스인 '스태

리Starry'를 중심으로 활동했는데요. '스태리'의 실제 장소인 '쉘터'의 경우, 바위게들이 시모키타자와 성지순례를 할 때 반드시 들러서 사진을 찍는 곳이지요.

그런데 오사카 버스킹의 장소였던 '루미오'는 그 넓이와 전반적인 분위기가 '쉘터'를 꼭 닮았습니다. 사실 지난 제천-해남-노들섬 버스킹을 이미 야외에서 진행했었기에, 동일한 방식으로 오사카에서 야외 버스킹을 했다면 색다른 맛은 떨어졌을 겁니다. 반면에 이번 오사카 루미오 버스킹은 무대 형태 및 조명마저도 '쉘터'를 연상케 했습니다. QWER의 지난 서사를 기억하는 바위게들에게는 이보다 더 좋을 수 없는 장소였지요.

1시간이 넘는 오사카 버스킹에서, 저는 총 4가지 포인트에 주목했습니다. 첫째, 시요밍의 오사카 아이돌 시절 동료인 NMB48 졸업생 '스미노 와카나'와 '사츠키 아이카' 두 멤버가 무대 위로 올라와 기쁨을 함께 나눴습니다. 시요밍의 오사카 금의환향 서사에 딱 맞는 장면이었죠.

둘째, 항상 "시요밍!!"을 외치는 일본의 '일당백' 팬께서 여러 번 그 목소리를 들려주셨습니다.[48] 수컷 K-바위게가 그 목소리를 따라 했죠. 그녀는 이미 바위게 사이에서 아이콘으로 자리 잡은 듯합니다. 이렇게 한국과 일본의 팬들은 QWER이라는 이름 아래 한층 더 가까워졌습니다.

셋째, 시요밍의 부모님께서 무대에 함께하셨습니다.

QWER의 나머지 멤버들이 시요밍 몰래 부모님을 모셨습니다. 마젠타에 따르면, 시요밍은 NMB 활동 당시에 부모님을 공연장에 부른 적이 없었답니다. 그녀의 숙소에도 부모님을 모신 적이 없죠. 고생하는 모습을 보여 드리기가 죄송했을 겁니다. 시요밍은 기어코 눈물을 흘리고 말았습니다. 비록 모자이크로 인해 얼굴이 드러나지는 않았지만, 아버지 또한 끊임없이 울고 계셨습니다. 여러 번의 좌절을 겪은 뒤에 홀로 일본으로 떠나 고생하는 딸을 생각할 때마다, 얼마나 마음이 힘드셨을까요.

한편 전혀 예상치 못한 이벤트가 하나 있었습니다. QWER은 시요밍의 부모님을 모신 가운데, 다음 앨범의 타이틀곡 일부를 무반주로 들려주었습니다! 바위게들은 경악했죠. 무려 타이틀곡! 대충 들리는 대로 적으면 "눈물 멈추는 법을 몰라도/ 이런 내가 자꾸 미워도/ 잠시 멈춰 눈물을 삼키고/ 일기장 속에 적어 놓았던/ '잘 지내나요'란 말 위에 적어 봐요/ 이젠 잘 지낼게요"란 가사였습니다. 〈안녕 나의 슬픔〉을 연상케 하는, 발라드에 어울리는 내용입니다. 또 한 번 세상을 깜짝 놀라게 할 앨범이 나올 듯합니다.

시요밍을 비롯한 4명의 멤버가 무대를 떠날 채비를 하자, "시요밍! 아이시테루요!"라는 앳되고도 우렁찬 일당백의 목소리가 다시금 터져 나왔습니다. 이에 시요밍은 "와타시모(나도)!"라고 응답했습니다. 유일하게 시요밍이 저 외침에 답해준 케이스네요. 그리고 개인적으로는 오사카 버스킹 전체를 통틀어 가장 감동적인 순간이었습니다. 저 일당백이 아니었다면, 이렇게 멋진 장면으로 이번 버스킹이 마무리되지 않았을 테지요. 역시 서사는 팬과 가수가 함께 만들어가는 것이네요. 이렇게 해서 QWER의 다섯 번에 걸친 '어디로든 버스킹'은 오사카에서 대단원의 막을 내렸습니다.[49]

오사카 루미오 버스킹에서 생중계를 하던 바위게는 QWER의 퇴근길을 지켰는데요. 무려 리더 쵸단과 손가락 하트를 만들었고, 마젠타와는 하이파이브를 했습니다. 이런 보상을 받을 자격이 충분하신 분입니다. 아울러 아직까지 QWER이 팬들과 길에서 손하트를 만들 수 있을 정도로 가까이 있다는 사실이 참 다행입니다.[50]

코로나 팬데믹은 한국 음악 시장에 크게 두 가지 변화를 불러왔습니다. 첫째, 사회적 거리두기로 인해 사람들은 오프라인 활동에 목말랐습니다. 팬데믹이 종식되자 자연스레 페스티벌 붐이 일어났는데, 그에 따라 오프라인에서 더욱 돋보이는 밴드 음악이 주목받기 시작했습니다. 둘째, 사회적 거리두기로 인해 넷플릭스 등 OTT 콘텐츠에 몰입하면서 자연스레 일본 애니메이션의 인기가 급상승했습니다. 그런데 재패니메이션의 OST는 대부분 댄스 아이돌이 아닌 일본 밴드가 담당했습니다. 많은 한국인들은 〈탑 밴드〉 등의 국내 밴드 오디션 프로그램을 통해 밴드 음악에 친숙해졌지만, 그에 못지않게 일본 애니를

통해 제이팝 밴드 음악에 익숙해졌습니다.

QWER은 오프라인 활동에 대한 욕구 및 제이팝 스타일 밴드 사운드에 대한 욕구를 모두 잡았습니다. 2024년에 미친 듯이 대학축제를 돌면서, 젊은이들의 오프라인 갈증을 해소하고 밴드 공연의 짜릿한 맛을 각인시켰습니다. 제이팝 스타일의 〈디스코드〉로 데뷔했고 일본 만화풍 작화를 뮤직비디오에 삽입한 〈고민중독〉으로 홈런을 쳤습니다. 유우리나 아이묭 등 인기 일본 뮤지션의 곡을 계속 커버하면서, QWER의 제이팝적 특성을 데뷔 초기에 자연스럽게 어필했습니다.

한편 젊은층에게 인기가 높았던 쵸단과 마젠타, 냥놈냥냥 등을 멤버로 구성해 인지도 리스크를 낮추고, 천상 보컬 이시연을 영입해 실력 논란을 줄였습니다. 앉았다 하면 2시간을 이야기하는 롱폼 영상의 대가 마젠타 및 숏폼 영상의 천재 히나가 거듭 영상을 뽑아냄으로써, 롱폼과 숏폼 알고리즘을 모두 잠식했습니다. 〈슬램덩크〉 스타일의 언더독 팀 성장 스토리에 친숙한 한국인에게, QWER의 서사는 만화책을 찢고 나온 현실로 각광받았습니다.

멤버 모두 서브컬처 도사들이라, 게임 시장 광고 및 협찬을 숱하게 따왔습니다. 구매력을 갖춘 남초 팬덤을 지녔는지라, CU와의 와인 콜라보가 가능했습니다. 멤버 4명의 미모가 독보적이라, 4명이 서로 다른 의류업체와 협업을 하고 다시 '후아유' 등을 통해 단체 콜라보도 해냈습니다.[51] 미소녀 걸밴드 애니메이션이 끊임없이 쏟아지는 일본에서 활동을 점차 늘려가고 있는데, SONY가 관여하고 있으니 걱정이 없습니다. 초등학생에게 들려줘도 전혀 문제가 없는 가사를 지닌 아름다운 곡들을 통해, 미래 초통령을 예약하였습니다.

이 때문에 'QWER 덕질'은 단순한 아이돌 팬질이 아닙니다. QWER을 통해 시대를 읽을 수 있습니다. 다시 말해 '호모 알고리즈무스 HOMO ALGORITHMUS'로 대표되는 2020년대를 읽을 수 있습니다. 그리고 QWER과 바위게, 그리고 타마고 프로덕션으로 대표되는 QWER 유니버스는 호모 알고리즈무스가 사는 2020년대를 보다 긍정적이고 신나는 세상으로 조금씩 바꿔 나가고 있습니다. 그녀들은 알고리즘에서 태어나, 색안경 위로 꽃을 피우는 중입니다. 오늘의 고점이 내일의 저점이니, 지금이라도 QWER 유니버스에 뛰어들지 않으시렵니까?!

타이베이 콘서트에서 '1, 2, QWER!'이 마무리되다

2025년 5월 13일 늦은 저녁, QWER은 대만의 야구팀인 푸방 가디언스의 초청으로 신장 야구장에서 시구를 했습니다. 충분한 휴식을 취한 QWER은 다음날인 5월 14일 저녁 8시에 '젭 뉴타이베이Zepp New Taipei' 콘서트홀에서 팬 콘서트를 가졌습니다.

타이베이에서 있었던 QWER 팬 콘서트를 영상으로 본 제 소감은 한 마디로 "대만 바위게들, 미쳤다!"입니다. 주요 곡들의 경우, 적지 않은 대만 바위게들이 QWER 한국 콘서트 때 등장했던 응원법을 숙지해서 한국어로 따라 했습니다. 일본 콘서트에서는 볼 수 없었던 광경이었죠. 도대체 얼마나 연습해야만 저렇게 할 수 있을까요? 특히 많은 대만 여성 바위게들이 괴성을 지르는 모습이 자주 보였는데요. 한국 바위게들보다 더한 광기와 적극성을 보여주었습니다.

〈디스코드〉와 〈지구정복〉, 〈자유선언〉으로 무대를 연 QWER은 열심히 연습한 현지어로 대만 바위게에게 인사했습니다. 쵸단은 그 어느 콘서트보다도 함성소리가 크다며 화들짝 놀랐고, 청산유수의 히나는 조련 능력이 탑티어였습니다.

이어서 연주된 〈소다〉의 인기는 엄청났습니다. 〈소다〉 앞부분 랩을 대만 바위게들이 전부 따라 하자, 놀란 히나는 기뻐서 엄지손가락을 추켜세우기까지 했지요. 한국과 일본에서는 숙련된 조교들이 딱딱 맞춰 응원하는 느낌이었다면, 대만 바위게들은 추임새도 넣어가며 페스티벌 온 것처럼 즐기는 분위기였습니다. 듣자 하니, 히나는 QWER 데뷔 이전부터 '냥뇽녕냥'으로 대만에 꽤 알려졌다고 합니다. 히나 히메의 인기몰이가 장난이 아니네요.

공연 후반부, 대만 바위게들이 〈내 이름 맑음〉에서 멤버 4명의 이름을 한국어로 연호하며 응원하는 것을 보고 저는 소름이 돋았습니다. 서울 콘서트에서도 이 파트를 연습해오지 않은 팬들이 많았거든요. 〈가짜 아이돌〉과 〈고민중독〉에서 분위기는 절정에 이르렀습니다. 대만 바위게들은 한국어 응원법을 완전히 숙지하고 따라 했습니다. QWER은 더욱 흥이 나서 열정적으로 무대에 임했죠.

〈불꽃놀이〉를 끝으로, 공연 세트리스트에 있었던 모든 곡이 끝났습니다.

QWER은 포토타임을 가진 뒤 팬들과 마지막으로 인사를 나누었습니다. 이제 QWER의 정체성인 그 곡으로 마무리할 때가 되었죠. 그런데 〈별의 하모니〉가 시작되자, 대만 바위게들은 구역별로 다른 색깔의 셀로판지를 스마트폰에 붙인 채, 4가지 빛깔의 향연을 펼쳤습니다. 객석 뒤편은 다채로운 색의 물결로 물들었습니다. 참으로 아름다운 광경이었습니다.

　무대가 끝난 뒤 쵸단과 마젠타는 결국 울음을 터뜨리고 말았습니다. 특히 젠타는 대성통곡했는데요. 울면서 코가 부풀어 오르는 젠타 언니의 모습을 보고 빵 터진 쵸단은 울음을 뚝 그쳤죠. 언니들이 눈물 쇼로 바쁜 와중에, 갈수록 키가 커지는 히나는 시요밍을 어린아이처럼 안아 올려 빙빙 돌렸습니다. 시요밍이 히나에게 뽀뽀를 퍼붓는 가운데, QWER은 뉴타이베이 공연을 성공적으로 마무리하고 무대를 내려갔습니다.[52]

　일본의 경우, 오사카 아이돌 출신의 시요밍이라는 연결고리가 있었습니다. 하지만 대만의 경우, 어째서 QWER의 인기가 이리도 높은 것일까요? 라이트 팬덤이 아닌 코어 팬덤의 비중이 한국 콘서트만큼이나 높다는 느낌이 들 정도였습니다.

　"아니, 너무 오버하시는 거 아닙니까?" 절대 그렇지 않습니다. 왜 대만 바위게가 '찐'이냐? 그들은 QWER의 매니저인 '검검'의 사진을 찍어서 SNS에 공유하는 광기를 보이고 있기 때문입니다다. 검검을 향한 사랑은 한국의 바위게 중에서도 노들섬에서 슬램하는 한 줌의 K-수컷 바위게만 하는 마니아적 취미입니다. 하지만 대만 바위게들은 한국 바위게들 못지않게 검검에게 비상한 관심을 보이고 있습니다. 심지어 일부 대만 바위게들은 새벽에 하는 검검의 라이브 방송까지 챙겨보고 있죠! 이건 매우 좋은 신호입니다.

QWER 유니버스의 개그 코드는 새로운 문화입니다. 수십 년 동안 케이팝 아이돌 팬덤 문화에 전혀 존재하지 않았던 사회 현상이죠. 웃음을 주는 아이돌은 많았으나, 그 아이돌의 팬덤이 웃음을 주던 사례는 드물었습니다. 그리고 대만 바위게들은 QWER이 불러온 새로운 팬덤 트렌드에 공명하고 있습니다. 일본 바위게들이 '오겡키데스카' 감성의 아련함을 보인다면, 대만 바위게들은 아날로그적 감성에 열정과 개그까지 갖추었습니다. 중화권 바위게들의 호응이 이처럼 좋다는 것은 분명히 긍정적입니다. 물론 K-바위게가 콘서트 티켓팅 세계대전에서 살아남을 확률은 낮아지겠지요. 하지만 QWER이 지구정복을 할 수만 있다면, 저는 가끔씩 대학축제나 페스티벌만 갈 수 있어도 감지덕지입니다.

이날 콘서트를 마친 4명의 멤버는 위버스 라이브를 통해 소감을 전했는데요. '1, 2, QWER!'이 끝났다는 메시지를 반복했습니다. 공연장에 함께했던 안무 선생님, QWER의 부실한 율동에 항상 오열하시는 그분 또한 '1, 2,

QWER!'이 끝났다는 포스팅을 업로드했습니다. 이로써 2024년 4월 1일에 '1, 2, QWER!'을 외치며 세상을 뒤흔들기 시작한 그녀들의 역사는 2025년 5월 14일에 시즌1을 마무리했습니다(마젠타 표현).

저로서는 아직 실감이 나질 않습니다. 그녀들은 단 한 순간도 쉰 적이 없기에, 시즌1이 마무리된다는 느낌이 딱히 없습니다. '1, 2, QWER!'은 '3, 4, QWER!'로 대체된다기보다는, QWER의 영원한 시그니처로 남을 듯합니다. '1! 2!'는 단순한 숫자가 아니라, 새로운 시작과 청춘, 열정과 벅차오름의 상징이기 때문입니다.

2025년 현재, QWER은 대한민국 최고의 낭만 밴드입니다. 심지어 소속사와 팬덤마저도 낭만이 넘치기 때문에, QWER 유니버스 전체의 낭만 농도는 타의 추종을 불허합니다. 특히나 경제 불황이 길어지고 사회 분위기가 침체될수록, 사람들은 현생에서 느끼지 못하는 낭만과 열정, 벅차오름을 더욱 찾게 되는데요. 이런 의미에서 볼 때, QWER은 2020년대 후반기에도 성장을 거듭할 것으로 기대됩니다.

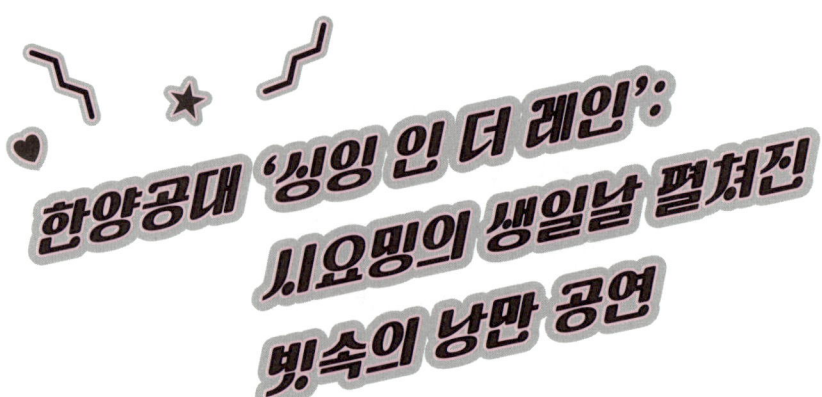

한양공대 '싱잉 인 더 레인': 시요밍의 생일날 펼쳐진 빗속의 낭만 공연

저는 지난 2024년 10월 2일에 배낭여행 후배인 '빠이'와 함께 한양공대 축제를 방문했습니다. QWER 공연을 보기 위해서였죠. 하지만 공대로 유명한 한양대답지 않게, 전기 공급 문제로 인해 공연을 중단할 수밖에 없었습니다. 당시 냥놓녕냥 히나는 반드시 돌아오겠다고 구두 약속했었는데요. 반 년 만에 당당히 약속을 지켰습니다.

2025년 5월 16일 한양공대 축제 당일, 서울 전역에 폭우가 쏟아졌습니다. 물론 국지성 호우였지만, QWER 공연이 있는 한양공대 쪽에는 저녁 시간이 되자 빗줄기가 오히려 거세졌습니다. 일부 바위게들은 '공연이 취소되면 어쩌지?' 하는 마음에 갈까 말까 망설였습니다. 이런…. 갈까 말까 망설일 때는 무조건 가는 것이 진리인데도, 아직까지 망설이다니!

저는 설사 공연이 취소된다 하더라도, 무조건 가기로 마음먹었습니다. 일단 공연장에 QWER이 무조건 와 있을 것이고, 공연을 하지 않더라도 QWER이 무대로 나와 반드시 인사를 할 것이라고 생각했기 때문입니다. 생일을 맞은 시요밍에게 "생일 축하해!"라고 바위게들과 함께 축하인사를 전할 수 있다면, 그것만으로도 충분하다고 생각했죠. 그러고 나서 오프를 뛰는 바위게들과 함께 차 한 잔 마시러 가면, 금요일을 멋지게 마무리할 수 있는 것 아니겠습니까. 비가 온다고 해서 가지 않을 거란 생각은 한 번도 해본 적이 없습니다.

한양대역 화장실에서 바위게 2명과 마주친 저는 다소 약해진 빗줄기를 뚫고 노천광장으로 함께 향했습니다. QWER의 공연은 저녁 9시로 예정되어 있었습니다만, 날씨 문제로 인해서 마지막 순간까지 취소 가능성을 배제할 수 없었습니다. 하지만 제게는 이미 축제가 시작된 것이나 다름없었습니다.

제가 <온 세상이 QWER이다>를 연재하면서 얻게 된 가장 큰 기쁨은, 오프 행사를 나갈 때마다 많은 바위게 분들께서 제게 편히 말을 걸어주신다는 점입니다. 사실 40대 민머리 아재가 케이팝 아이돌 팬덤 사이에서 활동할 때 어찌 망설여지지 않겠습니까. 하지만 QWER 팬덤 바위게는 연령대 폭이 넓은 데다, 남초 팬덤이라 아재들이 입덕하기에 매우 좋은 환경을 제공합니다. 저는 여러 명의 바위게와 함께 외부인존에 서서 왁자지껄 떠들며, QWER이 나오기만을 기다렸습니다.

마침내 거대한 덩치의 검검과 빙빙이 악기 세팅을 점검하며 무대 위에 나타났습니다. "김정광 사랑해!"가 객석 곳곳에서 터져 나왔습니다. 이제 공연은 결정된 상황이죠. 다만 생각보다 공연 시간이 많이 늦춰진 상태였습니다. 한양공대 학생들이 무대 세팅 완료까지 '차력쇼'를 통해서 시간을 메꿔주었습니다. 그리고 외부인존에 선 우리는 QWER 네 명의 멤버가 무대 쪽으로 걸어오는 장면을 지켜볼 수 있었습니다. 이제부터 시작이야! 전속력으로 돌진해!

저는 2025년 5월 16일 한양공대 공연이 그녀들의 역사에서 매우 중요한 위치를 차지할 것이라 생각합니다. 왜냐하면 늦은밤 비가 내리는 가운데 시요밍이 우산을 쓰고 노래를 불렀던 한양공대 공연은 그동안 QWER의 공연들 가운데에서도 낭만 순위로 탑티어라고 보기 때문입니다.

사실 QWER의 공연은 매번 낭만 치사량입니다. 특히 '슬램존'의 가능성을 최초로 보여준 해남 버스킹에 이어 실제로 슬램이 일어난 노들섬 버스킹은 전 세계 케이팝 팬들에게 "다른 건 몰라도 낭만만큼은 QWER이 최고다!"라는 점을 여실히 보여주었지요. 해남과 노들섬 버스킹 두 곳에 모두 참여한 저는 QWER의 헤비 팬덤과 라이트 팬덤의 급성장을 피부로 느끼면서, 대한민국 최고의 낭만 밴드로 QWER이 안착 중이라는 점을 실감했습니다. 그리고 5월 16일 QWER의 우중雨中 공연은 낭만의 정점을 찍었습니다.

일단 악기가 비를 맞을 경우 사고의 위험이 있기 때문에, 악기 멤버의 경우 천막 밖으로 나가지 말라는 신신당부가 있었습니다. 그러나 〈내 이름 맑음〉으로 공연이 시작되자마자, 마젠타는 천막 안팎을 들락날락하면서 '젠타턴'을 선보이고 펄펄 날았습니다. 그녀의 흥을 아무도 말릴 수 없었습니다. 어찌 보면 정말 똘끼 넘치는 락스피릿은 젠타가 짱인 듯합니다.

〈내 이름 맑음〉이 끝난 뒤, 시요밍에게 생일 축하 노래를 불러주는 타임이 있었습니다. 노천광장에 가득한 바위게와 머글(팬덤이 아닌 일반인)들은 시요밍에게 "생일 축하합니다!"를 외쳤습니다. 그런 뒤 시요밍은 쇠쇠 매니저로부터 우산을 전달받아, 천막 밖에서 마음껏 끼를 뽐낼 수 있었습니다. 하지만 여기서 제일 무서운 존재는 역시 마젠타죠. "가끔씩 (천막) 밖으로 나가면 짜릿짜릿할지도?"라는 그녀의 멘트는 악기 멤버가 '찌릿찌릿'하게 감전될까 걱정하는 소속사 직원들을 벙찌게 했습니다.

이슬비로 바뀐 빗줄기가 낭만을 더한 가운데, QWER의 무대는 넘치는 열정을 이어갔습니다. 이날 QWER은 데뷔 최초로 앵앵콜을 했습니다. 사전

계획에 없던 상태에서 추가된 앵콜이라, 그곳에 모인 바위게들을 매우 놀라게 했죠. 그리고 〈불꽃놀이〉를 부르던 시요밍은 급기야 우산을 뒤로 집어 던지고, 비를 맞으며 노래를 이어갔습니다. 아, 저 열정! 저 똘끼! 스스로 그어 놓은 선을 넘지 않으려 애쓰는 가운데 따분해져 버린 이 세상에 그저 빛인 QWER!

이날 '우산밍(우산을 쓴 시요밍)'은 2025년 대한민국 낭만의 정점을 찍었습니다. 아울러 우산을 집어 던지고 펄펄 나는 시요밍은 영화 〈사랑은 비를 타고Singing in the rain〉에서 진 켈리가 보여주었던 명장면을 그대로 떠올리게 했습니다. 앞으로도 이 '우산밍'은 낭만의 상징으로 꽤나 인구에 회자될 듯하네요.[53]

한양공대 축제 공연이 끝난 뒤, 저를 포함한 5명의 바위게들은 건대입구역으로 이동해, 맥주 한 잔을 하며 오늘 공연에 대해 이야기했습니다. 젊은 연인들로 넘치는 이 거리에서, 시커먼 수컷 바위게 5명이 QWER에 대해 목청을 높이며 이야기하는 광경은… 아름다웠을 겁니다, 아마도. 11시 반이 되어 주점을 나와 지하철역으로 이동하면서도, 다들 흥이 가시지 않았습니다. 결국 지드래곤처럼 "에라, 모르겠다!"를 외치며, 타코야키가 유명한 일식 주점에 들어가 하이볼을 홀짝이며 QWER 토론에 들어갔습니다. 전부 입에 모터를 달았는지, 대화가 끊이질 않았습니다.

53

술을 마시는 도중에 QWER 멤버 전체의 방송, 그리고 이시연의 개인방송이 있었습니다. 우리는 테이블 위에 스마트폰을 올려놓고 함께 시청하며, 떠들썩하게 대화를 나누었습니다. 수많은 이야기가 오고 간 뒤 귀가하니, 새벽 5시였네요.

아이돌 덕질의 가장 큰 장점은 넘치는 열정을 주고받을 수 있다는 점입니다. 과거에는 내가 좋아하지 않아도 벗어나기 어려운 지연-혈연-학연에다 직장 연줄까지, 거미줄처럼 얽힌 집단주의적 관계가 '정상'으로 여겨졌습니다. 하지만 이제는 자신이 정말 좋아하거나 가치 있다고 여기는 대상을 중심으로 모이는 취향의 시대가 도래했습니다. QWER 팬덤인 바위게 또한 이런 '느슨한 연대'를 '뜨겁게' 즐기고 있습니다. 젠타는 공연 후에 "비 온 게 저렇게 낭만 있어 보이다니, 너무 좋다!"라고 SNS에 글을 남겼는데요. 바위게들 또한 같은 마음이라고 봅니다. QWER, 우리에게 이런 추억을 만들어 주어서 정말 고마워! 대한민국 최고의 낭만 밴드에게 진심으로 감사해!

서울시립대 축제: 시민들도 QWER 응원법을 함께하기 시작하다

2025년 5월 현재, 대한민국 공인 노잼 도시를 제외하고 팔도강산을 종횡무진 중인 QWER. 저는 5월 20일 저녁, 서울시립대 출정을 나갔습니다. 서울시립대 축제 현장은 놀이동산을 방불케 했습니다. 디스코팡팡 등의 기구들이 어지럽게 돌아가고 있었으니까요. 공연이 예정된 자연과학관 앞마당으로 가니, 대포 카메라가 늘어선 한쪽에 낯익은 바위게들이 모여 있었습니다. 해남과 노들섬 버스킹에서 슬램존 맛을 제대로 본 바위게들은 이제 앞 열을 다투는 데에 관심이 없더군요. 하긴 저 또한 느지막하게 와서 이 그룹에 합류했으니까요.

9시 반이 조금 넘은 시각, 〈내 이름 맑음〉으로 QWER의 축제 공연은 시작되었습니다.[54] 그런데 지난 축제들에서 보기 어려웠던 두드러진 변화가 눈에 띄었습니다. 관객석 곳곳에 바위게 농도가 상당히 진해졌음은 물론이요, 관중들이 QWER 응원법을 적극적으로 따라 하기 시작한 것입니다! 물론 낭만이 넘쳤던 한양공대 축제에서도 호응은 좋았습니다. 하지만 서울시립대 학생들의 경우, 바위게들이 미쳐 날뛰는 것을 킥킥거리며 지켜보다가 응원에 합류하기 시작했습니다.

제가 있던 바위게존의 경우, 근처에 미모의 시립대 여대생 2명이 자리했었는데요. 〈내 이름 맑음〉에서 바위게들이 "띠리리릿띠~!"라고 외칠 때부터 이미 킥킥거리며 자기들끼리 방방 뛰고 있었습니다. 그러다 〈디스코드〉에서부터는 본격적으로 우리를 따라 응원하기 시작했습니다. 〈고민중독〉이 나오기에 앞서, 바위게들은 그녀들에게 함께 응원하자고 제안했습니다. "〈고민중독〉 시작하기 전에 일단 손부터 하늘로 치켜들고!" 한 아재 바위게가 응원 동작을 가르쳐 주었는데, 마음씨 좋은 그녀들은 흔쾌히 한 손을 위로 한 채 우리와 함께 외쳤습니다. "원! 투! QWER!"

대학축제는 본교 학생들을 위한 자리이기 때문에, 슬램을 할 수는 없죠. 물론 본교 학생들이 앞장서서 한다면 사정이 다르겠습니다만. 여하튼 우리는 클라이맥스에 슬램 대신 어깨동무를 하고 방방 뛰었습니다. 우리와 함께했던 분들 외에도 서울시립대 학생들은 진정으로 축제를 즐길 줄 알았습니다. 자유롭게 마음껏 노는 폼이 마치 락 페스티벌에 온 것 같았습니다.

이번 한양공대와 서울시립대 축제에 참가하며 느낀 점이 크게 두 가지 있습니다.

첫 번째, 이제 각종 축제에서 QWER 영업을 해도 될 만큼, 그녀들의 인기 및 이미지가 급상승했습니다. 2024년의 QWER은 온갖 편견에 시달렸고, 인지도도 지금만큼 높지 않았습니다. 게다가 각종 축제 공연 때에는 지금보다 레퍼토리가 적었고, 응원법도 완성되지 않았습니다. 한 줌의 바위게끼리 모여서 열심히 외치는 것은 가능했지만, 곁에 있던 분들에게 함께 응원하자고 말을 건네는 것은 어려웠죠.

하지만 2025년 1월 한국 콘서트와 4월 해외 콘서트를 기점으로 바위게 응원법이 완성되었고 콘서트 및 버스킹 영상들이 꾸준히 퍼지면서, 대중에게 좋은 인상을 심어주었습니다. 게다가 각종 시상식에서 다수의 상을 휩쓸었고 음악방송 형식의 시상식 공연에서 절세미녀 포스를 뽐내면서, 글로벌 팬들도 많이 늘었습니다.

대학축제든 페스티벌이든, 오프라인 현장에 나오는 분들은 어떻게든 함께 즐길 준비가 되어 있다고 봅니다. 그리고 바위게 응원법은 기존 아이돌 응원법과 달리, 응원자가 능동적으로 참여하는 파트가 많습니다. 팬덤이 뛰고 팬덤이 구르며, 팬덤이 조롱하고 팬덤이 미칩니다. 주체적이고 인터액티브하며, 남들이 보기에도 웃기고 재미있죠. 이 '웃기고 재미있는 게' 핵심입니다. 다른 어떤 아이돌의 팬덤 응원법도 남들이 보기에 웃기거나 재미있지는 않거든요. 이는 QWER 팬덤이 머릿속에 개그가 가득한 개구쟁이 그룹이기 때문에 가능합니다.

2025년 대한민국 현실에 진절머리가 난 한국인들은 축제를 찾아 떠들썩하게 웃고 즐기고자 합니다. 그리고 QWER을 잘 모르는 시민에게도, 바위게들의 개그와 열정만큼은 눈에 띄지 않을 수 없겠지요. 신나고 재미있는 건 못 참죠. 이왕 놀러 온 거, 함께 뛰고 구르다 가면 기분이 확 풀리지 않겠습니까? 내가 주체가 되어 미친 듯이 뛰고 구르고 어깨동무하고 소리 지르고 헤드뱅잉 하면 정말 신나고 즐겁죠. 그리고 대한민국 아이돌 가운데 그런 방식의 응원 기회를 제공하는 '유일무이한' 그룹이 바로 QWER입니다. 이제 QWER 공연을 즐기는 것 못지않게, 오프 현장에서 머글들을 영업하는 '전도사 놀이'도 즐길 때가 되었네요.

두 번째, QWER의 라이브 무대는 바위게와 함께할 때 완성된다는 점을 확인했습니다. 공연을 많이 뛴 바위게들은 이제 음원으로 〈고민중독〉이나 〈가짜 아이돌〉을 들으면 심심하다고 느낍니다. 밴드 음악은 역시 라이브 연주로 들어야 제맛이기 때문이죠. 게다가 라이브 공연에서는 드럼 등 악기 파트에 변주가 자주 일어납니다. 그 때문에 더욱 즐겁죠. 하지만 QWER의 경우, 그게 다가 아닙니다. 다른 밴드 공연과도 다른 점이 존재합니다.

가령 〈내 이름 맑음〉은 미디엄 템포의 이지리스닝 계열 곡입니다. 편하게 반복해서 듣기는 좋지만, 라이브 공연에서는 밋밋합니다. 떼창도 덜하죠. 아니, 곡만을 놓고 보자면 떼창 포인트가 없습니다. 그 때문에 〈내 이름 맑음〉

이 처음 나왔을 때, 어떻게 응원법을 만들어야 할지 바위게들 사이에서도 고민이 많았습니다.

그런데 이때 병맛 개그에 능한 남초 바위게만이 낼 수 있는 기가 막힌 아이디어가 탄생했습니다. 바로 "띠리리릿띠!"와 "띠띳띠리!" 악기 파트를 수컷 바위게의 굵은 목소리로 따라 외치는 것이었죠. 공연장에서 멤버 4명의 이름을 외치며 시작하다 "띠리리릿띠!"가 나오는 순간, 〈내 이름 맑음〉은 음원과는 전혀 다른 곡이 됩니다. 웃기고 떠들썩하며 신나는 버전으로 변신하죠. 그리고 이 때문에 QWER 공연을 자주 찾은 바위게들은 느끼게 됩니다. '〈내 이름 맑음〉은 QWER과 라이브 무대, 그리고 바위게의 응원이 합쳐져 전혀 다른 차원의 곡으로 거듭 태어나는구나.'

원래 〈내 이름 맑음〉의 '띠리리릿띠'는 신나거나 중요한 파트가 아니었습니다. 하지만 〈슬램덩크〉 만화책에서는 큰 비중이 없었던 "뚫어, 송태섭!"이 〈더 퍼스트 슬램덩크〉 극장판에서 스토리 전체를 상징하는 명장면으로 살아났듯이, 바위게들이 힘을 준 '띠리리릿띠'는 〈내 이름 맑음〉 라이브 버전에 유쾌한 밴드 사운드 이미지를 불어 넣었습니다.

한편 바위게들의 응원 방식은 밴드 신에서도 보기 드뭅니다. 밴드 응원에서는 밴드 구성원 모두의 이름을 응원법에 넣는 경우가 없으니까요. 멤버의 이름을 일정하게 외치는 응원법은 아이돌 신에서만 볼 수 있습니다. 여타 한국 밴드가 공연할 때, 기타리스트나 베이시스트의 이름을 응원법에 넣는 경우를 보기란 어렵죠. 반면에 QWER은 밴드이자 아이돌이기 때문에, 그녀들의 팬덤인 바위게의 응원법은 밴드와 아이돌 응원법을 모두 포섭했습니다. 하지만 단순히 욱여넣은 것이 아니라, 열정과 개그로 승화시켰죠. 이게 모두 밴드 판과 아이돌 판 양쪽 모두에 경험이 가득한 바위게들의 집단지성이 일궈낸 결과입니다. 한국 팬덤 역사에서 존재한 적이 없으며, 이 때문에 앞으로도 꾸준히 주목받아야 할 현상입니다.

마젠타 생일카페와 바위게 감자탕집 콘서트

2025년 5월 12일 원광대에서 시작된 QWER의 대학 봄 축제 공연은 5월 29일 순천대 축제를 끝으로 막을 내렸습니다. 이제 6월 9일에 나오는 새 앨범이 다시 한번 대중에게 사랑받는다면, 멤버 4명의 서사가 일단락됨과 동시에 QWER은 어느 정도 안정적 기반을 확보할 듯합니다. 하지만 바위게들에게는 그녀들의 컴백 전에 또 다른 큰 이벤트가 있죠. 바로 QWER의 베이시스트인 마젠타의 생일이 6월 2일이니까요. 곳곳에서 생일카페가 열리니, 또 가보지 않을 수 없습니다.

작년 11월 1일 리더 쵸단의 생일을 축하하는 위스키 바가 성황리에 종료된 것을 계기로, QWER 생일카페는 테마파크의 성격을 더했습니다. 히나의 생일 때는 중고등학생이 주최한 함바그 식당이 오픈했고요. 그녀가 좋아하는 공룡 인형들이 생일카페에 전시되기도 했습니다. 오사카 메이드 카페에서 알바한 경험이 있는 시요밍 생일 때는, 한 카페에서 메이드복을 입은 여성이 안내를 맡았습니다. 그렇다면 마젠타 테마파크는 어떤 특징을 지니고 있었을까요?

마젠타는 QWER 멤버들 가운데에서도 밈meme이 많기로 유명하죠. 일단 코nose 하면 코젠타니까요. 하지만 아무리 평소에 젠타에게 짓궂은 장난을 치는 바위게라 할지라도, 머글들도 방문하는 생일카페의 테마를 '코'로 하기는 부담스럽죠. 그래서 여고생 시절에 이미 무협 소설을 웹에 연재했던 마젠타의 경력을 참조해, 일단의 바위게가 한옥을 객잔 형식으로 꾸며 생일카페를 열었습니다. 저는 삼청동에 있는 한옥 카페인 '앙니드 공이안'을 두 번 방문했습니다.

이 생일카페에서 가장 재미있었던 것은 마젠타 '생일 단상'이었습니다. 바위게들 사이에서는 '제단'이라고 불리지만, 생일 단상으로 하겠습니다. 살아 있는 멤버의 단상을 예쁘게 꾸미고 절하는 놀이는 이제 바위게들의 전통이 되었습니다. 마젠타의 경우, 그녀가 좋아하는 커피우유 및 QWERxCU

콜라보 와인 세트의 코롯토 등 많은 굿즈들이 단상을 빼곡히 채웠습니다. 이 단상의 굿즈 하나하나가 모두 바위게들의 젠타 사랑을 잘 보여줍니다. 단순히 예쁘라고 쌓아놓은 것이 아닙니다.

흥미롭게도 생일 단상 앞에 돈통이 놓여 있었는데요. 운영진의 의도와는 달리, 실제 현금이 쌓이고 있었습니다. 게다가 병맛 개그의 일인자인 바위게들은 일부러 달러나 엔화 등 외화를 놓고 감으로써, 운영진을 분노케 했습니다. 향후 운영비로 사용한다 하더라도, 일단 은행에 가서 푼돈을 환전해야만 하는 귀찮음이 따르기 때문이죠. 그리고 일부러 운영진들의 분노를 자극하며 반응을 보고 낄낄거리는 것이 바위게 특유의 짓궂음이죠. 물론 이런 장난꾸러기 바위게들도 운영진이 필요할 때면 두말 않고 달려와 도와주고, 적극적으로 모금에도 동참합니다. 조롱하는 데는 익숙하지만 칭찬받는 데는 쑥스러운 진국 닌겐들.

저는 저녁 6시쯤에 도착해서 바위게들과 대화하며 객잔 카페에 머물렀는데요. 어쩌다 보니, 늦은 밤까지 카페 스태프들과 함께 이야기를 나누는 영광을 누릴 수 있었습니다. 은은한 모기향이 가득한 가운데, 그윽한 조명 속의 한옥 카페는 뭐라 설명하기 어려울 정도로 아름다웠습니다. 이들과 함께 하루 앞으로 다가온 위버스 콘서트, 추첨으로 결정되는 쇼케이스 등에 대해 이야기를 나누었습니다. 카페를 운영하는 바위게들이 얼마나 젠타를 사랑하고 QWER의 성공을 바라는지 피부로 느낄 수 있었습니다. 물론 저도 같은 심정이죠. 마치 강촌에 MT를 온 것 같은 행복감 속에, QWER 이야기만으로 밤을 지새울 수 있는 이들과 함께 보내다 귀가했습니다.

다음날인 6월 1일에는 QWER이 참가하는 [2025 위버스콘 페스티벌]이 인천 인스파이어 아레나에서 있었습니다. 그리고 2025년 6월 2일, 이날은 마젠타 생일 당일이었습니다. 이날에도 학생 바위게 및 연차를 낸 직장인 바위게들이 생일카페를 찾아주었습니다. 그런데 저는 안국역에 소재한 한옥 생일카페에 다시 방문할 일이 생겼습니다.

지난 5월 31일 방문 때보다 훨씬 많은 바위게들이 객잔을 가득 메우고 있었습니다. 오프 활동 때 자주 보던 바위게들 대다수를 만날 수 있어서, 마치 동창회에 온 기분이었지요. 마침 마젠타 생일을 기념해서 생일 케이크를 준비하는 중이었습니다. 제 때에 잘 맞춰 왔다는 생각이 들었죠. 생일 축하 행사가 준비되는데 시간이 조금 걸리기에, 다시 한번 객잔 내를 돌아보았습니다.

지난 5월 31일 오픈 첫날에 작은 사고가 있어, 마젠타 생일 단상이 다시 마련되었습니다. 긍정으로 부정을 극복하는 바위게인지라, 두 번째 생일 단상은 한층 크고 화려하게 준비되었습니다. '전화위복'이라는 말은 이때 쓰라고 만들어졌나 싶습니다.

이틀 전 마젠타 생일 단상 아래 놓인 돈통에는 원화뿐만 아니라 외화 지폐도 쌓이고 있었죠. 그런데 바위게들은 이제 한술 더 떠서, '5등 당첨 로또'까지 놓고 갔습니다. 외화 동전들도 적지 않았습니다. 해외여행 갔다가 남은 동전들을 여기에 몽땅 털고 가려는 심산이었던가요? 이런 병맛 감성을 즐기는 저는 보자마자 신이 났습니다. 물론 운영진들의 분노와 허탈감은 이루 말할 수 없을 테지만 말이죠. 바위게들의 병맛 개그는 도대체 어디까지 뻗어 나갈까요? 이런 소소한 개그들이 하나둘씩 퍼져 나가며, 바위게 팬덤은 글로벌하게 확장될 것입니다.

이윽고 생일 축하 행사 준비가 끝나, 여러 바위게들은 케이크를 중앙에 두고 빙 둘러섰습니다. 반다나로 얼굴을 가린 점소이 바위게가 마젠타를 대신해 촛불을 불어 끄는 가운데, 바위게들은 군대에서 배운 물개 박수를 치며 생일 축하 노래를 불렀습니다. 저는 웃음을 참지 못했지만, 저 또한 무의식적으로 물개 박수를 치고 있었습니다. 이 또한 군필 여고생들로 가득한 남초 팬덤인 바위게에서만 가능한 생일 축하 방식입니다. 바위게가 다른 케이팝 팬덤과 어째서 다른지, 그들만의 문화가 얼마나 독특한지 잘 보여주는 장면이었습니다.

평소보다 한 시간 일찍 마친 객잔 카페를 나오니, 아직 하늘이 환했습니다. 이렇게 모였는데, 식사는 하고 가야 하지 않겠습니까? 그래서 저를 포함한 9명의 바위게는 종로 쪽으로 발걸음을 옮겼습니다. 한때 종로에 살았던 바위게의 안내를 따라, 골목 안 이름 모를 감자탕 전문점에 들어갔습니다. 실내가 상당히 넓었는데, 우리 외에도 나이 지긋한 손님들께서 멀찌감치 두 테이블을 잡고 계셨습니다.

바위게 팬덤 오프 만남의 기본 원칙은 '이름도 몰라요, 성도 몰라'입니다. 그러나 오프 활동을 여러 번 뛰다 보니, 1년에 한두 번 만나는 제 친구들보다 더 자주 봅니다. 하지만 QWER이라는 공통의 대화 소재가 있기에, 정말 시간 가는 줄 모르고 떠들 수 있었습니다.

제가 "원! 투!"라고 선창하자 나머지 바위게들이 "QWER!"이라고 외치며, 술자리가 시작되었습니다. 주인의 허락을 받아 개봉한 쵸단 pick 57.1도 위스키 아드벡 코리브레칸은 바위게들의 혀와 성대를 풀어주었습니다. 술잔이 여러 번 도는 가운데, 분위기는 더욱 뜨거워졌습니다. 그리고 저녁잠이 많은 어르신들이 퇴청하심에 따라, 드넓은 감자탕집 안에는 9명의 바위게만이 남았습니다.

이때 친화력이 엄청난 훈남 바위게가 이모님께 가서, 가게 배경음악을 QWER 메들리로 바꿔주시면 안 되겠냐고 말씀드렸습니다. 이모님께서는 흔쾌히 허락해 주셨죠. 우리는 기쁜 마음에, 이모님께 생일카페에서 받은 QWER 앨범을 선물해 드렸습니다. 이 앨범을 어떻게 사용해야 할지 몰라, 이모님은 망설이셨는데요. 자녀나 주변 어린 친구들에게 선물하면 된다고 제가 귀띔해드렸더니, 이모님께서 매우 기뻐하셨습니다. 바위게 영업 성공!

그리고 지금부터는 설명이 불가한 광란의 향연이었습니다. 오프라인 응원 뽕맛을 못 잊는 바위게들은 쇼케이스 날까지 떼창을 참을 수 없었습니다. 저를 포함해 쇼케이스를 못 가는 바위게들도 그 자리에 여럿 있었는데, 더 말해 무엇합니까? 모인 김에 풀어야죠! 9명의 바위게들은 QWER 메들리에 맞춰, 종로가 떠나라 떼창 하며 응원법을 뽐내었습니다. 우리를 바라보던 두 분의 이모님은 웃음을 참지 못해 입을 가리셨습니다. "미친 사람들이야!"

이날 떼창의 열기만큼은 콘서트홀 못지않았는데요. 그보다 더한 메리트가 있었습니다. 〈Play! We! Dew!〉나 〈청춘서약〉 등 평소 공연에서 듣기 힘든 곡들을 마음껏 골라서 떼창 할 수 있었거든요. 특히 〈Play! We! Dew!〉는 광고송인지라, 앞으로도 무대에서 보기 어려울 가능성이 높습니다. 하지만 노들섬 버스킹에서 이 곡을 떼창한 경험이 있는 바위게들은 손발을 맞춘 듯 똑같이 목청을 돋우었습니다. 가히 [제1회 바위게 콘서트]라고 해도 될 법했죠. "어려울 건 없지, Play! We! Dew!"

〈고민중독〉이 나오자, "어이! 어이!" 하는 외침은 가게 유리문을 뚫고 종로 거리로 뻗어 나갔죠. "쏟아지는!"이 터져 나오자, 바위게들은 감자탕집에서 서로 어깨를 걸고 소리쳤습니다. 참고로 술에 취한 바위게는 아무도 없었습니다. 바위게 응원법에 중독되면 술에 취해 얻는 기쁨은 비할 바가 못 됩니다. 아니, 술에 안 취해야 어깨동무도 하고 슬램도 하고 방방 뛰며 소리를 지를 수 있지요. 술에 절어 비틀거리면, QWER를 제대로 못 보고 응원도 제대로 못 할 텐데요. 맨정신으로 몸을 써서 노는 즐거움을 알아야, 여타 중독에서 벗어날 수 있습니다. 한 가지 즐거움을 피하는 방법은 더 큰 즐거움을 찾는 방법밖에 없습니다. 바위게 응원법은 즐거움이 크면서도 건전한 대표적인 놀이 사례라고 생각합니다.

콘서트 때도 쉬지 않았던 목이 감자탕집에서 가버렸습니다. 바위게들은 온몸에 도파민이 도는 것을 느끼며, 감자탕 식당을 나섰습니다. 이모님께서 정말 보기 좋았다며 칭찬을 해주셨습니다. 빈말이라도 고마워요, 이모님!

평소와 마찬가지로 우리는 이름도 모른 채 '쿨하게' 해산했지만, 그럼에도 불구하고 아쉬움은 없습니다. 손님이 없는 널찍한 식당에서 바위게들끼리 QWER 메들리를 떼창 한 것은 정말 돈을 주고서도 살 수 없는 귀한 경험이었습니다. QWER 덕질이 갈수록 재미를 더해가니, 어찌하면 좋을지 모르겠습니다. 그냥 흘러가는 대로 즐기는 수밖에 없죠.

새벽 1시가 다 되어 귀가한 뒤 눈을 번쩍 뜨니, 6월 3일 임시 공휴일이었습니다. 저는 오늘 지인과 함께, 홍콩 바위게가 운영하는 홍대 생일카페를 방문할 예정이었습니다. 오전에 할 일을 마친 뒤, 오후 2시에 홍대입구역에서 만나기로 했죠. 그런데 조금 일을 하다 보니, 오늘 회사에 출근해야 한다는 지인의 슬픈 연락이 왔습니다. 뭐, 이제 혼자 가더라도 바위게들과 만나 수다를 떨 수 있기에, 큰 문제는 안 되었습니다. 다만 어차피 혼자 가는 거, 오픈런을 하고 싶다는 욕구가 치솟아 올랐습니다. '에라, 모르겠다. 일은 저녁에 귀가해서 하면 되지.' 의자에서 벌떡 일어나, 곧장 홍대입구역으로 출발했습니다.

11시에 오픈하는 '러비니돌'은 무려 홍콩에 거주 중인 바위게가 한국까지 와서 생일카페를 연 케이스입니다(한국인이 아닌 홍콩인입니다). 저로서는 감히 그 열정을 가늠할 수 없습니다. 그래서 제가 쓴 《온 세상이 QWER이다》 책을 들고 카페를 찾았습니다. 홍콩 바위게에게 제 책을 전하고, 감사를 드리기 위해서였죠. 하지만 이날 첫 번째 손님인 제게, 카페 주인장은 안타까운 말을 전했습니다. 어저께 저녁에 홍콩 바위게가 귀국했다고 말이죠. 홍콩에 1년간 살기도 했던 저는 홍콩 바위게와 만나서 할 말이 많았습니다. 하지만 아쉬움을 뒤로한 채, 책을 맡길 수밖에 없었죠. 홍콩 바위게의 친구들이 마감 시간에 와서 뒷정리를 할 것이기에, 늦게나마 전달이 가능하다고 했습니다. 비록 직접 만나지는 못했지만, 마젠타 생일카페를 한국에서 열어주신 홍콩 바위게 분께 다시 한번 감사드립니다.

20세기 프랑스의 실존주의 철학자였던 장 폴 사르트르는 온종일 파리의 '카페 드 플로르'에 앉아, 지인들이 방문할 때마다 자기 앞에 앉혀 놓고 대화했다죠. 물론 지인이 없을 때는 저술에 열중했고요. 저처럼 엉덩이가 가벼운 학자의 경우, 사르트르와 같은 카페 놀이가 로망입니다. 하지만 카페에서 글쓰기는 가능하되, 온종일 앉아서 지인들을 불러 앉히는 것은 쉽지 않죠. 그러나 저는 오늘 바위게들을 상대로 온종일 '카페 놀이'를 했습니다.

가만히 앉아서 브런치스토리 앱으로 후기를 쓰다 보니, 한양대 축제에서 함께 응원했던 바위게께서 입장하셨습니다. "저기요, 잠시 여기 앉아 보이소!" 덩치 크고 사람 좋은 그 바위게는 곧장 제 옆에 앉아, 바위게 수다를 떨기 시작했습니다. 얼마 뒤, 노들섬 버스킹에 참여했던 바위게가 카페에 들어섰습니다. 저는 그분을 몰랐지만, 한양대 축제 바위게가 노들섬에서 그와 함께 했기에 합석! 이야기를 한창 나누다 보니, 해남 버스킹에서 뵀던 바위게가 또 카페 문을 밀치고 들어왔습니다. "여기 앉아 보이소!"

이런 식으로 해서, '러비니돌'은 동네 아재 바위게들이 마실 나온 놀이터로 탈바꿈했습니다. 어쩌다 보니, 저는 5시 마감까지 앉아 있게 되었습니다. 아침 식사는 원래 하지 않고, 점심 식사는 특전 쿠키가 전부였습니다. 하지만 배고픈 줄 몰랐습니다.

5시 마감 시간이 가까워지자, 전시된 사진들을 받기 위해 바위게들이 몰려들었습니다. 제 옆에는 초등학생 두 명이 자리했는데요. 오는 순서대로 선택번호를 부여하다 보니, 제가 1번이었습니다. 저는 잼민이들에게 제 번호표를 건네주었습니다. 그 광경을 본 카페 주인장이 제게 23번 번호표를 다시 주었는데, 이 또한 잼민이들에게 넘겼습니다. 훗날 훌륭한 바위게이자 멋진 걸밴드가 되어 "QWER 언니들을 보고 밴드의 꿈을 키웠어요!"라고 인터뷰해 주길!

참고로 안국동과 홍대 마젠타 생일카페에서 만난 초등학생 바위게는 피아노를 치다가 지금은 드럼을 배운답니다. 누구의 영향을 받았는지 충분히 짐작이 가죠? 10년 전에는 걸그룹이 데뷔할 때 "소녀시대 선배님을 보고 꿈을 키웠어요"라고 대답했습니다. 이제 10년 뒤 걸밴드가 데뷔할 때에는 "QWER 선배님을 보고 악기를 잡았어요"라고 말할 겁니다. QWER은 실질적인 아이돌 걸밴드의 시조새로 K팝 역사에 영원히 남을 것입니다. 그녀들의 가는 길이 역사입니다.

QWER, 눈물을 못 참은 채 <눈물참기>로 컴백하다

지난 5월 21일, QWER의 소속사인 타마고 프로덕션은 공식 팬카페에 새 앨범 발표 전 타임테이블을 게시했습니다. 눈물 자국으로 얼룩진 타임테이블은 군필 여고생 바위게들의 F 감성을 뒤흔들었죠. 다만 지난 <알블> 앨범 때와는 달리, 타임테이블에 집중하기에는 QWER 행사가 끊이지를 않았습니다. 가령 5월 26일에서 30일까지는 앨범 콘셉트 포토가 순차적으로 공개되었죠. 하지만 그 주간의 경우, 5월 27일에는 동의대와 인제대 축제 그리고 5월 29일에는 조선대와 순천대 축제가 있었습니다. 5월 31일부터는 마젠타 생일카페가 여러 곳에서 오픈하여 6월 3일까지 이어졌죠. 이 때문에, 바위게들은 6월 4일에 공개된 '하이라이트 메들리'를 듣고서야, 비로소 새 앨범 발표가 눈앞에 있다는 사실을 실감할 수 있었습니다.

6월 4일 수요일 저녁에는 새 앨범의 '하이라이트 메들리'가 공개되었습니다.[55] 앨범 콘셉트가 '버스킹'이며, 영어 부제가 〈A Day of Busking〉이네요. 전설적인 락밴드 퀸의 〈A Night at the Opera〉와 〈A Day at the Race〉 앨범이 떠오릅니다. 수록곡 순서에 따른 하이라이트 메들리의 줄거리는 다음과 같습니다.

시요밍을 비롯한 QWER 멤버 모두는 힘겹게 눈물을 참아야만 하는 아픔을 안고 있습니다(〈눈물참기〉). 그런 그녀들도 바위게를 만나러 가는 버스킹 날이면 아침부터 행복하기만 합니다(〈행복해져라〉). 오늘은 바위게 앞에서 누구보다 나다운 모습을 보일 것입니다(〈검색어는 QWER〉). 어서 바위게를 만나고 싶어 버스킹 장소까지 신나게 달려갑니다(〈오버드라이브〉). 드디어 바위게를 만난 날, 오늘이 바로 D-DAY입니다(〈디데이〉). 멈추지 않던 눈물을 멎게 해준 바위게와 언제까지나 함께할 것입니다(〈Yours Sincerely〉).

〈고민중독〉과 〈마니또〉가 짝을 이루듯, 〈눈물참기〉와 〈Yours Sincerely〉가 한 쌍이 되는군요. 〈눈물참기〉의 주인공은 시요밍이지만, 그 노래에 화답하는 〈Yours Sincerely〉는 팬송입니다.

다시 말해 〈A Day of Busking〉은 '눈물 멈추는 법을 알려준 바위게들에게 QWER이 헌정하는 트리뷰트 앨범'이죠.

데뷔한 지 2년이 채 안 되었는데, 앨범 하나를 팬덤에게 통째로 헌정하다니…. 게다가 버스킹을 주제로 한 하이라이트 메들리 영상이, 바위게가 버스킹에서 흔든 깃발로 끝나다니…. 이런 팬사랑이 또 어디 있을까요. 하이라이트 메들리 영상이 바위게의 깃발로 끝남으로써, QWER과 바위게 그리고 소속사인 타마고 프로덕션의 서사는 하나가 되었습니다. 이로써 QWER 유니버스의 삼위일체가 공고히 완성되었습니다. 4명의 초기 서사를 종결하는 네 번째 앨범에 이르러, QWER의 세계관이 완전히 통합되었습니다.

드디어 2025년 6월 9일 저녁 6시, QWER 새 앨범 전곡 및 〈눈물참기〉 뮤직비디오가 공개되었습니다. 저는 단정히 무릎 꿇고 앉아 음원을 들은 뒤 뮤직비디오를 보았으며, 뒤이어 기자단 쇼케이스 라이브 무대를 시청했습니다.[56] 그래서 저의 결론은 뭐다? 〈눈물참기〉는 '슬픔을 주제로 한' K-락발라드에 대한 새로운 길을 제시했다는 거죠.

댄스곡들에 밀려 언제부터인가 신곡을 찾아보기 어려운 K-락발라드. 게다가 쩔쩔 끓는 여름에 슬픈 곡을 내놓는 것은 업계의 공식과 어긋나죠. 보통은 신나는 곡을 내놓으니까요. 쉽게 가고자 했다면, 이런 리스크를 짊어질 이유가 없습니다. 하지만 QWER 유니버스는 가수나 소속사나 미친 도전을 멈추지 않습니다.

　QWER의 슬픈 락발라드는 21세기 초에 유행했던 슬픈 K-락발라드와 주제 면에서 차이를 보입니다. 과거의 슬픈 락발라드는 주로 남녀 관계를 노래했습니다. 헤어진 연인을 잊지 못하거나, 잘못했다고 후회하거나, 제발 돌아와 달라고 사정하는 주인공의 울부짖음이 대다수죠. 하지만 QWER의 슬픈 락발라드는 이성 관계를 주제로 삼지 않았습니다. 제아무리 열심히 살아도 자꾸만 벽에 부딪혀서 좌절할 수밖에 없는 자신에 대해 노래했죠. 그렇습니다. 바로 김계란에게 연락을 받기 며칠 전, 라이브 방송에서 그만 눈물을 참지 못하고 왈칵 쏟았던 오사카 아이돌 이시연의 이야기죠.

　2020년대 핵개인의 시대에는 남녀 간의 사랑보다 개인의 성장 및 행복, 친구간의 우정이 더욱 중요한 주제입니다. QWER은 시대를 제대로 읽어내며, 청승맞은 K-발라드 판에 새로운 기준을 제시했습니다. 슬픔을 주제로 하면서도 '사랑타령'이 아닌 락발라드의 경우, 한국인에게 굉장히 낯설고 흥행 여부도 불투명한데요. QWER이 대단한 도전을 했다고 생각합니다.

　그리고 QWER의 4번째 타이틀곡인 〈눈물참기〉는 6월 9일 저녁 6시에 공개된 뒤, 7시에 곧바로 멜론 TOP 100 차트에 80위로 입성했습니다. 〈고민중독〉과 〈내 이름 맑음〉을 포함한 '고인 물'의 힘이 너무도 강해 1군 아이돌조차 멜론 차트 당일 진입을 자신할 수 없는 때이기에, 더욱 놀라운 성과였습니다. 〈고민중독〉이나 〈내 이름 맑음〉보다도 스타트가 좋았습니다. 앨범 초동 판매량 또한 전작을 훨씬 뛰어넘었습니다. 이로써 QWER은 '믿고 듣는 밴드'라는 점이 확실히 증명되었습니다.

여담으로 YB(윤도현 밴드)는 자신들의 〈흰수염고래〉를 시요밍이 부르는 것을 듣고서, 그녀에게 '김치 발라드 마스터' 타이틀을 수여했는데요.[57] 우리의 시요밍이 K-발라드의 계보를 잇는 디바가 되는 그날이 오기를 손꼽아 기다려 봅니다.

6월 9일 쇼케이스가 끝난 뒤, QWER은 위버스 라이브를 통해 팬들과 짧은 만남을 가졌습니다. 이제 한층 여유가 있는 모습에서, 그녀들의 자신감을 볼 수 있었습니다. QWER의 역사적인 2025 컴백 첫날은 마젠타의 개인방송으로 마무리되었는데요. 저는 〈눈물참기〉를 듣거나 뮤직비디오를 보고서도 눈물이 안 났는데, 그녀가 써 온 편지를 보고서 그만 눈물을 참지 못했습니다. "여러분들이 저를 구한 거 같습니다. 진짜로. 저를 구해줘서 너무 고맙고 앞으로도 더 힘낼게요. 고마워요. 꼭 앞으로도 함께해요. 아희 올림." 누구보다 따뜻한 사람, 젠타 짱. 앞으로도 더 잘 될 일만 남았습니다.

지난 5월 7일 저녁 6시, 제일기획 유튜브 채널에는 QWER의 기타리스트 히나와 보컬 이시연의 인천 탐방 콘텐츠가 업로드되었습니다.[58] 인천에 살았던 히나가 중심이 되어 맛집과 멋집, 기타 놀 만한 장소들을 소개하는 코너였는데요. 그녀들이 마지막 식당에서 나누었던 이야기가 유독 기억에 남습니다. 제작진은 굉장히 예민한 질문을 던졌습니다. 지금 소속사와 계속 같이 갈 생각이 있

57
58

느냐고요. 2023년 10월 18일에 데뷔했으니, 아직 활동한 지 2년이 채 되지 않았고 인기를 얻기 시작한 지는 고작 1년밖에 안된 걸밴드에게 던질 법한 질문은 아니었습니다. 하지만 저는 그 질문에 대한 시요밍과 히나의 답이 무척이나 마음에 들었습니다.

우선 보컬 시요밍은 다음과 같이 말했습니다. "타마고 프로덕션이 있기에 QWER이 탄생할 수 있었고, 그곳이 우리의 정체성입니다. 만약 뿔뿔이 흩어지면, 우리의 서사가 사라질 것 같아요." 시요밍이 '서사의 중요성'을 얼마나 정확히 인지하고 있는지 보여주는 총명한 답변이었습니다. 히나 또한 "다 함께 성장한 느낌이어서, 떼어 놓을 수 없을 것 같아요"라며 시요밍의 말을 거들었습니다.

대형기획사에서 무한경쟁을 뚫고 데뷔한 아이돌을 보는데 익숙한 팬덤은 이런 답변이 이해가 되지 않을 수 있습니다. '가수와 소속사가 함께 서사 narrative를 만들어가고 있으며, 그런 서사가 깨지는 순간 가수 또한 위험해진다'는 이야기 말입니다. 왜냐하면 기본적으로 가수와 소속사는 적대 관계이며, 팬덤은 소속사의 부당한 대우로부터 아이돌을 보호해야 한다는 것이 그동안 아이돌 판의 정석이기 때문입니다.

하지만 QWER 유니버스에서 그녀들 못지않게 중요한 축이 소속사인 타마고 프로덕션입니다. QWER의 초반 성공에 가장 크게 기여를 한 것이 바로 그녀들만의 서사, 다시 말해 스토리텔링입니다. 그리고 그 스토리텔링에는 김계란과 빙빙, 검검, 율율, 쇠쇠 등 소속사 직원들의 역할이 빠질 수 없습니다.

　히나와 시요밍의 대답은 아이돌들이 영혼 없이 말하는 형식적 답변이 아닙니다. 단순히 "오래 오래 함께해요!"라고 말한 것이 아니라, 함께해야 할 이유를 분명히 밝혔기 때문이죠. 사람 일이야 어찌 될지 알 수 없지만, 당분간은 마음 편하게 QWER 덕질을 할 수 있을 듯합니다.

[뷰티풀 민트 라이프 페스티벌]: 낭만의 고점을 갱신하다

QWER은 6월 9일에 새 앨범 〈난 네 편이야, 온 세상이 불협일지라도(난네온불)〉로 컴백하며, 본격적인 활동을 개시했습니다. 그런 가운데 컴백 주간에 열리는 페스티벌은 총 2개였습니다. 우선 6월 12일에 부산에서 열리는 [2025 부산 원아시아 페스티벌]과 서울 송파구 올림픽공원에서 3일 동안 열리는 [뷰티풀 민트 라이프 2025(뷰민라)] 첫 번째 날인 6월 13일에, QWER 공연이 결정되었습니다.

그런데 6월 9일 쇼케이스를 마친 이틀 뒤인 6월 11일, 소속사는 쵸단의 무릎 통증이 심각해서 향후 있을 국내외 행사 3곳에 그녀가 불참하게 되었다고 공지했습니다. 쇼케이스 때 제대로 걷지를 못해서 매니저 쇠쇠의 부축을 받았던 모습이 심상치 않았는데, 역시 일이 터지고야 말았습니다.

그리고 이런 가운데, 또 한 번 제 눈시울을 뜨겁게 만든 바위게들의 이벤트가 진행되기 시작했습니다. 드러머 쵸단을 위해, [뷰민라 2025 페스티벌] 공연에서 야광 드럼 스틱을 들고 QWER을 응원하겠다고 결정한 것입니다. 구체적으로는 〈고민중독〉 도입부인 "원! 투! QWER!"에서 쵸단이 드럼스틱을 X자로 부딪히는 포즈를 따라 하는 깜짝 이벤트였죠.

바위게들은 그동안 버스를 대여해 해남까지 버스킹 투어를 가거나 노들섬 버스킹에서 자체적으로 슬램존을 형성하는 등, 케이팝 아이돌 신에서 전혀 존재하지 않던 팬덤 문화를 창조하고 있습니다. 그리고 이번에는 무릎을 다쳐 활동을 못하는 드러머 쵸단을 위해, 어두운 실내 공연장에서 환하게 빛나는 야광 스틱을 들기로 했습니다. '아니, 뭐야. 이 상남자들… 솔직히 좀 많이 멋있는데? 먹는 것만 밝히는 XL 수컷들인 줄 알았더니, QWER을 위하는 마음이 이렇게 깊다고?' 저도 바위게입니다만, 이 상남자 바위게들의 열정에는 감탄할 수밖에 없었습니다.

6월 13일 페스티벌 당일, 저는 대학교 시험 감독을 끝내자마자 축지법을 써서 올림픽공원역으로 내달려갔습니다. 시간적 여유가 있었지만 급한 마음에 우산조차 챙기지 않고 갔습니다. 오늘 비 소식이 예정되어 있었는데도 말이죠.

아니나 다를까, 올림픽공원역 4번 출구를 빠져나오자, 빗방울이 떨어지기 시작했습니다. 제가 이날 야외에서 바위게들과 함께 비를 맞으면서 맥주와 테킬라를 즐기며 얼마나 낭만의 끝을 달렸는지요! 하지만 몇 시간 뒤 그렇게 고마울 비가, 공연 전까지는 다소 원망스러웠습니다. QWER 공연이야 실내에서 진행되니까 비와 상관없지만, 제 옷과 신발이 벌써부터 젖고 있었으니까요. KSPO DOME(올림픽체조경기장) 입구에서 분홍색 우비를 수령한 뒤, 서둘러 공연장 안으로 들어갔습니다.

QWER의 관객석은 흔히 '젠타존'과 '히나존'으로 구분됩니다. 베이시스트인 마젠타 쪽에서 공연을 보면 젠타존에 있는 것이요, 히나의 경우에도 마찬가지이겠지요. 이날 드럼스틱 이벤트나 슬램존은 '젠타존'에서 있을 예정이라고 들었지만, 제가 들어가 보니 바위게들을 그쪽에서 찾아볼 수 없었습니다. QWER 공연 전이라 흩어져 있었던 모양입니다. 그래서 저는 히나존 쪽으로 이동해, 오프 활동에서 여러 번 함께했던 바위게들과 조우했습니다.

비록 히나존에 섰지만, 오늘은 바위게들만의 잔치가 아닌 다양한 팬덤이 섞인 자리라서 그런지 시야가 충분히 확보되었습니다. 아무래도 수컷들만 잔뜩 모여 있다 보면, 평균 키가 매우 높아지니까요. 다행히 히나존에서 가장 키가 큰 바위게가 제 앞이 아닌 옆에 섰습니다. 멋진 부산 사나이인 '초대형 거인' 바위게는 전날 [2025 부산 원아시아 페스티벌]에 참여한 뒤 서울을 찾았습니다. 직장에서 곧바로 오느라 아무것도 준비 못 한 제게, 초대형 거인 바위게는 '쵸단' 슬로건을 건네주었습니다. 그저 고마울 따름이었죠.

그런데 그런 가운데, 저랑 몰려다니는 수컷 바위게들 무리에서는 구경조차 할 수 없는 미녀 바위게 두 분이 초대형 거인 바위게 뒤에서 머뭇거리고 있었습니다. 하얀 옷을 입고 예쁘게 꾸민 두 미녀 바위게는 QWER 팬덤의 미래나 다름없었습니다. QWER이 'Go Big. Go Global' 하기 위해서는 젊은 여성 팬들의 확보가 필수적입니다. 케이팝 시장이 여초임은 부인할 수 없는 사실이니까요. 매너가 좋은 초대형 거인 바위게와 우리는 그녀들에게 앞자리를 양보했고, 그녀들은 감사를 표했습니다.

나중의 일이지만, 〈고민중독〉이 나오자 그녀들은 댄스 챌린지에 나왔던 귀여운 안무를 그대로 따라 하더군요. 수컷 바위게들이 "어이! 어이!"를 외치고 몸뚱이를 부딪히지만 춤에는 잼병인 것과는 대조되었죠. 아니, XL 수컷 바위게가 QWER 안무를 따라 하는 장면은 보지 않는 편이 좋겠습니다.

수컷 바위게들의 절대적인 사랑을 받는 매니저 검검과 쇠쇠가 무대를 체크한 뒤, 드디어 기다리고 기다리던 QWER이 등장했습니다! 커다란 환호와 함께 올림픽공원 체조경기장 무대에 올라온 QWER! 새하얀 크롭티에 편안한 청바지를 입고 나온 그녀들은 '상의는 아이돌, 하의는 밴드' 패션을 자랑했습니다. 아이돌 축제와 밴드 축제를 아우르고 케이팝 걸밴드 역사를 새로써 내려가는 유망주다운 포스였습니다. 그리고 그녀들은 등장하자마자 곧

바로 〈지구정복〉으로 달리기 시작했습니다. 〈자유선언〉, 〈내 이름 맑음〉과 〈사랑하자〉에 이어, QWER은 이번 앨범의 타이틀곡인 〈눈물참기〉를 선보였죠. 저는 이 곡의 라이브 무대를 처음으로 접했는데, 슬픈 가사와는 달리, 어찌나 신나던지 저는 방방 뛰었습니다. 음원 버전과 라이브 버전은 아예 장르 자체가 달랐습니다.

여타 아이돌이라면, 타이틀곡을 신곡으로 발표할 경우 그 곡을 최대한 부각하기 위해 여러 방법을 강구하겠죠. 하지만 QWER은 새 앨범의 타이틀곡이 마치 지난 앨범 수록곡 중 하나라는 듯이 공연 중간에 연주한 뒤, 곧장 〈메아리〉로 달려갔습니다. 우리은행 틴틴카드의 CM송이 되면서, 〈메아리〉는 이제 매 공연마다 빠짐없이 연주되고 있습니다.[59] 역시 자본의 힘이 무섭습니다. 대기업 CM송이 되고 나니, 매 공연에서 들을 수 있게 되었네요!

〈메아리〉가 끝난 뒤, QWER은 분위기를 바꿔 〈안녕 나의 슬픔〉을 불렀습니다. 놀랍게도, 제 주변에 훌쩍이는 바위게들이 있었습니다. 겉으로는 무뚝뚝하고 수줍음이 많은 바위게지만, 대다수는 F 감성이었던가 봅니다. 미니 2집인 〈알블〉은 2024년 9월 23일에 공개되었습니다. 이미 9개월 가까이 지났고 그사이 숱하게 연주된 곡입니다. 저의 경우 〈안나슬〉을 들으면 여전히 슬프지만, 처음 접했을 때처럼 눈물이 나지는 않습니다. 하지만 바위게들은 슬로건으로 눈물을 닦으며, 차분히 스마트폰 손전등을 좌우로 흔들었습니다. 〈안녕 나의 슬픔〉에서 충분한 감정의 정화를 경험한 바위게들은 이제 〈대관람차〉를 들으며 저물어가는 초여름 저녁을 만끽할 수 있었습니다.

그리고 드디어 올 것이 왔습니다. 2024년 유튜브 뮤직 코리아 스트리밍 횟수 연간 1위이자 2025년에도 여전히 인기가 뜨거운 〈고민중독〉. 그리고 오늘은 무릎을 다쳐 활동을 쉬고 있는 드러머 쵸단을 위해서, 팬덤인 바위게가 특별히 준비한 깜짝 이벤트가 있죠. 바로 드러머의 상징인 드럼스틱을 들고서, 〈고민중독〉 도입부를 QWER과 함께하는 것입니다. 갑작스럽게 내놓은 아이디어인 데다가, 평일 이른 저녁 공연이라 바위게의 숫자가 그리 많지 않았습니다. 케이팝 아이돌 역사상 최초로 '밴드의 상징인' 야광 드럼스틱으로 어두운 실내 공연장을 환히 비출 이벤트는 과연 성공했을까요?

물론 대성공이었습니다! 여기서 '대성공'이란 이벤트의 규모가 거대했다는 뜻이 아니라, 가장 절실한 때와 장소에서 훌륭하게 치러졌다는 의미입니다. '쵸단아, 바위게는 늘 네 편이야. 이 드럼스틱 이벤트가 너에게 닿기를 간절히 기도해.' 바위게들은 한마음이 되어 소리쳤습니다. "원! 투! QWER!" 이 뒤로는 명불허전이지요.

이 당시 저는 히나존에 있었기 때문에, 젠타존에서 벌어졌던 장관을 직접 보지 못했습니다. 그런데 저와 친숙한 '쵸단 Pick 전완근 바위게'가 갑자기 청중을 가르고 뛰쳐나왔습니다. 지금 젠타존에서 바위게들이 슬램을 하고 있다면서 말입니다. 팝업스토어에서 쵸단이 감탄한 그의 팔뚝은 거짓말을 하지 않죠. 저는 그와 함께 젠타존으로 뛰어갔습니다. 거기에는 바위게뿐만 아니라, 슬램의 참맛을 아는 일반인 페스티벌 광들이 함께 매의 눈으로 슬램의 순간을 기다리고 있었습니다. 그리고 슬램 바위게의 지휘 아래 마침내 터져 나오는 "너를 많이 많이 좋아한단 말이야!" 우리들은 들소 떼처럼 중앙으로 달려들어 신나게 몸을 부딪었습니다. 우선입장권을 사서 페스티벌 초기부터 뛰느라 체력이 방전된 바위게들이 "꾸엑!" 비명을 지르며 비틀거렸습니다. 체력이 충만했던 노들섬 버스킹 슬램 때와는 상황이 달랐습니다만, 다 고생하면서 배우는 법이죠.

자, 〈고민중독〉이 끝나고 포토타임이 찾아왔습니다. 이제 앙코르곡만 남은 셈이죠. 바위게들은 각자 다른 곡들을 꿈꾸고 있었습니다. 하지만 제 소망은 하나였습니다. 〈디데이〉죠. 〈디데이〉는 〈고민중독〉과 〈메아리〉 등 '한낮의 벅차오름' 계보를 잇는 명곡입니다(참고로 '한밤의 벅차오름' 계열은 〈불꽃놀이〉와 〈대관람차〉 등이 있습니다). 제가 미치도록 좋아하는 이 〈디데이〉를 과연 오늘 들을 수 있을까요? 그리고 QWER은 제 간절한 소망에 답했습니다. 앙코르곡은 〈디데이〉였습니다!!

〈디데이〉는 설명이 필요 없습니다. 〈고민중독〉과 함께 페스티벌에 최적화된 곡입니다. 멜로디가 쉽고 밝으며 아름다워, 이 노래를 처음 듣는 사람들 또한 당장 열광하며 따라 부르게 됩니다. 중간에 "Q-WER!"이라고 외칠 수 있는 구간도 여러 번 나옵니다. 게다가 멤버 3명의 율동이 나오는데, 이게 또 참을 수 없이 귀여운 데다 중독성이 있습니다. 한 마디로 대한민국 사람들이 열광할 만한 모든 요소를 지닌 명곡입니다. 이렇게 다리가 휘청거릴 정도로 뛰며 함께한 〈디데이〉 공연이 마무리되고, QWER은 인사와 함께 무대를 내려갔습니다.[60]

QWER의 무대 이후로도 이승윤, 터치드, YB(윤도현 밴드) 등의 공연이 남았지만, 일단 우리는 배를 채우기로 했습니다. 하지만 푸드코트에 빈자리가 없었기에, 우리는 편의점에서 맥주를 사서 비를 맞으며 선 채로 마시기 시작했습니다. 폭우가 아니라 가랑비 수준이라, 우비를 입은 채 맞고 있어도 별 문제가 없었지요. 부끄럽게도 제가 "원! 투!"라고 선창한 뒤 나머지 바위게들이 "QWER!"을 외치며 캔을 부딪었습니다.

〈고민중독〉과 〈디데이〉 공연 때 영혼을 불사르며 뛰어논 '어른이'들의 몸에서는 열기로 인해 김이 솟아올랐습니다. 시원한 초여름 빗방울로 땀을 식히며, 바위게들은 이렇게 공연 리뷰를 이어갔습니다. 오직 QWER을 좋아하는 순수한 마음 하나만으로 이렇게 모여 이야기를 할 수 있다는 상황이 '낭만' 그 자체였죠. 술을 좋아하는 쵸단이 아무렇지도 않게 이 자리에 불쑥 나타나 술잔을 함께할 수 있다면 얼마나 좋을까…. 하지만 QWER은 팬심으로 응원하는 연예인이죠. 바위게들이 진심으로 술자리 친구 삼고 싶은 인물은 매니저인 검검입니다. 어느 댄스 아이돌 팬덤이 가수 매니저와 술 한 잔 하고 싶단 생각을 할까요. 이만큼 바위게는 특이한 팬덤입니다.

술을 마셔 기분이 좋은 상태에서 이승윤의 실내 공연을 즐긴 뒤, 저를 비롯한 바위게들은 터치드의 공연을 보기 위해 야외로 나섰습니다. 초여름 이슬비가 촉촉이 내리는 올림픽공원 잔디밭, 밴드 음악을 진실로 사랑하는

'찐' 팬들이 매트를 깔고 눕거나 서서 터치드의 공연을 즐기고 있었습니다. 우리들은 한 바위게가 쏜 테킬라 더블샷을 마시며, 시원하게 비가 내리는 여름밤 잔디밭의 낭만을 만끽했습니다. 이보다 더한 낭만이 있을까요?

솔직히 QWER에 미쳐 있었던 2024년 내내, 이런 밤을 경험해 보지는 못했습니다. 비 내리는 여름밤 페스티벌에 가 본 적이 없고, 무엇보다 QWER 이야기만으로 밤을 지새울 수 있는 바위게들이 곁에 없었기 때문이죠. 게다가 제 내장의 위치를 다 알려주는 독한 테킬라 샷도 없지 않습니까.

터치드의 곡들을 모두 알지는 못합니다. 하지만 그럼에도 불구하고 우리는 자유롭게 술을 마시거나 가볍게 노래를 따라 부르며, 볼을 두드리는 빗방울을 느꼈습니다. 미친 듯이 발을 구르던 순간은 잠시 뒤로 하고, 여유롭게 대화를 나누며 술잔을 기울였죠. 테킬라라고 해서 반드시 원샷을 해야 한다는 법은 없으니까요. 이 모든 행복한 순간이 QWER로 인해 가능했다는 생각이 들 때마다, 그녀들에게 거듭 감사했습니다. 그리고 다시 발걸음을 체조경기장으로 옮겼습니다. 이제 헤드라이너인 YB의 무대를 즐길 때이죠.

대학에 몸담고 있는지라, 축제를 통해 YB의 공연을 여러 번 보았습니다. 제가 근무하는 학교뿐만 아니라 다른 학교의 축제에서도 만났죠. 하지만 제대로 된 공연장에서 1시간 가까이 진행된 YB의 퍼포먼스는 대학축제 때와는 비교할 수 없었습니다. 올해로 데뷔 30주년을 맞은 관록의 밴드 YB는 그곳에 자리한 관객들 대부분이 아는 명곡들로 레퍼토리를 채운 뒤, 그야말로 무대를 씹어 먹었습니다. 강력한 헤비메탈 사운드의 신곡인 〈Rebellion〉

무대에서는 공연장의 모든 이들이 미쳐 돌아갔습니다.

    그러나 조심스레 말하건대, 여기에서도 가장 잘 노는 그룹은 역시 바위게였습니다. YB 공연이 시작되자 젠타존에 모여든 수십 명의 바위게들은 어깨를 걸고 강강술래를 돌며, 열정을 폭발시켰습니다. 느닷없이 제 옆으로 축제 마니아 여성분이 뛰어들어 어깨를 걸었는데, 강강술래가 어찌나 빠르게 돌아가는지 그녀는 몇 번씩이나 넘어질 뻔했습니다. QWER과 함께 바위게들도 규모 면에서 성장을 거듭할 터인데, 거칠거나 폭력적이지 않으면서도 모든 이들이 신나게 즐길 수 있는 공연 관람문화를 계속 만들어갈 것으로 기대됩니다. 그리고 QWER가 YB처럼 데뷔 30주년 기념으로 각종 대학축제를 휩쓸고 다니며 건재함을 과시할 그날을 꿈꿔 봅니다. YB의 무대, 정말 최고였습니다!

    모든 페스티벌 일정이 끝나고, 바위게들은 다른 관객들과 함께 공연장을 빠져나왔습니다. 저녁을 거른 채 맥주와 테킬라로 버텼으니, 식사는 하고 헤어져야 하지 않겠습니까. 오늘 처음 보았거나 이런 자리에 합석해 본 적이 없는 바위게라 할지라도, 자연스럽게 합류하게 됩니다. 갑자기 식사하러 가자고 해도 10명이 모였으니, 바위게들의 끈끈함을 짐작할 수 있습니다.

    방이동 먹자골목으로 이동해서, 순대 곱창전골에 술을 곁들여 또 한 번 공연 리뷰에 들어갑니다. 오늘 벌써 "원! 투! QWER!" 선창을 두 번째 하게 되었네요. 젠타 생일카페 뒤풀이 때 감자탕 가게에서 BGM을 QWER 곡으로 채우며, 바위게 미니 콘서트를 열었었죠. 이번에도 주인장께 동일한 부탁을 드렸습니다. 아쉽게도 〈눈물참기〉와 〈디데이〉 두 곡만 틀어주시기로 하셨는데, 떼창은 절대 안 된다고 주의를 주셨습니다. 음, 떼창할 생각 없었는데…. 아마 선창을 듣고서 겁에 질리신 모양입니다. 이렇게 힙한 젊은 동네에서는 앞으로 주의해야겠습니다.

공연장에서 자주 만난 바위게들은 공통점이 있습니다. 순수하고 뜨거운 열정이 넘칩니다. 사실 대부분의 생업은 지루할 수밖에 없습니다. 제가 첫 직장을 다닐 때, 제 선배는 "회사는 원래 재미없는 곳이야. 재미가 있으면 돈 내고 다녀야지, 롯데월드처럼. 재미가 없으니까 돈을 받고 다니는 거야. 그 점을 받아들여야 해"라고 알려주었습니다. 물론 이런 이야기는 이상주의자들을 분노케 합니다. 그리고 직장 일이 항상 재미나 의미가 없는 것도 아닙니다. 하지만 대다수 사람은 이를 받아들이고 삽니다. 그들이 부족해서가 아니라, 자연재해와도 같은 사회 시스템이 그렇게 돌아가니까요.

다만 24/7(24시간 일주일) 내내 지루하고 무의미하게 살고 싶지는 않죠. 특히 오프라인 공연에 참가하는 바위게들은 현생에서 억눌렸던 열정을 QWER 공연에서 풀어버립니다. 그런데 어쩔까나? 공연을 통해 열정을 해소하는 게 아니라, 공연을 보고 나면 오히려 열정이 더욱 끓어오릅니다. 결과적으로 그 열정을 함께 나누기 위해, 뒤풀이까지 가게 되죠. 그런데 뒤풀이에서 '정열맨'들과 수다를 떨다 보면, 열정이 더욱 커진 채로 귀가하게 됩니다. 엇, 이거 혹시, 선순환을 가장한 악순환이 아닌가요? 모르겠습니다. 뭉친 종아리를 주무르며, 주말 내내 고민해 보아야겠네요.

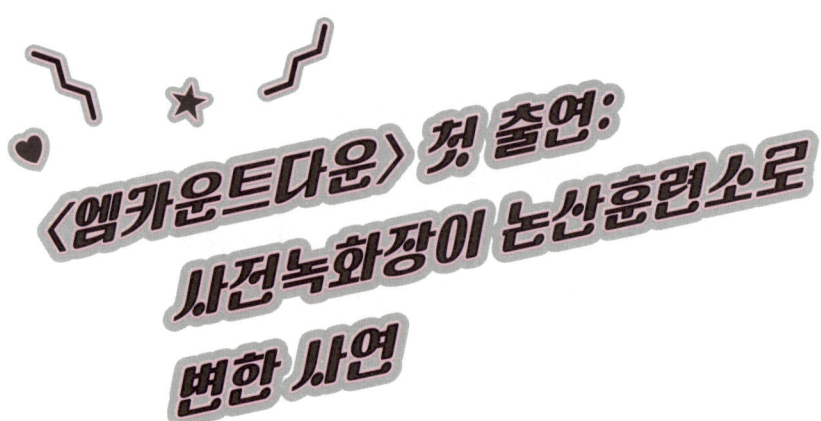

〈엠카운트다운〉 첫 출연: 사전녹화장이 논산훈련소로 변한 사연

2025년 6월 19일, 이날에는 QWER 첫 음악방송 출연이 있었습니다. 제가 출판사 대표님과 만나, 이 책의 출간을 결정한 날이기도 하죠. 그날의 풍경을 소략히 기록하고자 합니다.

 2025년 6월 17일 저녁 6시. QWER의 소속사는 공식 팬카페를 통해, 〈엠카운트다운〉 사전녹화 참여 방법을 공지했습니다. 드디어 첫 음악방송 출연! 바위게들은 광분했습니다. 처음부터 당연하게 주어졌더라면 크게 다가오지 않았을 이런 기회, 바위게들에게는 가슴 벅찬 일이었습니다. 그동안 음악방송 출연 여부와 관련해서 떠돌던 수많은 억측을 일시에 해소할 수 있는 또 다른 쾌거였죠.

QWER은 음악방송에 단 한 번도 출연하지 않았음에도 불구하고 지난 2024년 10월에 3개의 음악방송에서 1위를 차지했죠. 놀라운 성과입니다만, 그래도 음악방송 출연은 한 번 했으면 하는 것이 바위게들의 소원이었습니다. 아직까지도 전 세계 케이팝 팬들에게 음악방송은 중요한 볼거리입니다. 음악방송 영상은 다양한 형태로 2차 가공되어 세계 각국으로 퍼져나갑니다. 조회수 또한 엄청나죠. 이 때문에, 글로벌 팬덤을 확장하기 위해서는 음악방송 출연이 반드시 필요했습니다. 마침내 QWER과 바위게는 그 꿈을 이루었습니다.

6월 17일 밤, QWER은 사전녹화에 참여하는 바위게들을 위해 〈눈물참기〉 응원법을 공개했습니다. 지난 팬 콘서트 직전 응원법을 공개한 데 이어 두 번째였죠.[61] '아이 엠 그라운드' 박수와 함께 시작되는 '멤버 호명 응원'의 경우, 〈눈물참기〉 인트로의 특성상 들어가는 타이밍을 맞추기가 쉽지 않습니다. 아니나 다를까, 박치로 유명한 마젠타가 소개 영상에서 들어가는 박자를 놓치고 말았습니다. 정말 우리 아희의 매력은 어디까지일까요? 응원법 소개 영상에서 응원법을 틀리는 마젠타의 인간다운 모습에, 저는 그만 빵! 터지고 말았습니다. 그래, 젠타도 박자를 저는데, 우리가 뭐라고 걱정을 해? 어차피 여러 번 촬영할 테니, 지금은 응원법만 숙지해서 가자!

61

2025년 6월 19일 사전녹화 당일. QWER 네이버 공식 팬카페 및 여타 팬 커뮤니티에서는 오전부터 사전녹화 현장에 가서 기다리는 바위게들의 숨 가쁜 후기들이 넘쳐났습니다. QWER의 소속사는 팬들에게 역조공하는 의미에서 커피와 각종 음료, 도넛 및 포토카드 등을 다양하게 제공했습니다. 물론 추첨을 통해 사전녹화 참여 자격을 획득한 바위게들에 한해서 배분되었죠.

XL 수컷 바위게들에게는 모든 것이 처음이었습니다. 하지만 군대에서 굴렀던 경험이 대부분 있다 보니, 운영팀의 지시대로 질서 정연하게 행동하는 것만큼은 또 잘했습니다. 결국 2번에 걸친 녹화는 빠르고 무탈하게 마무리되었더군요. 온종일 바빴던 저는 한밤이 되어서야 간신히 시간을 내어 영상을 감상할 수 있었습니다.

그런데 본방송이 시작되자마자, 카메라는 안경을 두껍게 낀 바위게들의 얼굴을 쫙 훑고 지나갔습니다. 이럴 수가! 수많은 바위게의 얼굴이 그대로 박제되었습니다. 이쯤에서 고백 하나 하겠습니다. 저는 이 본방송에서 QWER 공연 장면은 딱 2번 봤습니다. 대신 초반에 바위게들의 얼굴을 카메라가 하나하나 박제해 나가는 장면은 5번 돌려 봤습니다. 혹시나 아는 얼굴이 있나 해서 말이죠. 이쯤 되면 제가 QWER 팬인지 바위게 팬인지 헷갈리기 시작합니다.

또한 건물이 무너져라 터지는 저 굵은 함성소리는 도대체 무엇이란 말입니까! 그동안 군부대 위문공연 방송을 열심히 시청하고 필드 경험이 많이 쌓인 바위게들의 함성은 정말 타의 추종을 불허했습니다. 현장에 여성 바위게가 꽤 있었다고 들었지만, 방송에 잡힌 함성소리는 '이기자 부대'의 그것이었습니다.

아시다시피 케이팝 신은 여초 시장이라, 음악방송에서 남성 팬들의 함성을 듣기가 어렵습니다. 이제 음악방송에서도 남성 팬들의 동굴 목소리를 좀 더 들을 수 있게 된 것일까요? 그런데 들을 때마다 왜 그리 웃기는지 모르겠습니다. QWER 멤버 전원이 감사를 표한 폭풍 함성을 보여준 군필 여고생 바위게, 정말 사랑합니다!⁶²

한편 사전녹화를 마치고 바깥에 모여선 바위게들을 향해, QWER의 매니저인 율율은 "해산!"을 외쳤습니다.⁶³ XL 수컷 바위게들은 율율 매니저에게 감사를 표한 뒤, 큰 박수와 함께 얌전히 해산했습니다. 그 광경을 담은 영상에는 "예비군 훈련 해산 같네"라는 댓글이 달렸는데, 저랑 생각이 똑같아서 놀랐습니다. 팬덤과 매니저의 관계가 이 정도로 원만한 아이돌 그룹은 찾아보기 어렵습니다. 아니, QWER 매니저들은 바위게들에게 연예인이나 다름없을 정도의 인기를 누리고 있죠.

가수와 소속사, 그리고 팬덤이 데뷔 때부터 삼위일체가 되어 함께 서사를 꾸려나가는 일은 케이팝 역사상 존재해본 적이 없습니다. 특히 팬덤이 소속사 직원 하나하나를 알고 있으며, 매니저와 PD가 새벽에 몇 시간 동안 QWER 메들리를

노래방에서 부르고 팬들이 실시간으로 시청하는 일은 거의 기적에 가깝죠. QWER 유니버스는 정말로 재미있는 놀이터입니다.

음악방송이 끝난 뒤, QWER은 멤버 전원이 나이 역순으로 릴레이 위버스 라이브 방송을 진행했습니다. 그녀들은 하나같이 바위게들의 응원에 감사하고, 더 먼 곳으로 나아가고 싶다고 소감을 밝혔습니다. 4명 모두 그렇게나 음악방송 출연이 꿈이었나 봅니다. QWER은 이렇게 하나둘씩 꿈을 성취해가고 있습니다.

6월 21일 토요일, QWER은 〈서울가요대상 2025〉에 출연해서 공연한 뒤 본상을 수상했습니다.[64] 수상 자리에서 우왕좌왕하는 QWER의 모습은 여전히 귀엽습니다. 이런 어설픈 신인의 모습도 당장 내년이면 보기 어려울지 모르니, 지금 한껏 눈에 담아두어야겠죠. 저는 쵸단이 복귀해서 무척이나 기쁩니다. 이제부터 다시 시작입니다!

한편 2025년 6월 24일 저녁, QWER 유니버스에서 역사적 사건으로 기록될 일이 발생했습니다. 무려 버추얼 아티스트인 '헤비'와 현실 아이돌인 QWER의 기타리스트 히나가 합동 방송을 했던 것입니다.[65] 그것도 히나가 헤비 코스프레를 하고 헤비의 개인 방송에 게스트로 초청받아서 1시간이 넘게

콜라보 방송을 함께했죠. 이 6월 24일 방송은 버추얼 엔터테인먼트 산업 종사자는 몇 번을 돌려보아야 할 정도로 귀중한 자료입니다.

QWER의 공동기획사인 3Y코프레이션이 또 한 번 멋진 홈런을 날렸습니다. 당장 상업적으로 성공한다는 뜻이 아닙니다. 소속사 뮤지션이 현실과 가상을 넘나들며 무한한 콘텐츠를 생산해낼 수 있는 가능성을 보여주었다는 데에서 큰 의미를 찾을 수 있습니다. 동시접속자 수가 2.5만 명을 넘겼으니, 흥행 성적도 좋습니다.

QWER이 가는 길이 곧 케이팝 역사의 새로운 한 챕터입니다. 오늘 바위게들이 지켜본 합방은 당시 멜론 차트 30위권에 3곡을 박아 넣고 있는 가수 누구도 시도조차 못 해본 일이죠. 6월 24일 히나&헤비 합방은 역사의 한 장면이라고 보아도 손색이 없습니다. 현실과 가상 세계 사이의 혈이 뚫려버렸으니까요. 예전에도 유사한 시도가 없지는 않았겠지만, 탑티어 걸밴드와 탑티어 버추얼 아티스트가 해낸 일이라서 의미가 남다릅니다. 결코 변방의 마이너한 해프닝이 아닙니다.

저는 1996년 H.O.T.가 SM엔터테인먼트 소속으로 데뷔한 이후로 아이돌 문화에 관한 관심의 끈을 늦추지 않았습니다. 그리고 SM엔터테인먼트가 'SM TOWN LIVE'를 글로벌하게 전개하는 모습을 기쁘게 바라보았습니다. 같은 기획사의 가수들이 모여 음악을 펼치는 광경은 얼마나 아름답습니까. 3Y코프레이션 소속의 가수들이 동일한 형식의 공연을 펼친다고 해도 멋지기는 마찬가지겠지요.

만약 헤비 등의 성공으로 3Y코프레이션이 순조롭게 성장한다면, QWER은 SM의 H.O.T. 위치를 회사 내에서 점하게 될 것입니다. 말하자면 원조이자 시조새죠. 그리고 SM 소속 가수들이 'SM TOWN LIVE'를 세계 곳곳에서 열듯이, 3Y 소속 뮤지션끼리 온·오프 라인에서 페스티벌을 여는 것도 기대할 수 있습니다(김계란 또한 이런 가능성을 언급한 적이 있지요).

3Y의 시선은 과포화 상태인 국내 시장을 넘어, 이미 글로벌 마켓을 바라보고 있습니다. 게다가 기존의 케이팝이나 영미 메이저 음악 시장과 무관한, '서브컬처 음악 시장'이라는 무궁무진한 미답지를 노리는 중이죠. 2025년 현재 '서브컬처계의 하이브'는 전 세계 어디에도 존재하지 않습니다. 누군가는 노려볼 만하죠. 그리고 3Y코프레이션의 경우, 그 모험의 선봉장이라면 피지컬 아이돌은 QWER이요 버추얼 아이돌은 헤비겠죠.

3Y는 보법이 다르며, QWER과 바위게 또한 지금까지 존재하지 않았던 새로운 팬덤 문화를 계속해서 창조해 나갈 것입니다. 만약 헤비와 QWER이 합동 콘서트를 한다면, 바위게들은 또 어떤 응원법을 준비해야 할까요? 이런 것들을 생각만 해도 정말 신납니다. QWER 유니버스가 만들어가는 미래 세상, 시작은 미약하나 끝은 창대할 미래에 제가 발을 담그고 있다는 사실만으로도 감사합니다.

QWER 팬클럽 창단 및 빗속 대만 예능 촬영

특별한 이벤트가 없을 것 같은 평범한 수요일. 그러나 QWER의 월드투어 소식이 전해지고[66] [펜타포트 락 페스티벌]이 코앞으로 다가온 지금, 바위게들은 또 어떤 서프라이즈가 터질까 내심 기대 중입니다. 통상적으로 12:00 또는 18:00에 새로운 소식이 업데이트되기 때문에, 바위게들은 이 시간만을 손꼽아 기다립니다. 그리고 이날 12:00에는…키…키…키타! 2025년 7월 23일 정오, 드디어 QWER 공식 팬클럽 1기 창단 소식이 공식 팬카페에 올라왔습니다.

일반적으로 팬클럽에 가입하면 콘서트 선예매, 팬미팅,

특전굿즈 등의 혜택이 제공됩니다. QWER 팬클럽의 경우도 마찬가지겠지요. 저처럼 손가락이 느려 터진(멘탈마저도 '널널단') 바위게의 경우, 당장 10월 3일부터 사흘 연속으로 진행될 월드투어 서울 콘서트 예매 걱정을 덜었습니다.

원래는 팬클럽을 먼저 만들어 코어 팬덤 규모를 파악한 뒤 콘서트장 규모를 정하는 것이 순서입니다. 하지만 소속사인 타마고 프로덕션은 월드투어 콘서트장부터 잡아놓고 나서 팬클럽을 만드네요. 〈고민중독〉과 〈내 이름 맑음〉 히트 이후에 곧바로 팬클럽을 만들었어야 합니다만, 이미 지나간 일을 말해 무엇 하겠습니까. 정말 눈코 뜰 새 없이 바쁜 소속사인데 말이죠. 기쁜 마음으로 팬클럽 가입 개시일인 7월 28일이 되자마자 '바위게 1기 멤버십'을 획득했습니다.

한편 7월 23일 저녁에는 또 한 번 바위게들을 놀라게 한 이벤트가 있었습니다. 대만 번화가 시먼딩에서 QWER의 마젠타와 히나가 예능 촬영 중이라는 첩보가 들어왔던 것입니다. 슈퍼주니어 이특, 소녀시대 효연 및 여타 출연진과 함께 젠타와 히나가 열심히 음식을 서빙하는 장면이 포착되었습니다. 국정원 뺨치는 정보력을 지닌 바위게들이 검색한 결과, 〈객가주방〉이라는 대만 프로그램에 QWER이 게스트로 출연한 것이었습니다. "뭐? QWER의 국내 예능 출연이 힘들어? 그러면 해외 예능부터 시작하면 되지!"

〈객가주방(하카의 부엌)〉은 대만의 객가TVHakka TV와 3Y코프레이션이 협업하여 만드는 프로그램이었습니다. 쉽게 말해 QWER과 바위게처럼 3Y코프레이션 또한 급속도로 성장하고 있다는 증거입니다.

　그런데 한 QWER 온라인 팬 커뮤니티에서 벌어진 작은 해프닝이 QWER 및 3Y코프레이션과 맞물려 감동적인 장면 하나를 탄생시켰습니다. 구체적인 내용은 다음과 같습니다. 젠타와 히나가 〈객가주방〉 예능 촬영 중이라는 첩보 및 사진이 올라온 뒤, 한 바위게가 외국인이 많이 상주하는 디스코드 채팅방에서 무려 촬영 현장의 CCTV 유튜브 링크를 가지고 왔습니다! 가뜩이나 떡밥에 목말랐던 바위게들은 예능 촬영 장면을 CCTV로 실시간 시청하기 시작했습니다. 이것만 해도 정말 배꼽 빠질 일입니다. 이런 상황을 들어본 적도 없는 데다, 뭔가 해남 버스킹 당시 전세 버스를 타고 내려갔던 것처럼 바위게만 할 수 있는 무대뽀 개그가 섞여 있었기 때문이죠. '아니, 어떻게 이게 가능!?' 이런 느낌이었죠.

　하지만 더욱 놀라운 일은 다음에 벌어졌습니다. 평소에 온라인 팬 커뮤니티를 자주 이용한다는 의혹을 받는 매니저 검검이 CCTV를 향해 인사했던 것입니다. 네이버 공식 팬카페에서는 모르는 상황이라, 누가 봐도 다른 사이트에서 정보를 얻었음이 틀림없었습니다. 그리고 검검은 촬영 장소로 이동해서, 젠타와 히나에게 무언가 말을 건넵니다.

　한밤의 대만 번화가, 촬영장소를 둘러싼 형형색색의 우산들이 떨어지는 빗물 속에 반짝입니다. 빨갛고 파랗고 노란 우산들 사이로 젠타와 히나, 검검과 빙빙이 부리나케 걸어갑니다. 무슨 일 때문일까요? 아, 그 4명은

CCTV 앞에 서서 카메라를 향해 손을 흔들기 시작했습니다. 히나는 긴 팔을 휘휘 내저었고, 젠타는 빙그르 돌다 폴짝폴짝 뛰었습니다. 검검과 빙빙 또한 크게 손을 흔들었습니다. 한양공대 공연에 이은 또 다른 '빗속의 낭만'이 탄생했습니다. 예능 본방에는 나올 리 없는 QWER과 바위게만의 작은 해프닝이자 소중한 추억이죠.

QWER은 소속사와 가수 전부 보법이 남다릅니다. 이날 저녁, 촬영 지역에 갑작스레 비가 쏟아져 많은 사람들이 우산을 쓰고 있었습니다. 하지만 QWER 매니저는 소속 가수에게 우산을 씌워줄 생각은 하지 않은 채, 그녀들을 이끌고 황급히 CCTV 앞으로 달려갑니다. 유치원생 꼬마처럼 한시바삐 국내 바위게들에게 QWER의 인사하는 모습을 보여주고 싶었기 때문이죠. QWER 또한 우산은 쓸 생각조차 않고 비를 쫄딱 맞으며 매니저와 PD를 따라갑니다. 그리고 우산을 쓴 관객들을 아랑곳하지 않고, 비를 맞은 채 CCTV를 향해 폴짝폴짝 뛰면서 국내 바위게들에게 인사합니다. 메이저 아이돌이었다면, 우산을 씌워주지 않은 매니저가 주의를 받을 수 있고 팬들이 매니저를 원망할 수도 있는 상황이었습니다. 아티스트들이 감기에 걸릴 수 있고, 헤어와 메이크업이 망가질 가능성이 높으니까요.

QWER이 향후 각국의 돔을 가득 채우고 모든 페스티벌에 헤드라이너로 서는 글로벌 밴드가 된다면, 아마 비에 젖은 머리로 CCTV 앞에서 손을 흔드는 일은 더 이상 없겠죠. 뮤지션은 항상 최고의 모습을 보여줘야 하니까요. 하지만 데뷔 2주년이 되지 않은 QWER과 3Y코프레이션은 아직까지 언더독의 낭만을 그대로 지니고 있습니다. 이런 그녀들의 풋풋한 모습을 실시간으로 즐길 수 있는 것은 올드스쿨 바위게들만이 누리는 혜택이죠. 그리고 저는 이런 검검, 빙빙, 젠타, 히나가 정말 좋습니다. QWER 유니버스에 속한 QWER과 바위게, 타마고 프로덕션 모두 낭만의 고점을 찍었습니다.

하지만 QWER은 매일이 저점이죠. 오늘의 고점이 내일의 저점입니다. 이제 [펜타포트 락 페스티벌]이라는 고점 중의 고점이 코앞으로 다가왔습니다. 물론 낭만의 고점을 만드는 한 축이 바로 팬덤 바위게죠. 또 어떤 해프닝이 우리들만의 소중한 추억을 낭만으로 가득 채울지, 기대하지 않을 수 없습니다.

[펜타포트 락 페스티벌] 그리고 앞으로 계속될 우리들 이야기

2025년 8월 1일, 대망의 [2025 펜타포트 락 페스티벌] 첫날입니다. "볼을 꼬집어 봤어. 꿈일까 싶어서. 바로 오늘이 널 만나는 날이야." QWER의 〈디데이〉 가사처럼, QWER과 바위게 그리고 3Y코프레이션과 프리즘필터 모두 떨리는 마음으로 아침을 준비합니다. "떨려오는 맘을 껴안고서 두 눈을 반짝이면, 이제 널 마주하는 순간!" 작년에는 '우리가 밴드'라는 점을 증명해야 한다는 압박감에 시달렸다면, 올해는 그야말로 긴장을 풀고 축제를 즐길 때죠. "너에게 줄 선물 잔뜩 준비하고 나서야, 떨려 오는 맘." QWER은 바위게들을 위해 깜짝 놀랄 음악 선물을 준비했겠죠. 3Y코프레이션은 멋진 영상으로 보답할 테고요.

한편 바위게들은 또 한 번 락 페스티벌 역사상 단 한 번도 진행되지 않은 이벤트를 준비 중이었습니다. 땡볕에 게찜이 되어 버릴 것이 분명한 상황, 그들은 수박 27kg어치를 반입해 화채를 만들어 나누어 먹기로 결정했거든요. 행사의 일환으로 무료 제공되는 '나랑드 사이다'가 있기 때문에 가능한 시도였죠.

본디 펜타포트 주최 측은 외부 음식 반입을 엄격히 제한했습니다. 왜냐하면 자체 푸드코트가 있는 데다가, 안전 및 위생상 여러 문제가 발생할 수 있기 때문이죠. 주최 측은 과일 반입만큼은 허용했는데, 그들이 예상한 '반입 규모'는 조그마한 락앤락 용기에 소녀 감성으로 예쁘게 깎은 사과나 복숭아 몇 점이었습니다. 하지만 바위게들은 "과일은 반입되는 거 맞죠? 자, 27kg 수박 들어갑니다!"라고 외치며, 다시 한번 먹는 것에 환장한 XL 사이즈 수컷들의 위엄을 보여주었습니다. 이게 바로 락이죠!

QWER 공연은 오후 1시 50분 예정이었는데, 늙고 지친 저는 일찍부터 가서 게찜이 되고 싶지 않았습니다. 1시쯤 입장해서 바위게들과 인사를 나눈 후, 앞 열은 포기하고 뒤쪽 슬램존에서 바위게들과 죽도록 몸을 던진 뒤 여유롭게 여타 아티스트의 공연을 관람할 생각이었죠.

오늘 저는 QWER 공연이 끝난 뒤, 4명의 바위게들과 이 책에 실릴 인터뷰를 할 예정이었습니다. 그런데 인터뷰가 예정된 두 분의 깃발좌 바위게 중 한 분으로부터 '새벽 2시에 경상도에서 차를 몰고 출발해 일찌감치 행사장 입구에 도착한 뒤 오픈런 대기 중'이라는 연락을 받았습니다. 사람 일이 어찌 될지 모르니, 저도 일찍 출발하는 편이 낫다고 결정했습니다. 그래서 아침 식사를 마치고 곧장 출발해 10시 45분에 송도달빛축제공원역 개찰구를 빠져나왔는데요. 결과적으로는 신의 한 수였습니다.

올해로 20주년을 맞은 [펜타포트 락 페스티벌]. 그러나 주최 측의 미숙한 운영으로 인해, 11시가 조금 넘어 대기줄이 무너지고 엉켰습니다. 그 결과, 수많은 음악팬들이 2시간이 넘도록 대기했으면서도 입장을 하지 못했습니다. 그 때문에 오늘 11시 30분 첫 공연을 맡은 '드래곤 포니' 등 여러 뮤지션들의 팬이 공연을 보지 못했습니다. QWER 팬덤인 바위게 또한 정말 많은 인원들이 QWER 공연에 지각하거나 아예 공연을 접하지 못했습니다. 그야말로 분기가 탱천한 상황이었으며, 수많은 음악팬들은 "이 날이 20주년 기념일이냐? 내가 보기에는 20주년 장례식 날이다. 이딴 식으로 운영할 것 같으면, 차라리 [부산 국제 록 페스티벌] 가고 만다!"라고 육성으로 분노를 토해냈습니다.

하지만 이런 상황들은 제가 뒤늦게 접한 뉴스이고, 저는 2명의 훈남 바위게들과 함께 무사 입장한 뒤 '깃발좌 A'를 만나 카스 맥주 한 잔을 앞에 두고 인터뷰에 들어갔습니다. '깃발좌 A'는 지난 도쿄 팬 콘서트 당시 바로 제 옆에서 함께 즐겼던 바위게이시죠. 시끄럽게 울리는 밴드 연주를 BGM 삼아 그늘이 내린 푸드코트에서 바위게와 함께하는 인터뷰는 정말 멋진 여름휴가였습니다. 인터뷰 중에 여러 바위게들이 저를 알아보고 인사하셨는데, 벌써 축제가 시작된 느낌이었습니다.

이제 대망의 오후 1시 50분이 다가왔습니다. 이날 오후는 정말 미친 듯이 더웠는데요. 더위 참는 것만큼은 탑티어인 저조차도 살이 타들어가는 느낌이었습니다. 하지만 제 주변에는 지난 세월 동안 함께 뛰고 구르며 소리 질렀던 동료 바위게들이 있었습니다. 비록 이들이 뿜어내는 열기로 인해 숨이 턱턱 막혔지만, 그만큼 우리는 오늘 끝내주는 시간을 보낼 것입니다. 〈오버드라이브〉 가사처럼 "부숴! Break the Limit, 외쳐! Burn the Silence. 타오르는 심장박동 한껏 느껴, 이 전율. 부숴! Break the Limit, 외쳐! Burn the Silence. 타오르는 태양 너머, 더 높이 날아갈 수 있게!"

소속사인 타마고 프로덕션 관계자들이 무대 체크를 마친 뒤, 드디어 우리의 QWER이 무대에 모습을 드러냈습니다! [2023 롤드컵 전야제] 이후 가장 '꽉킹한' 복장으로 무대 위에 나선 QWER! 여러 국내외 팬 콘서트와 5번의 버스킹, 그리고 각종 축제로 단련된 QWER은 작년과는 차원이 다른 밴드였습니다. 열심히 준비해온 인트로로 한껏 분위기를 고조시킨 QWER은 〈디스코드〉로 힘차게 출발했습니다. 바람에 흘날리고 땀방울에 떡이 진 머리로, 시요밍은 무대를 휘저었습니다. 오늘 시요밍과 마젠타는 작정이라도 한 듯, 헤드뱅잉을 쉬지 않았는데요. 꼬꼬마들은 그렇게 손발과 머리가 바빠야 합니다. 반면에 롯데타워 기타리스트 히나는 긴 다리를 쭉 뻗어 앰프 위에 올리는 것만으로도, 더위로 인해 이미 정신이 혼미한 음악팬들을 기절 직전까지 몰고 갔습니다.

한편 마젠타는 헤드뱅잉의 효과를 극대화하기 위해, 이 더운 날씨에도 머리를 완전히 풀어헤쳤습니다. 아니, 그냥 풀어헤친 정도가 아닙니다. 헤메코 팀의 우려에도 불구하고 "그냥 제가 더워 죽을게요!"라고 선언한 뒤, 머리를 추가로 붙이고(!) '이 구역 미친 X은 나야!' 포스로 펄펄 날았습니다. 더위와 맞바꾼 간지, 이게 진정한 프로죠.

리더인 드러머 쵸단의 경우 이날 얼마나 이를 악물고 신들린 듯 연주했던지, 무려 이빨에 금이 갔다고 SNS에 올렸습니다. 무력은 뛰어나지만 은근히 약골이라, 팀 내 '환자'를 담당하고 있는 쵸단. 그녀의 갭모에에 오늘도 바위게는 정신을 못 차립니다.

⟨디스코드⟩와 ⟨가짜 아이돌⟩ 무대가 끝나자마자, 멘트 타임을 예상한 바위게들이 정신을 차릴 새도 없이 오늘의 유망주 ⟨오버드라이브⟩가 시작되었습니다. 이 곡의 주인공은 마젠타입니다. 시작부터 그녀는 무거운 베이스를 멘 채, 건반과 이펙트가 달린 신스베이스 앞에 서서 연주하기 시작했습니다. 그 와중에 노래까지 병행했는데요. 마이크가 고정되지 않아 더욱 어려움이 있었습니다. 하지만 마젠타는 베이스에 신스베이스(건반)에 보컬에 율동에 개그까지, 이도류가 아니라 무려 5도류를 선보이며 [펜타포트]를 들었다

놓았습니다.

젠타존에 있던 제 눈가가 따끔따끔한 것은 눈물 때문인가요, 더위 때문인가요. 타고난 박치에 어릴 적 다친 발목인대로 인해 점프하는 것이 쉽지 않은 마젠타. 워낙 마르고 힘이 없어 별명이 종이인형인 호구 맏언니. 하지만 그녀는 무대 위에서 누구보다 높이 뛰어오르고 누구보다 활발히 움직입니다. 본디 〈오버드라이브〉 음원에서는 마젠타의 보컬이 두드러지지 않았습니다. 하지만 〈오버드라이브〉 라이브 현장에서 그녀는 클라이막스의 샤우팅을 멋지게 내지르면서, 말 그대로 무대를 찢었습니다. 그리고 무대를 찢고 찢다 못해, 결국 그녀는 메피스토텔레스에게 영혼을 판 슈퍼히어로 '고스트 라이더'로 변신합니다! 이름하여 '코스트 라이더!'[67]

"망설이지 말고, 일어나!"라는 가사를 뱉자마자, 시요밍은 "뛰어!"라고 외치며 방방 뛰기 시작합니다. 펜타포트 세컨드 스테이지는 함께 뛰는 수천 명의 음악팬들로 인해 광분의 도가니로 돌변했습니다. 첫곡인 〈디스코드〉에서부터 시작된 슬램은 〈오버드라이브〉 때 더욱 거칠어졌고, 땀에 젖은 남녀들은 '엔 페르민 축제'의 스페인 황소처럼 흙먼지 속으로 돌진하며 오버드라이브했습니다. 그런 가운데 마젠타는 엄청난 성량과 파워풀한 보컬로 "We Never Give Up! We Never Give Up! Shout Out We Go Up!"을 지르며 스테이지를 뜨겁게 달구었습니다. 시요밍은 "어이! 어이!"를 관중과 함께 외치며 열기를 더욱 끌어올렸습니다. 그런데 이 쩔쩔 끓는 순간에 무대효과로 치솟은 불길이 마젠타의 얼굴을 가려, 그녀의 얼굴이 타오르는 형상이 되었습니다. BTS의 〈불타오르네〉가 제 귀에 울렸는데, 정말 〈쩔어〉였습니다. 이틀 동안 본 [펜타포트]의 여러 무대 가운데 가장 인상적인 장면이었으며, 바위게가 선정한 '올해의 펜타포트 포토제닉'이었습니다.

3곡을 연속으로 부른 뒤, 잠시 멘트 타임을 가진 QWER. 소문난 땀순이인 시요밍은 이미 땀으로 범벅이 되어 있었죠. 첫 등장 시 보여주었던 멋진 헤어스타일은 온데간데없고, 땀으로 떡져 산발이 된 맑눈광이 그곳에 서 있었습니다. 이게 바로 락이죠! 물을 마시고 한숨 돌린 QWER은 YB의 〈흰수염고래〉 1절을 이어갔습니다. 8월 3일 QWER 공식 유튜브 채널에는 QWER이 YB로부터 〈흰수염고래〉 펜타포트 공연을 허락받는 장면이 나오죠. 이미 YB 앞에서 〈흰수염고래〉를 부른 적이 있는 그녀들은 한층 안정된 보컬과 연주로 그 곡을 멋지게 마무리했습니다.

   이어서 QWER은 이번 타이틀곡인 〈눈물참기〉 연주를 시작했습니다. 신나는 공연 마지막에, 시요밍은 기타 넥으로 일자형 마이크 스탠드를 쳐서 마이크를 날려버렸습니다. 락커가 기타를 부수는 장면은 여러 번 보았지만, 마이크를 공격하는 모습은 처음이었습니다. 시요밍은 깜짝 놀란 표정으로 웃음을 참지 못했고, 그녀와 눈이 마주친 마젠타 또한 '회사에서 공식적으로 금지한' 웃음소리인 "악악악악!"을 터뜨리고 말았습니다. 깜짝 놀란 눈으로

바람에 머리를 흩날리며 함박웃음을 짓는 시요밍이 오늘따라 정말 멋져 보입니다.[68]

웃느라 눈물을 못 참은 QWER의 〈눈물참기〉가 끝난 뒤, 우리은행 틴틴카드 CM송 〈메아리〉 무대가 이어졌습니다. 저는 〈눈물참기〉가 끝날 때쯤 '슬램존'으로 바삐 뛰어갔는데요. 바위게들만 모인 노들섬 버스킹 때와는 차원이 다른 거대한 규모의 슬램존이 이미 형성되었습니다. 저는 분위기상 〈메아리〉부터는 슬램이 시작될 것이라 생각했습니다만, 설마 첫 곡인 〈디스코드〉에서부터 '청도 소싸움' 판처럼 서로 들이받고 있을 거라고는 상상조차 하지 못했습니다. 아니, 슬램에 일단 휘말려 들고 나면, 가수 무대를 볼 시간이 없습니다. 저 또한 〈메아리〉를 배경음악 삼아, 도시에 사는 들짐승들과 몸이 부서져라 들이받았습니다.[69]

〈메아리〉 무대가 끝난 뒤 포토타임이 이어졌고, 이날의 마지막 곡만이 남았습니다. 오늘의 QWER을 있게 해준 그 곡, 바로 〈고민중독〉이죠. 바위게들은 여러 번의 경험을 통해, "어이! 어이!" 하며 무대를 즐기는 파트와 들소처럼 슬램할 파트를 정확히 구분할 수 있었습니다. 하지만 [펜타포트]에는 QWER에 대해 잘 모르지만 그냥 들이받기 위해 온 야생마들도 넘쳐났기 때문에, 결국에는 한 치 앞도 예상할 수 없는 기쁨의 난장판이 벌어졌습니다. 땀방울이 사방으로 흩날리는 가운데, 남녀노소 할 것 없이 그리스 신화의 영웅들처럼 마음껏 몸을 날려 부딪혔습니다.[70]

68  69  70

한편 오늘은 깃발좌 A와 B가 각각 2개씩 총 4개의 깃발을 들고 왔으며, 보조 기수가 퍼포먼스를 도왔습니다. 또 다른 바위게들이 가져온 깃발을 합치면 제가 본 것만으로도 6개의 QWER 깃발이 올라왔습니다. 그리고 무엇보다도, 깃발좌 A는 '바위게 1기 모집 포스터'를 그대로 프린팅한 'QWER×바위게 깃발'을 최초로 선보였습니다. 이는 무엇을 의미할까요.?

2025년 8월 1일은 '바위게 1기 오프라인 정식 출범일'이 되었습니다. 다시 말해 바위게 1기 모집 공고가 뜬 뒤 최초의 야외 공연이 있었던 이날, 전국의 바위게들은 'QWER×바위게 깃발' 아래 모여 하나가 됨으로써, '바위게 1기 출정식'을 성공적으로 마쳤습니다. 따라서 이날은 QWER뿐만 아니라 바위게에게도 무척이나 의미 있는 기념일이었습니다. 공연을 마친 뒤 있었던 위버스 4인 라이브 방송 때, 시요밍은 '팬클럽 깃발'이 있었다고 직접적으로 언급했는데요. 멤버들에게는 모든 이들 앞에서 당당하게 휘날리는 QWER 깃발들이 정말 큰 힘이 되는 듯합니다. 이제 전 세계 바위게들이 QWER과 각국 언어로 아로새겨진 깃발을 월드 투어 때 올리기를 기대합니다.

QWER과 바위게 모두 숨이 끊어지기 직전까지 불태운 〈고민중독〉의 무대가 끝나고, 4인의 락커들은 인사한 뒤 스테이지를 내려갔습니다. 바위게들은 앵콜을 외치고 싶었지만, 주어진 시간이 다 된 까닭에 더 이상의 공연은 무리라는 점을 잘 알고 있었습니다. 이제 본격적으로 타오르기 시작할 즈음에 끝나버린지라 매우 아쉬웠습니다. 하지만 8월 5일 [울산 Summer Festival]과 8월 7일 [엠카운트다운 in 보령], 그리고 8월 16일 [세븐록프라임 2025] 공연 등이 기다리고 있었기에, 바위게들은 아쉬움을 잊고 바위게 쉼터에서 준비 중인 '화채'로 관심을 돌렸습니다. 다만 여러 사정상 화채가 준비되는 데에는 다소 시간이 걸렸고, 저는 'Cass 존'으로 이동해 못다 한 인터뷰를 저녁 7시까지 이어갔습니다. 그로 인해 화채를 구경조차 못 했고 여러 뮤지션들의 무대 또한 즐기지 못했지만, 이 귀한 바위게들의 목소리를 듣는 자리를 마련하기가 쉽지 않았는지라 시간 가는 줄 모르고 대화를 즐겼습니다.

인터뷰를 끝내고 장기하 및 크라잉넛의 파격적인 공연을 즐긴 뒤, 이제 첫날 메인 스테이지의 헤드라이너인 '아시안 쿵푸 제너레이션(아지캉)'의 무대만이 남았습니다. QWER과 관련해, 아지캉은 매우 중요한 의미를 지닙니다. 본디 QWER은 일본 애니메이션 <봇치 더 록!>의 주인공인 '결속밴드'를 모티브로 기획되었습니다. 그런데 이 '결속밴드'의 모티브가 바로 아지캉입니다! 결속밴드 구성원의 이름을 아지캉 멤버들에게서 따왔을 정도니까요. 현재 일본에서 활동하고 있는 밴드 가운데 아지캉의 영향을 받지 않는 케이스가 거의 없다고 할 정도로, 이 밴드의 존재감은 대단합니다.

수많은 히트곡이 연주되는 가운데 저를 가장 감동시킨 곡은 바로 〈Re:Re:〉였습니다. 어째서인가? 〈봇치 더 록!〉 극장총집편 후편 엔딩곡이 바로 아지캉의 〈Re:Re:〉이었기 때문이죠.[71] 〈봇치 더 록!〉 스타일로 편곡되어 결속밴드가 불렀는데, 아지캉에 대한 존경심을 담뿍 담았습니다. 결과적으로, QWER의 모티브가 된 결속밴드의 모티브가 된 아지캉의 노래 〈Re:Re:〉를 저는 라이브로 듣는 극락을 맛보았습니다.[72] 그리고 이날 QWER과 아지캉은 같은 페스티벌에서 공연했죠. 오는 12월 6일에는 결속밴드가 내한 공연으로 한국 팬들을 만납니다.[73]

제게는 이 모든 사건들이 하나의 강력한 서사를 이룹니다. QWER과 결속밴드, 아지캉 모두를 잘 알고 있는 바위게와 둘이서 이 순간을 누린 것조차 서사의 일부입니다. 절대 지어낸 것이 아니요, 마음이 가는 대로 따르다 보니 자연스레 완성된 내러티브죠. 그 때문에 [2025 펜타포트] 3일 동안 어떤 유명한 밴드가 내한해서 연주했든, 제게는 이 첫날이 제일 소중합니다. 그리고 가장 기억에 남겠죠. 제게 이런 추억을 만들어 준 아지캉, 결속밴드, 그리고 QWER, 모두 고맙습니다.

[펜타포트] 첫날 공연이 모두 마무리된 뒤, 저는 여러 바위게들과 함께 뒤풀이 자리를 가졌습니다. 술자리 도중에 QWER의 매니저인 검검과 PD인 빙빙이 노래방에서 술을 마시며 노래하는 라이브 방송을 시작했습니다. 시커먼 바위게들은 QWER도 아니고 여자 가수도 아닌, 덩치 큰

71  72  73

두 남자가 돼지 멱따는 영상을 함께 보며 낄낄거렸습니다. QWER에 대한 애정 어린 대화는 끝을 모르고 이어져, 결국 저는 새벽 4시가 넘어서야 숙소에서 잠을 청할 수 있었습니다. [펜타포트] 2일권을 구매했기에, 인천에서 하루를 묵었습니다.

다음 날 아침, 저는 어젯밤 함께 술을 마셨던 두 바위게와 [펜타포트] 2일 차 공연 관람을 시작했습니다. 이제 경험치가 쌓여, 첫날과는 달리 쿨존cool zone을 적당히 오가며 체력을 안배할 수 있었습니다. 거문고를 뜯는 독특한 개성의 '카디KARDI', 크라잉넛 이상의 속도전을 보이며 공연장을 뒤집어 놓는 '갤럭시 익스프레스'의 공연은 저의 혼을 쏙 빼놓았습니다. 살수차에서 무자비하게 뿌려대는 물세례로 인해, 저는 속옷까지 흠뻑 젖었습니다. 많은 바위게들은 '펜타포트'를 '팬티포트'라고 부릅니다. 저는 팬티까지 축축하게 젖고 나서야, 펜타포트가 팬티포트인 이유를 이해했습니다.

아름다운 음색의 보컬이 돋보이는 일본 밴드 '오모이노타케'의 음악을 감상한 우리는 망고 빙수를 먹은 뒤 쿨존으로 돌아와, 다시 QWER에 대한 깊은 대화를 나누었습니다. 어디에서 무슨 음악을 듣던지, 바위게들의 대화는 항상 QWER로 귀결됩니다.

(XL 사이즈 바위게를 닮지 않은) 날씬한 미남 김준원이 보컬로 있는 일렉트로니카 밴드 '글렌 체크', 세상에 존재하지 않는 소리를 찾아 나선 '카네코

아야노', 대중성보다는 실험적 음악의 길을 택한 '혁오&선셋 롤러코스터'의 무대를 즐긴 뒤, 3명의 바위게는 돗자리로 돌아와 팟타이와 치킨, 그리고 맥주를 깔아놓고 늦은 저녁식사를 했습니다. 세컨드 스테이지 헤드라이너는 한국의 스래쉬 메탈 밴드인 '메써드'인데, 속이 뻥 뚫리는 목소리와 연주로 우리의 고막을 시원하게 두들겨 주었습니다.

그런데 그런 와중에, QWER의 메인 보컬인 시요밍이 '위버스 라이브 방송'을 시작했습니다. 그래서 3명의 바위게들은 메써드의 그로울링을 BGM으로 깐 채, 시요밍의 두서없는 잡담을 즐기기 시작했습니다.

뭐랄까요, 저는 이게 바로 '바위게만이 누릴 수 있는 낭만이자 갭모에 취향'이라고 보았습니다. 가늘고 아름다운 목소리를 지닌 아이돌 출신 시요밍이 헌트릭스의 〈골든〉을 연습하는 영상을 헤비메탈 밴드의 굵는 목소리를 들으며 감상하다니! 그것도 돗자리에 드러누워 맥주를 퍼마시면서 말이죠. 바위게가 아니라면, 누가 이런 황당한 짓을 벌이겠습니까. 이게 바로 '바위게 락'이죠. [펜타포트 락 페스티벌]을 처음부터 끝까지 바위게들과 함께할 수 있었던 것은 제게 정말 큰 기쁨이고 소중한 추억이었습니다. QWER이 공연하지 않는 순간에도, 바위게들은 QWER이라는 키워드로 묶여 있다는 사실을 실감했습니다.

이 밤이 끝나지 않기를 바랐지만, 아쉽게도 저는 이제 떠날 시간입니다. 메인 스테이지 헤드라이너인 '펄프PULP'의 공연이 남아 있었지만, 이미 제 머리는 이틀 동안 들은 음악들로 가득했습니다. 아무리 좋은 음악을 듣더라도, 더 이상 소화할 수 없을 정도로 과포화 상태였습니다. 1978년에 결성된 펄프의 첫 내한 공연이었지만, 저는 바위게들과 인사를 나눈 뒤 지하철역으로 향했습니다. 이렇게 이틀 동안 진행된 저만의 [2025 펜타포트 락 페스티벌] 일정이 모두 끝났습니다.

[펜타포트] 이후에도 QWER은 8월 내내 울산과 보령, 서울과 대구 등 전국을 돌며 공연을 이어갔습니다. 바위게들 또한 그녀들과 함께 이동하며 다양한 후일담을 만들었습니다. 저는 8월 16일 [세븐록프라임] 페스티벌을 즐긴 뒤, 이튿날인 17일에는 [전지적 바위게 시점] 채널 운영자와 이 책에 실릴 인터뷰를 가졌습니다. QWER 덕질을 쉴 틈이 없었죠. QWER의 공연을 보는 일, 바위게와 교류하는 일, 이 모든 추억을 기록하는 일 등 QWER 팬 활동 전부가 즐겁습니다.

한국의 대표적인 판타지 소설인 《퇴마록》은 소장판(개정판) 기준으로 '국내편' 2권 이후에 '세계편' 3권이 이어집니다. QWER은 2025년 10월 3일부터 월드투어를 시작하며, 저의 QWER 국내편 또한 2권으로 마무리되었네요. 향후 '세계편'으로 이어질 일만 남았습니다. QWER의 활동 범위가 늘어남에 따라, 저의 세계관 또한 확장되고 있습니다. 또 어떤 모험이 저를 비롯한 바위게들의 앞에 펼쳐질지, 벌써 가슴이 두근거립니다. QWER과 바위게, 그리고 타마고 프로덕션의 삼위일체가 만들어가는 QWER 유니버스 서사는 앞으로도 계속될 것입니다. 그러면 제 이야기는 여기까지 하고, II부에서는 다른 바위게들의 목소리를 들어보겠습니다.

대한한국의 명품 락 보컬 '윤하'는 QWER을 만난 자리에서, 오타쿠(덕후)를 '깊은 감동이 잦은 사람'으로 정의했습니다.[74] 저는 윤하의 말을 듣고서 감탄했죠. 제 기질을 한 문장으로 정리해 주었거든요.

저는 어릴 적부터 열정이 강했습니다. 〈Summer Snow〉 등 감동적인 드라마를 보면 심장이 터질 듯이 뛰고 가슴이 벅차오르며, 눈시울이 금세 뜨거워졌습니다. 드라마의 출연진과 제작진, 그리고 촬영 비하인드 스토리를 달달 외곤 했습니다. 주인공인 도모토 츠요시나 히로스에 료코의 다른 드라마 및 음악 활동, 출연 예능까지 모조리 섭렵하지 않고서는 성에 차지 않았습니다. 깊은 감동은 딥한 덕질로 이어졌으며, 삶의 다른 영역에서도 반복되었습니다. 감동과 열정은 마침내 습관이 되었습니다.

그러나 나이가 들고 직장에 다니면서 저는 깨달았습니

74

다. 열정은 마음껏 발산하기보다는 가급적 숨기고 사는 쪽이 편하다는 사실을 말이죠. 하지만 직장에서 철저히 비즈니스적 관계로 살지라도, '깊은 감동이 잦은 사람들'은 자신의 고유한 열정을 어디에선가는 풀어야만 합니다. 그래야만 진정 '살아 있음'을 느끼기 때문입니다. 침대에 누워 수많은 유튜브 쇼츠를 넘겨보며 얕은 쾌락을 찾는 것만으로는 공허합니다. 얕은 쾌락이 아닌 깊은 감동만이 '깊은 감동이 잦은 사람'을 진정으로 충족시킬 수 있으니까요.

사실 모든 사람의 가슴 속에는 강렬한 열정이 들끓고 있습니다. 그리고 그런 열정을 아무런 걱정 없이 마음껏 발산할 수 있는 상대나 상황을 만났을 때, 비로소 깜짝 놀라게 됩니다. '나에게 이런 면이 있었다니! 내가 이렇게 깊은 감동이 잦은 사람이었다니!'

사람은 모두 다르며, 열정을 발휘할 대상 또한 다릅니다. 그렇기에 결국 진정으로 열망하는 대상을 찾아야 할 주체는 바로 '나'입니다. 저의 경우, QWER에게 깊은 감동을 자주 느끼는 바위게들과 함께 열정을 아무런 거리낌 없이 폭발시키는 중입니다. 나이 마흔을 훌쩍 넘긴 나이에 처음 보는 바위게들과 만나서, 새벽 첫 지하철을 탈 때까지 밤새워 이야기를 나눈 케이스가 한두 번이 아닙니다. 술자리가 이어졌지만, 술에 취한 경우는 없었습니다. 그 자리에 모인 바위게들은 QWER에 대한 자신의 애정과 열정을 표현하는 데에도 시간이 모자랐기 때문입니다. 그리고 그들은 설레고 벅찬 삶을 사는 계기를 마련해준 QWER에게 진심으로 고마워합니다. 〈Yours

Sincerely〉의 가사를 빌리자면, '힘들고 지친대도 QWER이 있어 참 좋습니다.'

그들이 바위게가 아닌 다른 모습으로 살 때 어떤 사람인지는 알 수 없습니다. 하지만 그것은 전혀 중요하지 않습니다. QWER의 팬으로 활동할 때만큼은 모두 '진정한 나(true self)'로 살며, 그렇게 '참된 나'로 살아갈 때의 그들은 정말로 멋진 영웅이기 때문입니다. 머라이어 캐리의 〈Hero〉 가사처럼 우리 안에는 영웅이 살고 있습니다. 그리고 '나 자신의 영웅은 바로 나'입니다. 가수 임영웅의 첫 번째 단독쇼 슬로건처럼 "평범한 일상을 살아가는 우리 모두가 영웅입니다."[75]

II부에서는 QWER 덕질을 할 때면 슈퍼히어로가 되어 진정 살아있음을 느끼는 바위게들의 인터뷰를 수록했습니다. 인터뷰 진행자인 저 또한 바위게이기에, 해주시는 말씀에 십분 공감하며 즐길 수 있었습니다. 마이클 조던이나 리오넬 메시처럼 손에 닿지 않는 이들의 삶보다는 우리 곁에서 자기다움을 찾아 사는 이들의 스토리가 더욱 와 닿을 때가 많습니다. 평범한 영웅들의 열정 넘치는 사연을 통해, 내 안의 숨은 열정을 찾아 떠나는 계기가 되었으면 좋겠습니다.

※ 인터뷰에 응해 주신 바위게들은 온라인 친목 활동을 꺼리며, '네임드'가 되는 것 또한 원하지 않습니다. 독자께서는 이 점을 감안하면서, 가벼운 마음으로 재미 삼아 인터뷰를 즐겨주시기 바랍니다.

75

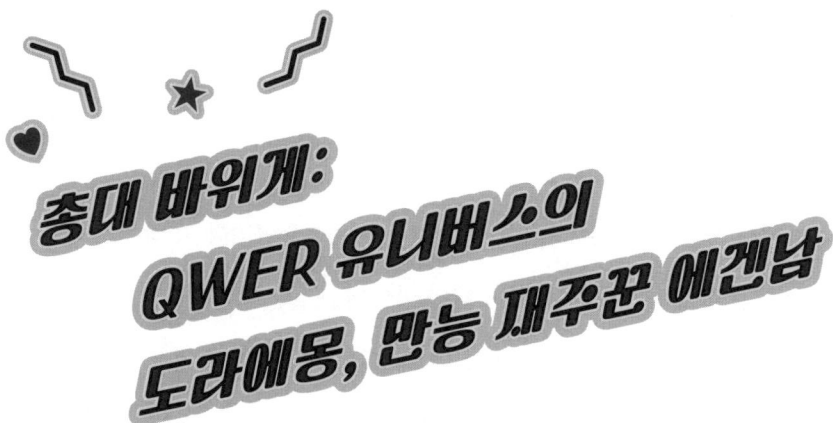

총대 바위게: QWER 유니버스의 도라에몽, 만능 재주꾼 에겐남

큰 키에 부드러운 곱슬머리. 안경 뒤로 반짝이는 두 눈과 함박웃음을 짓는 입매. QWER 팬 커뮤니티 가운데 최대 규모를 자랑하는 Q사이트 총대(총대표)는 일 잘하기로 소문난 만능 재주꾼입니다. QWER에 대한 사랑은 넘치지만 아이돌 덕질이 처음이라 어찌할 바 모르는 수컷 바위게들을 도와, 그는 불가능을 가능하게 만들었습니다.

QWER 첫 번째 해외 팬 콘서트 장소가 도쿄로 잡혔을 때, 그는 진지하게 전세 비행기 편을 알아보았습니다(인원이 차기만 했더라도, 출발할 수 있었죠). QWER이 해남과 보령에서 공연을 가졌을 때, 그는 전세 버스를 동원해

왕복 당일치기로 바위게들이 공연을 즐길 수 있게 도왔습니다. 드러머 쵸단이 무릎 부상으로 [뷰티풀 민트 라이프 2025]에 참가하지 못하게 되었을 때, 그는 형광 드럼스틱을 주문해 공연 현장에서 배분했습니다. 이밖에도 바위게들이 '될까 싶지만 혹시나 싶어 던진 아이디어'들은 총대와 그를 돕는 운영진 바위게들의 손에서 모두 현실이 되었습니다. 이에 수많은 바위게들의 신망을 얻고 있는 총대 바위게를 모시고 여러 이야기들을 나누어 보았습니다.

Q 반갑습니다! 총대님. 키스해달라는 말씀은 안 드리겠습니다. 간단히 자기소개 부탁드립니다. 개인 신상을 밝히실 필요는 없고, 바위게로서 어떤 활동을 하고 계신지만 말씀해주세요.

A 저는 QWER 팬 커뮤니티에서 '행동대장'을 맡고 있습니다. 여타 팬클럽에서 총대는 시즌제이기 때문에 언제 바뀔지 모르며, 따라서 '총대'라는 명칭조차 부적절할 수 있습니다. 저는 실질적으로 바위게들을 도와 앞장서 움직이는 '행동대장' 정도가 적절한 사람입니다.

Q 총대가 시즌제라 바뀔 수 있다는 말에 적지 않은 바위게들이 충격을 받겠는데요? '종신 총대'를 원하는 바위게들이 많은 것으로 알고 있습니다.

A 카톨릭 교회에서 교황을 선출하는 '콘클라베' 아시죠? 우리도 언젠가는 'Q클라베'를….

Q 결국 총대 임무는 죽어서야 끝난다는 말씀이군요. 그런데 QWER 유니버스에서는 '콘클라베'가 아니라 '코'클라베 아닌지….

A 젠타의 코는 크ㄹ…지 않고 예쁘죠.

Q QWER을 덕질하기 이전에 좋아했던 뮤지션이 있었다면 말씀해주세요.

A 원래 음악을 좋아하고 악기를 조금 다루기도 해서, 다양한 뮤지션들을 좋아했습니다. 하지만 팬 사인회를 다니는 데까지는 이르지 않았어요. 아, 저는 아이유를 정말로 좋아합니다. 작년에 아이유 북미 콘서트 3곳을 다녀왔습니다. 이 때문에 개인 사정상 이번 QWER 월드투어를 못 가게 된 게 정말 아쉽습니다. QWER 미국투어를 가시는 분께는 컨설팅을 해드릴 수 있습니다. 온라인 커뮤니티에 간단하게 이동 경로나 참고 사항을 적어놓았습니다.

Q 결코 내용이 간단하지 않던데, 대단하십니다. 그렇다면 대선배 아이유와 QWER 사이의 공통점이 있다면 말씀해주세요.

A 저는 언더독이 불굴의 노력으로 성장하고 점차 알려지는 서사를 좋아합니다. 지금은 국민가수 아이유이지만, 처음 데뷔했을 당시에는 그다지 많이 알려지지 않았습니다. 주목받지 않으면서도 열심히 하는 풋풋한 그녀의 모습이 정말 좋았습니다. QWER에게도 비슷한 느낌을 받습니다.

Q 예쁜 것도 공통점 가운데 하나겠지요?

A 부정할 수 없습니다. 아이유는 아이유죠! 물론 QWER 역시 QWER입니다!

Q QWER 결성 이전에 멤버 개개인에 대해 알고 계셨다면 말씀해주세요.

A 지혜(쵸단)의 경우, 유튜브 클립을 통해서 접했습니다. 지혜는 항상 밤 늦게 라이브 방송을 하기 때문에 실시간으로 보기가 어려웠고요. 가능하면 라이브도 챙겨보려 했지만, 짧은 유튜브 비디오 클립으로 그녀의 방송을 보곤 했습니다. 특히 저는 지혜의 음색을 무척이나 좋아하는데요. 한 팬분이 유튜브 채널에 트위치 방송에서 노래한 클립들을 모아 만든 영상을 올려두었더라고요. 제 플레이리스트의 많은 부분을 차지했습니다.

마젠타의 경우, 지혜나 우정잉, 빠니보틀이나 곽준빈 등 다양한 인플루언서의 방송에 자주 얼굴을 비추더군요. 활달하고 재미있는 분이라고 생각했습니다. 우정잉과 마젠타, 곽준빈 셋이서 여행을 떠나는 영상이 있는데, 배꼽을 잡으면서 보았던 기억이 있습니다.[76]

히나와 시연의 경우, 데뷔 전까지는 알지 못했습니다.

Q QWER에 최초로 관심을 갖게 된 계기가 있다면 말씀해주세요.

A 제 지인이 [피지컬 갤러리] 유튜브 채널 구독자인데, 김계란이 밴드를 만든다는 소식을 알려주었습니다. 때마침 김계란과 지혜가 발리에 놀러간 영상을 볼 수 있었습니다.[77] 하지만 〈디스코드〉 활동 때까지는 QWER에게 그다지 관심을 두지 않았습니다.

Q 총대 바위게가 〈디스코드〉 활동 당시 QWER 팬이 아니었다는 사실이 놀랍네요. 데뷔 전부

76　77

터 〈최애의 아이들〉 프로젝트를 통째로 외우고 시작했을 것이라 생각했습니다. 그렇다면 '내가 QWER을 제대로 파야겠다!'는 느낌이 확실하게 든 '덕통사고' 계기를 알려주세요.

🅐 그전까지 QWER에게 관심이 있었지만, 2024년 6월 29일에 있었던 [유튜브 팬페스트 코리아 2024]에서 그녀들의 공연을 직접 본 뒤 본격적인 QWER 덕후가 되었습니다. 그 외에 QWER 유튜브 채널에 올라왔던 여러 다큐멘터리를 통해 이시연의 서사에 깊게 빠져들었습니다.[78] '아니, 이런 서사를 어떻게 좋아하지 않을 수 있지?'라는 느낌이었습니다.

🅠 결국 빙튜브(QWER 콘텐츠를 만드는 PD)의 승리군요?

🅐 맞습니다. 조승민(빙튜브 본명), 당신이 이겼어!

아, 그리고 2024년 5월 초에 '더현대'에서 있었던 '마니또 팝업(팝업중독)'을 방문한 것도 QWER에 깊게 빠져들게 된 계기입니다. 제가 일하는 것 자체를 참 즐기는 사람인데, 그곳에서 판매되는 굿즈를 보고서 충격을 받았거든요(불만이 있다는 이야기는 하지 않았습니다).

🅠 많은 바위게들이 '결국 총대가 QWER 관련 회사를 차리는 게 아니냐!'라는 농담을 합니다. 심지어 투자할 의향이 있다는 바위게도 보이는데요. 일을 좋아하고 팝업 스토어에 충격을 받으셨다면, 혹시 기대해도 좋겠습니까?

🅐 QWER 월드투어를 따라다니거나 큐떱 성지순례를 안내하는 여행회사는 재미있겠다고 생각해본 적이 있습니다. 하지만 그냥 재미로 하는 말이지요.

[78]

Q 지금까지 QWER 행사 가운데, 가장 기억에 남는 행사 3개만 추천해 주세요.

A 첫째, 무엇보다 [2023 롤드컵 전야제].[79] 그 화면 속에서 지혜의 얼굴이 너무도 행복해 보였습니다. 자신이 평생 꿈꾸던 무대에 서서 최고의 순간을 만났을 때 짓는 그 표정이 좋았습니다. 완전히 반했습니다.

둘째, [2025 오사카 팬 콘서트]. 아무래도 시연이의 서사가 완성되는 역사적 순간이기 때문에, 기억에 남지 않을 수 없습니다. 여담으로, 오사카 팬 콘서트 다음날 아침 비행기를 타고 오후에 출근해야 하는 상황이었는데요. 아침에 늦잠을 자서, 공항 카운터 마감 2분 전에 간신히 티켓팅에 성공했습니다. 그때 머리가 뜨거워지던 기억을 잊을 수가 없네요.

Q 혹시 "씨요밍!!"이라고 항상 외쳐 주시는 '일당백' 일본 여성 팬을 오사카 콘서트 현장에서 보셨나요?

A 오사카 팬 콘서트 당시, 바로 제 뒤에 서 계셨습니다. 그래서 그녀의 짱짱한 목소리를 라이브로 들을 수 있었죠. 아, 뒤로 돌아서 얼굴을 확인하지는 않았습니다.

그리고 셋째, 2025년 5월 21일에 있었던 [청주대학교 축제].[80] 장소가 굉장히 넓었는데요. 그곳에는 바위게뿐만 아니라 지역주민들이 많이 방문하셨습니다. 가족 단위로 축제 현장을 찾아 즐기는 모습이 참으로 보기 좋아서 기억에 많이 남습니다.

Q QWER 각 멤버들에게 감동받았던 사연을 하나씩 말씀해주세요.

79  80

A 우선 지혜의 경우, 2024년 10월 말에 쓰러졌다 회복하고 나서도 곧장 연습에 매진하고 팬들까지 챙기는 모습이 정말로 감명 깊었습니다. 젠타의 경우, 정말로 '노력의 악마'죠. 지혜는 음악적인 기본 베이스가 있었잖아요. 하지만 젠타는 정말로 제로베이스에서 출발했죠. 게다가 그녀는 '박치'로도 유명하지 않습니까. 그런 그녀가 피나는 노력을 하고, 심지어 [아희의 오답노트]라는 유튜브 채널까지 따로 파서 자신의 연습 광경을 공개하잖아요. 정말 대단하다고 생각합니다. 또한 젠타는 사람들의 편견으로 인해 누구보다 고통받은 멤버라고 생각합니다. 그런데 그런 모든 것들을 이겨내는 모습이 참으로 감동적이었습니다.

나영이(히나)의 경우, 막내임에도 불구하고 멤버들이 펑펑 울 때 중간에서 균형을 잡아주는 모습이 매우 인상적이었습니다. 제가 〈알블〉 쇼케이스에 갔었거든요. 나영이를 제외한 모든 멤버들이 울고 있었어요.[81] 그 상황에서 나영이까지 울면 그냥 엉망진창이 되는 거죠. 이 팀에 T나(T 감성 히나)가 있어서 참 다행입니다.

시연이에게 감동받았던 장면도 〈알블〉 쇼케이스입니다. 저는 그 당시 현장에 있었는데요. "나는 보컬인데, 뿌에엥!" 하고 우는 시연이의 모습을 실제로 보았죠. 울음소리가 정말로 커서 깜짝 놀랐습니다. 당시 조용한 분위기 속에서 뜬금없이 "뿌에엥!"했거든요. 힘들어도 버텨왔던 시연이지만, 얼마나 서러울 정도로 힘들었을지가 느껴졌습니다. 시연이의 서사에 에피소드가 더해지는 순간이었죠.

[81]

Q QWER이라는 팀에게 감동받았던 사연을 하나 말씀해주세요.

A 저는 QWER 팀에 3Y코프레이션과 프리즘필터를 포함해서 이야기하고 싶습니다. 솔직히 3Y코프레이션의 규모나 엔터테인먼트 산업의 현실을 볼 때, 빙튜브가 QWER을 전담해서 지금까지 온 것 자체가 기적이라고 생각합니다. 또한 검검이나 쇠쇠, 율율 등의 매니저가 없었다면 여기까지 오는 것이 불가능했다고 봅니다. 그 외에 절묘하게 선을 넘지 않고 잘 지켜주는 바위게들이 '팀 QWER' 성공의 일등공신이라고 생각합니다.

Q 혹시 바위게들과의 추억이 있습니까? 기억나는 추억이 있으면 공유 부탁드립니다.

A 올해 마젠타 한옥 생일카페를 준비했을 때가 가장 기억에 많이 남네요. 홍대에서 흔히 볼 수 있는 서구식 카페가 아니라 한옥 카페인지라, 제약 사항이 매우 많았습니다. 바위게들끼리 모여 새벽까지 문제들을 하나씩 해결하며 카페를 꾸민 것이 정말로 기억에 많이 남습니다. 그 외에 갓을 쓰거나 한복을 입고 한옥 카페를 찾아주신 바위게들이 있으세요. 어떤 대가도 없이 모여 무언가를 만들어가는 것, 이런 기억들이 소중한 추억이 되더라고요. 준비하는 사람들뿐 아니라 그 장소를 찾아와 함께한 바위게들 모두가 공유하는 추억이죠.

Q 시간이 벌써 2시간 가까이 지났네요! 오늘의 마지막 질문입니다. QWER이라는 팀으로 인해 내 인생의 변화가 있었다면, 말씀해주세요.

🅐 QWER로 인해 조금 더 부지런해졌습니다. 저는 직장인이며, 따로 덕질할 시간을 마련하기 위해서는 좀 더 열심히 살지 않으면 안 되더라고요. 생활 패턴 또한 좀 더 건강하게 바뀌었습니다. 건강이 부족하면 덕질을 못하죠. 전반적으로 QWER 덕질을 하면서부터 좀 더 나은 삶을 살게 된 것 같습니다.

🅠 예전에도 그렇게 부지런하셨는데, 얼마나 더 부지런해지시려는 겁니까? 혹시 제천대성 손오공처럼 분신술이라도 쓰시는 건가요?

🅐 제 모토는 "잠은 죽어서 자자!"입니다.

🅠 임팩트 있는 마무리까지 감사합니다!

QWER 팬덤인 바위게 다수가 'XL 사이즈의 수컷'이라는 소문은 허황되지 않습니다. 팬 콘서트 현장에 나가보면 바로 확인이 되니까요. 하지만 그렇다고 해서, 모든 바위게들이 XL 사이즈라고 일반화할 필요는 없습니다. 특히 날카로운 눈매와 턱선을 지닌 미남 총무의 경우, 그런 평가를 받기에는 억울합니다. 제게 있어, 총대가 〈진격의 거인〉 앨빈 단장이라면 총무는 리바이 병장과도 같습니다. 이번에는 두 눈을 달고서도 공지사항을 제대로 읽지 않는 바위게들 때문에 항상 고통받는 총무 바위게를 모시고 이야기를 나누어 보았습니다.

Q 반갑습니다! 총무님. 간단히 자기소개 부탁드립니다.

A 저는 QWER 팬 커뮤니티에서 총무를 맡고 있습니다. 딱히 원해서라기보다는 아무도 지원을 하지 않길래, 총대와 비슷한 시기인 2024년 6월 즈음에 자원해서 지금까지 일하고 있습니다.

Q QWER을 덕질하기 이전에 좋아했던 뮤지션이 있었다면 말씀해주세요.

A 어릴 때는 버즈나 뮤즈 등 밴드 뮤지션을 좋아했습니다. 그러다가 학창시절에는 케이팝 아이돌의 팬이 되었죠. 그러니까 밴드와 아이돌 음악을 전부 좋아했습니다. 그런데 QWER은 아이돌과 밴드를 합친 아티스트더라고요. 그러니 좋아하지 않을 수가 없습니다.
제이팝 마니아인 친구의 권유로 알게 된 일본 음악 또한 매우 좋아합니다. 최근에는 오피셜히게단디즘, 미세스 그린 애플, 요네즈 켄시 등의 음악을 즐겨 듣고 있습니다.

Q QWER 결성 이전에 멤버 개개인에 대해 알고 계셨다면 말씀해주세요.

A 제가 고등학교 때 롤(리그 오브 레전드)에 푹 빠져 있었는데요. 그때 쵸단의 방송을 자주 접하게 되었습니다. 참으로 다양한 재주를 지닌 데다 예쁘고 노래까지 잘해서, 팬이었습니다. 그때 당시에도 쵸단은 방송에서 자주 드럼을 치곤 했습니다. 나영이(히나)의 경우, 어느 땐가부터 유

튜브 알고리즘에 '냥뇽녕냥'의 영상이 뜨면서 자연스레 알게 되었죠. 마젠타의 경우, 쵸단의 알고리즘 때문에 함께 알게 되었습니다. 예전부터 정말 재미있는 사람이었습니다. 시연이의 경우에는 데뷔 전까지는 알지 못했습니다.

Q QWER에 최초로 관심을 갖게 된 계기가 있다면 말씀해주세요.

A 저는 과거 해군에 복무했는데요. 2023년 여름과 가을에 오만으로 파병을 갔습니다. 당시에 시간적 여유가 꽤 있었는데요. 그때 우연히 김계란과 쵸단의 발리 라이브를 보게 되었습니다. 저는 바로 그 순간에 '덕통사고'를 당했습니다.

아, 저는 쵸단이 승우아빠 등과 함께 밴드를 결성하려 했던 내용에 대해서도 알고 있었습니다. 제가 밴드에서 드럼을 좀 쳤는데요. 그 때문에 쵸단이 어디에서 무엇을 하든 항상 응원하고 싶었습니다. 그리고 지금도 그 마음에는 변함이 없습니다.

Q 지금까지 QWER 행사 가운데, 가장 기억에 남는 행사 3개만 추천해 주세요.

A 첫째, 2025년 1월에 있었던 두 번의 서울 팬 콘서트. 저뿐만 아니라 모든 바위게들이 그 순간만을 기다렸잖습니까. 그동안 여러 힘든 일들을 함께 겪어왔고, 이제는 축배를 들 타임이었죠. 공연 내내 전반적으로 축제 분위기였고, 굿즈를 만들어 서로 나눠주기도 하고. 정말로 훈훈한 장면들의 연속이었습니다.

둘째, 4월에 있었던 오사카 팬 콘서트. 다들 생각이 비슷하시겠지만, 이시연의 오사카 서사가 완성되는 순간이었잖아요. 그리고 그곳에서 시연이가 오사카 아이돌로 활동했을 때부터 응원해주시던 일본 팬들의 얼굴을 보았습니다. 그들의 해맑고 만족스러운 표정을 지금도 잊을 수가 없어요. '아, 저분들이 그토록 시연이를 좋아해 주시는구나. 시연이가 이렇게 많은 사랑을 받는구나'라는 느낌이 들었죠. 한국 팬뿐만 아니라 일본 팬들 또한 기다려온 순간이었습니다.

또한 저는 4월 6일 도쿄 팬 콘서트와 10일 오사카 팬 콘서트 사이에 일본에서 계속 머물렀는데요. 일요일 도쿄 팬 콘서트 다음날인 월요일에는 도쿄 타워를 구경한 뒤 신칸센을 타고 교토로 넘어갔고요. 벚꽃 시즌이라 교토의 벚꽃을 구경하다가 수요일에 오사카로 넘어가 밍지순례(이시연이 오사카 아이돌로 활동할 당시 방문했던 여러 곳을 돌아보는 놀이)를 마쳤어요. 오사카 팬 콘서트를 보고 난 이튿날에 귀국했죠. 그런 경험이 처음이라서, 기억에 많이 남네요.

셋째, '어디로든 버스킹' 가운데 해남 버스킹. 제천 버스킹은 무대가 다소 좁았고요. 노들섬 버스킹은 사람이 정말 많아서, 날 것의 버스킹 느낌이 덜했어요. 해남 버스킹은 규모나 날씨, 모든 조건들이 가장 버스킹다웠다고 생각해요. 무엇보다 낭만이 넘쳤죠.

Q QWER 각 멤버들에게 감동받았던 사연을 하나씩 말씀해주세요.

A 지혜의 경우부터 말씀드릴게요. 저도 밴드 활동을 하면서 드럼을 조금

쳤는데요. 드럼이 밴드의 핵심이라고 생각합니다. 왜냐하면 드럼이 무너지면 다른 악기 파트 모두가 무너지기 때문이죠. 그 때문에 지혜의 심적 부담이 매우 컸을 것이라고 생각합니다. 지금도 그 부담은 여전할 테고요. 그런데 데뷔 이전부터 각 멤버들의 악기 실력에 맞춰 섬세하게 드럼 레벨을 조절해나가는 모습이 정말 감동적이었습니다. 참으로 쉽지 않거든요. 드럼 전공자가 악기 초보자들을 데리고 밴드를 시작했는데, 조그마한 소극장에서 출발한 것도 아니고 곧바로 메이저 음악계의 시험대에 섰잖아요. 그녀가 받았을 스트레스를 생각하면⋯. 저는 쵸단이 정말 단단한 사람이라고 생각하고요. 앞으로도 영원히 응원합니다.

마젠타의 경우, 저는 젠타를 '내 인생의 롤모델'로 삼고 있어요. 그녀는 노력하는 측면에서나 인성적인 측면에서나 정말 제가 닮고 싶은 인물이에요. 아시다시피 젠타는 '박치'잖아요. 그런데 영상을 보면, 그녀는 일반적인 수준의 박치보다 더 '박치'라는 점이 보여요. 그런 그녀가 지금 레벨까지 올라오는데 얼마나 피나는 노력을 했겠어요. 저도 요즘 새로운 삶에 도전하기 위해 이런저런 것들을 준비 중인데, 약해질 때마다 젠타를 생각해요. 정말 젠타가 있어줘서 고마워요.

나영이의 경우, 틱톡커의 삶에서 벗어나 세상 밖으로 나오게 된 용기가 정말 대단하다고 생각합니다. 저는 현재 군인이 아닌데요. 군대에 있으면서 똑같은 삶을 반복할지, 아니면 제대해서 새로운 삶을 살지 매우 고민스러웠던 시기가 있었습니다. 지금은 제대해서 다른 삶을 살고자 노력 중인데요. 이런 도전을 결정하는게 정말로 쉽지 않기 때문에, 그녀가 더욱 대단해 보입니다. 사실 저는 나영이가 QWER 멤버 가운데 가장 멘탈이 강한 것 같아요. 그녀가 안티들에게 답했던 글 등을 읽어보면, 나영이야말로 '락 스피릿'이 충만한 사람이라는 걸 알 수 있어요. 정말 멋진 사람이라고 생각합니다.

시연이의 경우, 그녀의 모든 순간이 제게는 감동입니다. 초심이 흔들리는 모습을 보이지 않고요. 정말 무대 위 모든 순간에 최선을 다하는 모습이 매번 느껴집니다. 그녀가 무대를 정말로 좋아한다는 것이 눈에 보여요. 그리고 그런 모습에 저도 많이 힘을 받습니다.

Q QWER이라는 팀에게 감동받았던 사연을 하나 말씀해주세요.

A QWER이라는 팀보다도 저는 공동기획사인 3Y코프레이션에 대해 이야기하고 싶어요. 사실 팬덤과 소속사는 사이가 좋을 수 없거든요. 원수가 아니면 다행이죠. 하지만 QWER의 팬덤 바위게는 3Y코프레이션에게 정말로 우호적이죠. 왜냐하면 콘텐츠 제작 PD인 빙빙이나 매니저인 검검 등 모든 구성원이 QWER과 같은 곳을 바라보고 있다는 점이 느껴지거든요. 빙빙이나 검검, 율율이나 쇠쇠는 모두 QWER의 팬이자 진정한 동료라는 점을 바위게들이 인정해요. 그러니까 QWER도 3Y코프레이션도 더욱 잘 될 수밖에 없는 것 같아요.

특히 검검은 그야말로 남자들이 좋아할 수밖에 없는, 쑥스러움이 많은 상남자잖아요. 듣자 하니, 검검은 옷을 제대로 사 입는 경우가 없더군요. 방송을 봐도 항상 똑같은 체육복인데… 동생인 검검에게 정말 옷 하나 사주고 싶습니다. 그런데 세상 어떤 아이돌 팬덤이 매니저에게 옷을 사주고 싶어 하고, 그와 함께 술 마시고 노래방 가고 싶어 하겠어요? 팬덤 바위게밖에 없습니다. 그런데 그런 게 바로 QWER 팀 제5의 멤버로서 3Y코프레이션이 지닌 매력이죠.

Q 혹시 바위게들과의 추억이 있습니까? 기억나는 추억이 있으면 공유 부탁드립니다.

A 아무래도 해남 버스킹 때가 생각납니다. 함께 버스를 타고 내려갔고, 팬들끼리 힘을 합쳐 열심히 응원했죠. 중간에 식당 예약을 할 때에도 바위게들이 알아서 여러 식당을 추천해줘서, 저는 그냥 예약 버튼만 '딸깍!' 하면 되었거든요. 바위게들은 정말 깔끔하게 노는 것 같아요. 군대를 다녀와서 그런지, 절대 선을 넘지 않고 아슬아슬하게 잘 즐기죠.

그런데 그것 이외에, 바위게들이 정말로 공지사항을 잘 안 봅니다. 이벤트가 있어서 돈을 입금할 때, 공지사항에 적힌 대로 표기해서 보내지 않는 경우가 잦고요. 이벤트가 끝난 뒤 결산 내역을 업로드해도 아무도 클릭해서 보지 않아요. 조회 수가 보통 3회인데, 총대가 한 번, 총무인 제가 한 번, 나머지는 운영진이 누른 것이더라고요. 다른 팬덤에서는 있을 수 없는 일이거든요. 여타 팬덤의 경우, 운영진이 자의적으로 돈을 쓰거나 심지어 돈을 횡령한 사례도 있어요. 이 때문에 모든 팬덤에서는 운영진의 모금 사용 내역을 눈에 불을 켜고 뜯어봅니다. 그런데 바위게 팬덤은 '뭐, 총대나 총무가 알아서 잘하겠지. 확인하기 귀찮아. 나는 돈만 넣으면 되지? 돈 남으면, 아끼지 말고 좀 맛있는 거 사드시고 그러셔. 고생 많이 하시잖아' 이런 분위기입니다. 이건 정말 다른 팬덤에서는 상상도 할 수 없는 일이거든요. 여하튼 바위게는 참으로 특이한 팬덤입니다. 그래도 제발 공지사항 좀 읽고 돈 제대로 입급하세요! 결산 내역도 꼭 확인해주시기 바랍니다.

Q 혹시 QWER 노래 가운데 좋아하는 구절이 있나요?

A 좋아하는 구절이라기보다, 저는 나영이의 음색에 대해서 말하고 싶어요. 정말 그녀의 스쿨존 목소리가 가진 임팩트는 엄청나더라고요. 그녀가 처음부터 끝까지 노래 부르는 경우를 접해보지 않아서 모르겠지만, QWER 노래 사이사이에 끼어드는 그녀의 목소리는 정말 매력적이고 도저히 잊을 수가 없습니다.

Q 저 또한 〈코인 없는 코인 노래방〉에서 시연이와 나영이가 〈검색어는 QWER〉을 부를 때, 나영이의 "Tap, tap, tap, tap!" 부분을 몇 번씩이나 돌려 보았습니다. 나중에 나이가 들고 위상이 높아져 더 이상 스쿨존 창법을 내기가 부담스러워지기 전까지는 계속 그 목소리를 들려주었으면 좋겠어요.

A 동감합니다. 소다단은 언제나 승리합니다!

Q 자, 그러면 오늘의 마지막 질문입니다. QWER이라는 팀으로 인해 내 인생의 변화가 있었다면, 말씀해주세요.

A QWER 덕분에 좀 덜 놀게 되었습니다. 제가 학창 시절부터 노는데 환

장했거든요. 그런데 QWER 덕질을 제대로 하려면, 정신을 차리고 현생에 집중하지 않으면 안 되더군요. 물론 아직도 많은 점들이 부족합니다. 하지만 좀 더 시간을 아껴 쓰는 법에 대해 고민을 많이 하게 되더라고요. 덕질하기 위해 돈을 번다는 느낌이랄까? 여하튼 QWER로 인해 저는 확실히 더 부지런하게 사는 사람이 되었습니다. 그 점 때문에 그녀들에게 고마움을 느낍니다. 감사합니다!

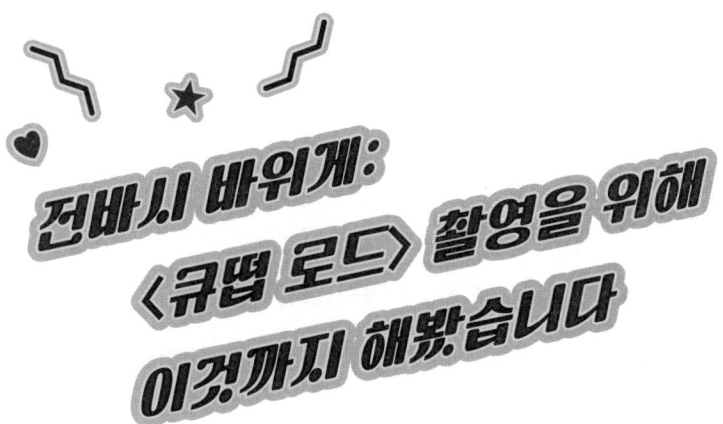

전바시 바위게: <큐떕 로드> 촬영을 위해 이것까지 해봤습니다

QWER 팬이라면, [전지적 바위게 시점(전바시)]이라는 유튜브 채널을 알고 있습니다. QWER 데뷔 초기 때부터 꾸준히 양질의 영상을 업로드한 [전바시]는 QWER 성덕들을 대상으로 한 영상 인터뷰 시리즈를 진행 중이며, <에바 로드>를 오마주한 <큐떕 로드>를 제작하기도 했습니다. 2025년 8월 17일, 저는 MC가 되어 전바시 님과 쵸코냥밍 님 등 팬튜브 운영자들을 인터뷰했는데요. 그 대담 내용을 아래와 같이 정리했습니다.

Q 먼저 간단한 자기소개 부탁드립니다.

A 저는 [전지적 바위게 시점] 채널 운영자입니다. 제가 2023년 8월경에 팬채널을 시작했으니, 2년 가까이 지났네요. 사실상 QWER의 결성 때이니, 그녀들의 데뷔와 함께한 원로 팬튜브라고 생각합니다.

Q 아, 반쯤 농담입니다만, 2025년 8월 초에 입덕한 바위게와 같은 팬클럽 1기라는 사실에 대해 어떻게 생각하십니까? 겸상이 가능하십니까?

A 아무래도 겸상은 좀 그렇네요. 4개 앨범 출시 시점으로 끊어서, 혹은 팬콘서트 전후로 해서 좀 더 잘게 나누었으면 좋겠습니다(웃음).

Q 어제는 [세븐록프라임 2025]에 참여하셨죠. 저와 〈고민중독〉 슬램을 함께 했는데요. 〈별의 하모니〉를 부를 때 관객석을 촬영하시는 모습을 보았습니다. 기분이 어떠셨나요?

A 〈별의 하모니〉는 〈디스코드〉보다도 팬들에게 먼저 공개된 근본곡입니다. QWER의 역사에서 정말로 중요한 위치를 점하고 있는데요. 그래서인지 〈별의 하모니〉 공연 때마다 감동합니다. 특히 2025년 8월 16일 잠실실내체육관 〈별의 하모니〉 공연은 정말 아름다웠습니다. 직접 촬영하지 않을 수 없었습니다. 눈물참기 하느라 힘들었습니다.

Q 시요밍도 이날 〈별의 하모니〉 공연에 매우 만족했더군요. 저 또한 뿌듯합니다.

Q 전바시님에게 팬튜브란 무엇입니까? 또한 팬채널을 운영하게 된 계기가 무엇인가요?

A 우선 지금이 '대영상의 시대'라는 점에 저는 주목했습니다. 몇 년 전만 해도 덕질에는 영상이 아닌 사진이 대세였습니다. 공연을 담고자 해도 4K 화질이 활성화되지 않았던 시절에는 고화질의 영상을 접하기 어려웠습니다. 그래서 사진이 대세였죠. 하지만 이제는 4K는 물론 8K 영상까지 나오면서, 이른바 영상의 홍수 시대가 되었습니다. 그러다 보니, 가수의 매력적인 모습을 제대로 담기 위해서는 영상이 필수가 되었습니다. 그리고 유튜브가 여러 플랫폼 가운데 가장 대중적이었습니다.

저는 과거에 블로그를 사용해 보았는데, 글과 사진만으로는 생생함이 부족하더라고요. 반면에 영상은 훨씬 다채로운 모습을 담을 수 있었습니다. 그래서 제게 팬튜브는 '내가 좋아하는 덕질을 가장 잘 표현하는 수단'입니다.

Q 여러 가수 가운데 왜 하필 QWER 덕질을 택하셨나요?

A 제가 예전에는 아이유나 소녀시대, I.O.I나 아이즈원 등을 덕질했었어요. QWER만큼 깊이 덕질하지는 않았고, 찍먹 정도의 수준이었습니다. 그런데 좀 직설적으로 표현하자면, 제가 기존의 아이돌 시스템에 좀 지쳐 있었습니다. 대형기획사에서 비슷한 타입으로 내놓는 아이돌, 오디션 프로그램을 통해 치열한 경쟁을 뚫고 올라온 아이돌 등은 이미 흔해졌죠.

그런데 QWER은 데뷔 방식부터 완전히 달랐어요. 쵸단과 마젠타는 이미 유명한 방송인인데, 그것을 내려놓고 데뷔했죠. 이 점에서 '이 사람들은 좀 다르다. 더욱 깊게 알아보고 싶다'라는 생각이 들었습니다. 그렇게 시작한 덕질이 여기까지 이르렀네요.

Q 현재 QWER의 팬채널 중 가장 큰 채널인데, 소감이 어떤지요? 이렇게까지 커지게 될 줄 알았나요?

A 솔직히 전혀 예상하지 못했습니다. 처음 만들게 된 계기도 시요밍의 매력을 알리고 제 덕질을 위해서 만들었을 뿐이거든요. 1천 명을 처음 넘겼을 때 정말 놀랐고, 지금은 5만 명이 넘었으니 얼떨떨할 따름입니다. 특히 많은 바위게들이 오프 활동 때 다가와서 '영상 잘 보고 있다'라고 말씀해주시면 '내가 한 게 맞나?'라는 느낌이 들 정도입니다.

Q 본업이 영상 관련인가요? 덕질과 채널 관리에 투자하는 시간이 얼마 정도 되는지요?

A 제 본업은 영상과 전혀 관련이 없습니다. 고등학교 때 방송부에서 잠시 활동했지만, 단순한 컷 편집이나 자막 달기 정도만 했을 뿐이거든요. 그런데 이제 덕질을 위해서 학원까지 다닐 정도입니다.

덕질 시간의 경우, 진짜 많이 투자할 때에는 주말 아침 7시에 일어나서 잠들 때까지 12시간씩 편집하곤 했죠. 하지만 지금은 그 정도까지는 아니고, 퇴근하고 여유가 나면 편집합니다. 요즘 챗GPT가 많이 똑똑해져서 도움을 좀 받을 생각도 해보았습니다. 그런데 그 친구가 사진 편집은 잘하는데, 영상 편집은 아직 부족하더라고요. 그래서 제가 고생을 좀 더 해야 할 것 같습니다.

Q 채널 관리는 혼자서 하시나요? 수익 창출은 하고 계시는지요?

A 일단 채널 관리의 경우, 초반에는 저 혼자서 관리했습니다. 그런데 제 채널 시리즈 중에 다큐멘터리가 있거든요. 팬들이 운영하는 생일카페나 전국을 돌아다니며 촬영하는 콘텐츠의 경우, 혼자서는 도저히 감당이 되지 않았습니다. 그래서 혹시 도와줄 분이 있으신가 해서 팬 커뮤니티에 글을 남겼습니다. 그런데 고맙게도 흔쾌히 도와주겠다고 나서주시는 분들이 있으셔서, 이제는 댓글도 관리해주시고 영상 편집도 도와주십니다.

수익 창출의 경우, 저는 처음부터 아예 못을 박고 시작했습니다. 채널 운영을 통해 돈을 벌 생각이 전혀 없다고 말이죠. 그래도 도네이션을 하겠다는 바위게들이 있으십니다. 그럴 경우, 저는 오프 활동에서 만나면 커피 한 잔 사달라고 말씀드리곤 하죠.

Q 자신의 팬채널을 한마디로 표현한다면 무엇일까요?

A 제 팬채널을 한마디로 정의하면 '입덕 계기'나 '입덕 관문'이라고 생각합니다. 물론 수많은 팬채널들이 있습니다. 그런데 QWER의 초창기 모습을 궁금해하시는 분들이 제 채널까지 흘러들어오는 경우가 많습니다.

그렇게 해서 골수팬이 되시더라고요. 그래서 원로 팬채널로서의 제 채널은 '입덕 계기'라고 생각합니다.

Q 롱폼, 숏폼, 애니메이션, 다큐멘터리 등 장르가 다양한데, 일관성이 깨지지는 않는지요? 알고리즘 영향은 없나요?

A 팬채널을 운영하다 보면, 알고리즘에 대해서 많이 공부하게 됩니다. 알고리즘이 강하게 잡혀 있어야, QWER 홍보에 도움이 되기때문이지요. 가령 유튜브 쇼츠만 해도, 뜬금없는 내용이 하나만 올라와도 알고리즘이 확 깨져버리거든요. QWER과 관련이 있는 내용이라 할지라도 직접적인 언급이 적으면 알고리즘에 영향이 갑니다. 그만큼 유튜브 알고리즘이 굉장히 민감합니다.

롱폼은 숏폼보다 더욱 심합니다. 시청시간이 실시간으로 나오기 때문에, 영상 중간에 다른 이야기가 나오면서 고정 시청자가 이탈하게 되면 알고리즘에 영향이 갑니다. 또한 제가 QWER 애니메이션을 올리더라도, '어, 이 채널은 애니메이션을 올리는 채널이 아닌데 왜 갑자기 애니메이션을?' 그러면서 조회수가 확 떨어집니다. 그래서 궁여지책으로 저는 영상 중간에 멤버가 나오는 영상을 삽입합니다. 제 채널에게 학습을 시키는 것이지요.

하지만 이것 저것 다 해보았는데, 가장 좋은 것은 조회수를 신경 안 쓰는 겁니다. 그냥 내가 좋아하는 것을 올리면 됩니다.

Q '최초공개' 상태로 영상을 올리는 이유가 있나요?

A QWER 멤버들의 영상이 올라오면, 그것을 온라인에서 타이핑하며 실시간으로 중계하는 바위게들이 있어요. 그런데 규모가 큰 팬 커뮤니티에서, QWER 소속사가 제작하거나 QWER이 직접 출연하는 영상이 아닌 팬튜브 영상은 중계가 금지되었어요. 그렇다고 공식 팬카페는 중계하는 분위기가 아니거든요. 그럼에도 불구하고, 여전히 제 팬채널 영상을 중계하고 싶어하는 바위게들이 제게 직접 요청을 해오셨습니다. '최초공개'로 영상을 올리면 채팅창이 생성되니, 그 채팅창에서 중계를 하겠다고 말이죠. 저는 그런 사실을 몰랐어요. 그래서 '최초공개'로 영상을 올리니, 실제로 채팅창에서 중계를 하시기 시작했습니다!

또 영상을 '최초공개'로 설정해놓으면, 구독자에게 알람이 가기 때문에, 순식간에 사람이 몰려서 초반 시청자를 확보할 수 있습니다. 그러면 알고리즘 생성에 긍정적 영향을 끼치게 되지요. 그런데 단점도 있어요. '최초공개' 영상이 진행될 동안에는 되돌아가서 처음부터 영상을 보는 것이 불가능합니다. 그래서 롱폼을 올리면, 중간에 들어오는 시청자는 어차피 처음부터 볼 수가 없어요. 그 시청자는 나중에 들어와 처음부터 보겠다며 중도 이탈합니다. 이러면 또 알고리즘에 도움이 안 됩니다.

Q 촬영장비는 무엇을 쓰는지요? 촬영장소 및 인물 섭외는 어떻게 하는지요?

A 제가 찍고 싶은 콘텐츠가 있으면 우선 주제와 시놉시스를 정하고 인스타그램 등 SNS로 섭외에 들어갑니다. 그분들이 유튜브 채널을 운영할

경우, 댓글로 섭외하기도 합니다. 여의치 않으면 주변에 물어보기도 하고, 장소의 경우는 섭외가 끝나면 손님들의 편의에 맞춰 장소를 정합니다.

촬영장비의 경우, 영상전공자가 아니라서 선택과 구매에 어려움이 많았습니다. 제가 예전에 사진은 좀 찍었었지만, 영상은 진짜 문외한이었습니다. 그런데 초반에 제가 자의적으로 산 장비들은 제 촬영 목적에 맞지 않았어요. 뒤늦게 바위게들이 알려줘서 제대로 구매했습니다. 카메라 회사가 정말 다양한데(캐논, 소니, 파나소닉 등) 빙튜브와 소니가 협업한 시네마라인 인터뷰를 보고서 최종적으로 소니 카메라를 구입했습니다.[82] 구매 후 빙튜브에게 DM을 보냈는데, 잘 구매했다는 답변을 받았습니다. 소니가 영상제작자들의 표준처럼 자리잡고 있기 때문에 지금도 이때 구매한 장비들을 후회없이 정말 잘 사용하고 있습니다.

Q 편집 프로그램은 무엇을 사용하는지요? 편집 시간 및 편집 노하우를 알려주세요.

A 편집 프로그램의 경우, 프리미엄 프로를 가장 많이 사용하고, 그 외 포토샵이나 일러스트레이터, 추가로 애프터이펙트도 사용하고 있습니다. 편집 시간의 경우, 숏츠 하나 완성하는데 컷편집, 자막, 효과음, 배경음악, 자료화면, 영어 자막까지 넣고 검수하면 평균 2~3시간 정도 걸립니다. 숏츠 제작에 1시간만 들였을 경우, 확실히 퀄리티가 만족스럽지 않았습니다. 그래서 이제는 양보다는 질로 승

부하기로 했습니다.

롱폼 영상의 경우 50분짜리 영상 기준으로 최소 2주에서 3주가 소요됩니다. 싱크 맞추고 자료화면 넣고 인코딩하고…. 근데 저는 운이 안좋은지 인코딩하면 항상 중간에 뻑이 나더라고요(웃음). 그래서 도합하면 3주 이상 걸리는 듯합니다.

편집 노하우의 경우, 속도를 높이기 위해서는 나만의 템플릿을 만들어 놓으면 편합니다. 그리고 롱폼의 경우, 사람들이 지루하지 않게 중간에 도파민 넘치는 요소를 넣는 것이 중요합니다. 그래야 사람들이 이탈하지 않으니까요. 그래서 조용조용하게 인터뷰만 해도 안 되고, 도파민이 터지는 자료 영상이나 드립 같은 것들을 중간에 넣으려고 애쓰고 있습니다.

Q 편집할 때 잡는 포인트는 어떤 것이 있는지요?

A 저는 편집 포인트가 재미 50% 감동 50%입니다. 재미는 쵸코냥밍 님 등이 잘 해주시고요. 저는 감동 포인트를 찾으려 합니다. 워낙 도파민 중독인 세상이다 보니, 도파민을 터뜨리는 일이 갈수록 어려워지고 있습니다. 어지간해서는 잘 안 웃더라고요. 그래서 저는 적절히 재미와 감동 포인트를 모두 찾고 있습니다.

Q 초창기에 시연이의 영상이 대부분인데, 이유가 있나요?

A 초창기에는 이시연의 개인 유튜브 채널이 없었어요. 다른 멤버들은 이

미 인플루언서였는데, 시연이만 인지도가 낮았거든요. 그래서 시연이를 홍보해주자는 의도였어요. 물론 지금은 4명 멤버 골고루 영상을 만들고 있습니다.

아, 팬튜브를 시작한 다음 팬 사인회에서 시연이를 본 적이 있어요. 〈디스코드〉 활동 때 총 두 번 팬 사인회를 갔습니다. 첫 번째 사인회에서는 팬채널 이름을 밝히지 않고 실명으로 갔어요. 그러다가 시연이와의 대화 마지막에 "사실 [전바시]라는 팬튜브를 운영하고 있다"고 말했어요. 그랬더니 시요밍이 그 채널을 자신이 봤다고 말해 주었어요. 그 뒤로는 팬 사인회에서 팬튜브 운영자 신분을 떳떳하게 밝히고 있습니다. 시요밍은 실제로 제 채널을 구독하고 있다고 말해줘서 참 기분이 좋았습니다.

Q 첫 영상은 무엇이고, 올릴 때 어떤 생각으로 올렸는지요?

A 첫 번째 영상은 롱폼으로 올렸습니다. 〈이시연 입덕 영상〉이었는데 반응이 매우 좋았습니다. 조회수가 40만 회가 넘습니다. 숏츠 또한 시요밍의 라이브 방송을 편집해서 올렸는데요. 시요밍의 팬들이 그 영상에 찾아와서 댓글을 달아주었어요. 시요밍의 라방을 편집해주는 채널이 있다는 사실에 감사하다고, 계속 해주셨으면 좋겠다고요. 초창기에는 시요밍이 자신의 라이브 방송에서 제 영상을 직접 틀어서 팬들에게 보여주고 그랬습니다. 참 뿌듯했죠.

Q 최다 조회수 영상 및 만들면서 가장 기억에 남는 영상을 알려주세요.

🅐 롱폼의 경우, [블루스프링 페스티벌] 취소 특집으로 QWER이 자체 콘텐츠에서 라이브 공연을 했어요. 그때 롱폼임에도 불구하고 조회수가 120만 회가 넘었던 것으로 기억해요. QWER이 라이브 연주를 실제로 하는 것이냐 아니냐의 문제로 댓글창에 찬반 토론이 벌어졌는데, 그 때문에 조회수가 또 많이 올라갔습니다.

숏폼의 경우, 최근 1천만 쇼츠가 하나 터졌습니다. 계명대 축제 때 시요밍이 치어리딩을 시작하고 관객석은 전부 스마트폰을 들고 찍는 장면이 확 떴습니다. 다소 기괴한 장면이었죠. 그런데 그때 달린 댓글이 '밴드 같지 않은 애들이 나오니까, 사람들이 공연 안 보고 사진만 찍는다'라는 악플도 있었어요. 그래서 영상을 지울까 했는데, 공연 관람문화를 바꿀 수 있지 않을까 해서 남겨두었습니다. 실제로 해당 숏츠가 유명해지면서 관람문화가 좋게 바뀌기 시작한 것 같습니다.

🅠 **팬영상을 만들기 위해 어떤 노력을 했는지 듣고 싶습니다.**

🅐 저는 덕질을 위해 학원까지 다닌 게 기억에 남습니다. QWER 애니메이션을 만들고 싶었는데, 제가 그림을 정말 못 그리거든요. 그런데 애니메이션을 만들고 싶으니까, 학원을 반년 동안 다니면서 그림을 배웠습니다. 그때 배운 실력으로 그림을 그렸는데, 반응이 좋았습니다. 그때 익힌 기본기를 아직까지 써먹고 있습니다.

아, 대만 콘서트에 갔던 것도 기억에 남네요. 대만 콘서트가 평일 저녁이어서, 오전 반차를 쓰고 대만에 가서 저녁 콘서트를 촬영하고 그날 자정

비행기를 타고 돌아와서 다음날 출근을 했습니다. 공항에서 내리자마자 택시 타고 콘서트장에 갔다가 공연 보고 택시 타고 공항으로 돌아와서 귀국했습니다. 대만이 어떻게 생겼는지 구경조차 못했죠. 그래도 대만에 두 차례 가면서 대만 바위게들과 친구가 되었고, 그들이 한국에 놀러 왔을 때 선물을 주기도 했습니다.

Q 팬튜브를 하면서 가장 보람이 있던 순간을 알려주세요.

A 제 영상으로 입덕했다는 바위게들을 만났을 때, 가장 보람찹니다. 멤버들이 제 영상을 언급할 때도 기분이 좋았습니다. 그런데 이제는 3Y코프레이션 쪽 영상 관계자들이 제 영상을 계속 시청하고 '좋아요!'를 눌러주시더라고요. 멤버뿐만 아니라 소속사와 PD, 엔지니어들에게도 감동을 주었다는 점이 정말 신납니다.

Q 팬튜브를 하면서 힘들었던 점이나 악플 대처법, 그리고 멘탈 관리법을 공유해주세요.

A 저는 원래 악플을 보자마자 지우는 편이었습니다. 하지만 요즘은 일부러 남겨두는 악플이 있습니다. 다른 분들이 대댓글로 대신 싸워주고 바로잡아주는 경우가 많아요. 그러면 또 다른 악플러들이 악플을 달기 위해 왔다가 그걸 보고 돌아가는 경우가 있어요. 그리고 사실, 악플이 제 알고리즘을 강화하는 역할을 한다고 봅니다.

초창기에는 악플에 멘탈이 많이 흔들렸습니다. 제 채널로 인해 QWER

에게 피해가 가는 건 아닐까, 채널을 운영해도 되나 하는 고민이 들면서, 스스로 자신감이 떨어지기도 했습니다. 하지만 지금은 아무렇지도 않습니다.

Q 실제로 사람들이 오프에서 알아보는지요?

A 제 경우, 얼굴을 모자이크하고 제 채널의 여러 영상에 출연했어요. 그런데 저의 목소리가 특이하고 사투리 억양도 있어서, 제 얼굴을 모르시는 분들도 저를 알아보시더라고요. 그래서 목소리도 변조해야 하나, 생각했어요. 그래서 가면을 따로 제작해서 쓰고 다녔어요. 그런데 이제는 가면 때문에 오히려 특정되고 있습니다. 결과적으로 사면초가입니다.

Q 그렇다면 멤버들이나 관계자들이 알아본 적이 있는지요?

A 매니저 분들의 경우, 오프나 팬 사인회에서 워낙 자주 봐서 목례 정도는 하고요. 최근에는 일본 콘서트에서 빙빙과 인사를 길게 했습니다. 그 이후로는 오프에서 볼 때 인사하면 잘 받아줍니다. 멤버들의 경우, 저나 공연장의 바위게들이나 입장이 똑같습니다. 젠타가 나에게 하트를 해준 것 같은데, 옆 사람은 자기에게 했다고 하더라고요. 모두가 행복하니 좋죠, 뭐.

Q 신생 팬튜브가 늘어나고 있는데, 그들에게 해주고 싶은 말이 있다면요?

A 제가 커뮤니티 글들을 읽어보면 '팬튜브를 하고 싶은데 능력이 없다' 등의 이유로 망설이는 분들이 있으세요. 그런데 저는 기존 영상을 편집만

하는 채널이라 할지라도, QWER을 홍보하는 데 전혀 문제가 없다고 생각합니다. 그래서 걱정하지 마시고 일단 시작하시라고 말씀드리고 싶어요.

Q 앞으로 만들어 보고 싶은 영상이 있나요? 혹은 기획하고 있는 프로젝트가 있나요?

A 원래 팬게임을 만들고 싶었어요. PC로 할 수 있는 인디게임을 만들기 위해 게임을 코딩하는 프로그램을 따로 배웠지만, 다만 지금은 현생이 너무 바빠서 잠시 쉬고 있습니다.
QWER이 원래 '친근한 옆집 소녀' 콘셉트였잖아요. 그래서 이런 콘셉트를 살린 게임을 만들고 싶었거든요. [또 오해원] 채널에서 가수와 대화를 하는 방식의 게임을 만들어서 널리 알렸는데, 저 또한 만들고 싶더라고요. 언젠가는 만들 수 있을 것이라 믿습니다.

Q 향후 팬튜브 운영의 방향성 및 덕질의 방향성을 알려주세요.

A 일단 제가 현생 때문에 덕질을 좀 쉴 수도 있어요. 하지만 만약 재개한다면, 유튜브 운영에 그치는 것이 아니라 좀 더 활동적으로 하고 싶어요. 팬카페를 넘어서 연탄봉사나 QWER 멤버들이 하고 싶어했던 봉사활동을 팬들이 대신할 수 있게 기획을 하고 싶습니다. 그리고 이런 활동들을 모두 영상으로 남겨 놓는다면, 훗날 입덕하는 분들이 '와, 이 팬덤 정말 멋있다'라고 할 것 같아요.

Q 끝으로 멤버들에게 하고 싶은 말 부탁드립니다.

A 건강이 최우선이고, 이제는 즐기는 모드까지 왔으니까 각자 정해진 목표를 향해 달려갑시다!

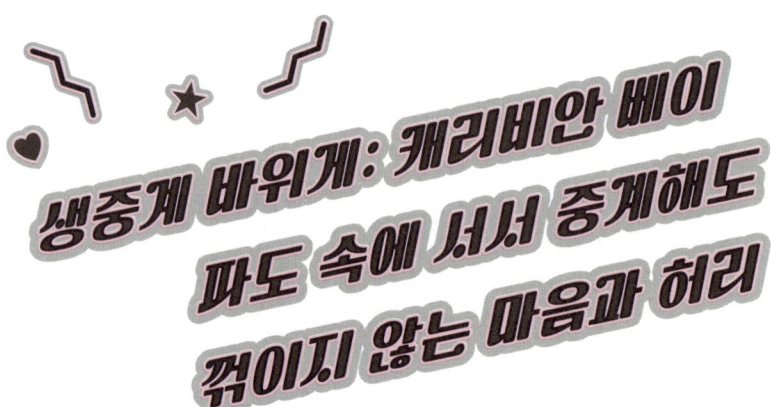

생중계 바위게: 캐리비안 베이 파도 속에 서서 중계해도 꺾이지 않는 마음과 허리

2025년 8월 1일 [펜타포트 락 페스티벌] QWER 공연이 끝나고 오후 4시가 조금 넘어, 생중계 바위게가 인터뷰석에 합류했습니다. 우리는 '롤링 퀴츠'와 '봉제인간'의 라이브 연주를 배경으로 삼아, 맥주 한 잔과 함께 인터뷰했습니다.

Q 반갑습니다, 생중계 바위게 님! 간단히 자기소개 부탁드립니다.

🅐 저는 QWER 덕질하면서, 간단하게 직캠 영상을 올리고 중계 라이브 방송을 하는 유튜브 [이망인 reBirth : 이성인] 채널을 운영하고 있는 바위게입니다.

🆀 이망인은 '이미 망한 인생'의 준말로 알고 있는데요. QWER을 만난 이후에는 좀 바뀐 점이 있으신지요?

🅐 네, 그래도 QWER을 볼 때마다 힘을 많이 얻습니다.

🆀 맞습니다. 그리고 저를 비롯한 바위게 또한 이망인 님을 통해 힘을 많이 얻고 있습니다. 감사합니다!

🆀 QWER을 덕질하기 이전에 좋아했던 뮤지션이 있었다면 말씀해주세요.

🅐 기존에는 '브레이브 걸스'를 좋아했습니다. 코로나 당시 저도 어려움이 많았는데, 〈롤린〉이 역주행했잖아요. 브레이브 걸스 또한 어려움을 극복한 서사가 있었어요. 그래서 더욱 와닿았던 것 같습니다. 브레이브 걸스 덕질 초기인 당시에는 코로나로 인해 오프 활동이 제한적이었습니다. 그래서 처음으로 팬튜브를 운영하게 되었죠. 랜선 덕질을 하다보니 처음으로 대학축제 오프도 가보고, 라이브도 처음 하게되었는데요. 그때 너무 행복하고 즐거워서 지금처럼 오프를 다니고 중계를 하며 덕질을 하게 되었습니다. 그리고 브레이브 걸스가 재결합해서 '브브걸'로 돌아올 당시, 그녀들의 소중한 순간들을 놓치기 싫어서 퇴사했었습니다.

🆀 아, 좋아하는 아이돌을 덕질하기 위해 퇴사까지…?

🅐 네. 브레이브 걸스가 정말 좋아 여러 활동을 했었는데요. 그녀들이 해체

되었다가 '브브걸'로 돌아온 것을 보니, 또 언제 상황이 변할지 알 수 없었어요. 이게 처음이자 마지막일 수도 있겠다는 생각에 퇴사하고 퇴직금 등을 모아서 그동안 못가본 팬싸도 전부 가고 음방, 공방, 사녹, 팬콘, 오프 활동 등을 모두 따라다니며 팬 활동을 계속했습니다.

Q 그러면 QWER 결성 이전에 멤버에 대해서 알았다면, 그 점을 말씀해주세요.

A 제가 어린 시절 드럼을 전공했어요. 제가 처음으로 쵸단을 본 영상이, 그녀가 뽀로로 드럼을 치는 장면이었는데요. '드럼을 배운 사람이 치는 것' 같아 보여서 찾아보니 전공자가 맞았어요. 그런 점들이 재밌고 공감가는 부분도 있고, 인상 깊었어요.

나머지 멤버들은 데뷔 이전에는 이름만 들어봤어요. 틱톡을 안 하다 보니, 히나는 장원영 닮은꼴 영상을 본적이 있어요. 마젠타는… 사실 전에 주다사의 방송을 음악이 좋아 가끔 보곤 했는데, 나중에 절친이었다는 사실을 알게 되었죠. 연결고리가 있어 흥미로웠어요. 시연의 경우에는 해군 700기 수료식 〈고민중독〉 최초공개 영상이 입덕영상입니다. 이때 보고 흥미가 생겨 찾아보고 그녀의 서사에 반했어요.

Q 그러면 QWER을 제대로 파야겠다는 결심을 하게 된 계기를 말씀해주세요.

A 사실 한국에서는 걸밴드가 드물잖아요. 게다가 그녀들이 하드코어한 덕후라는 점이 맘에 들었어요. 저 또한 어렸을 때 만화 그리기를 좋아하고 애니나 제이팝, 비쥬얼락 등 일본 문화를 즐기며 자랐거든요. 씹덕 출신

이기 때문에, 마젠타가 〈에반게리온〉을 이해하기 위해 성경까지 읽었다는 이야기를 듣고 '이 아희는 진짜 찐이다!'라고 느껴서 더욱 호감이 갔어요.

2024년 5월 16일 [천안 유니브시티 페스티벌]에서 QWER 공연이 있었어요. 그런데 그날이 시요밍의 생일이었더라고요. 밴드로 데뷔해서 열심히 하는 모습이 대견해서, 두 눈으로 직접 확인하고 싶었어요. 그리고 이렇게 짧은 시간에 이 정도 레벨로 올라왔다는 것은 피나는 노력 없이는 불가능하죠. 그래서 확실하게 빠져들었어요. 시연의 생일 축하 광경도 무척이나 보기 좋았어요.

또한 성장형 밴드라는 점이 매력 포인트더라고요. 밴드의 등뼈가 바로 드럼인데, 쵸단이 드럼을 제대로 잡아주지 않았더라면 밴드가 이렇게 빨리 성장하지 못했을 거에요. 쵸단이 중심을 잡고 다른 멤버가 올라올 때까지 기다려주고 맞춰 준다는 점이 좋았어요.

Q 그러면 지금까지 QWER 행사 가운데, 가장 기억에 남는 행사 3개만 추천해 주세요.

A 우선 일본 오사카 버스킹이 좋았어요. 소규모 공연장에서 무대를 가질 기회가 적잖아요. 게다가 시연이의 오사카 서사가 팬 콘서트에서 완성되리라 생각했는데, 오사카 팬 콘서트에서는 시연이가 울지도 않았어요. 부모님의 눈물이나 옛 동료와의 만남 등이 모두 오사카 버스킹에서 일어났죠. 신곡 〈눈물참기〉 무반주 스포도 들을 수 있어서 정말 좋았고

여러 가지로 의미있고 행복한 추억이 되었습니다.

둘째로 2024년 [펜타포트 락 페스티벌]. 저는 당시 돔 공연장에 일찍 와서 1열을 잡았어요. 그 당시 히나가 '땀나영'이었잖아요. 그녀가 기타 솔로를 앞두고 엄청 심호흡을 하는 장면을 현장에서 보니, 눈물이 났어요. 제가 히나존에 있었거든요. 저도 함께 긴장이 되면서 심호흡을 하고 숨이 멎는 기분이었어요. 그리고 기타 솔로-〈지구정복〉 인트로-를 해낸 다음에 뿌듯한 표정, 정말 대단했고 당시 감정이 동기화된 기분이었어요. 그리고 쵸단의 드럼 솔로로 시작하는 〈자유선언〉 인터루드 부분도 너무 좋았고요.

마지막으로 첫 번째 서울 팬 콘서트. 바위게들끼리 응원했던 첫 경험이어서 정말 감동적이었습니다. 그날도 히나의 〈메아리〉 기타 솔로 후에 '해냈다' 하는 흐뭇한 표정, 정말 좋았어요. 그때 히나가 '벽을 깼다'라는 느낌이 들었어요. 평소보다 기타치는 모습에서 보다 자신감이 느껴졌어요. 그리고 쵸단의 드럼 솔로를 눈앞에서 볼 수 있어서 좋았고 마젠타의 〈고민중독〉 솔로 파트, 히나 시연의 댄스타임 등 팬콘에서만 볼 수 있는 장면들이 기억에 남습니다.

Q '나는 오프 활동을 위해 이것까지 해봤다!' 하는 것을 알려주세요.

A 저는 이번 일본 팬 콘서트와 버스킹에 참여하는 과정에서 경제적으로 좀 타격이 있었어요. 해외 일정이다보니 금전적으로 부족해서 월세 낼 돈까지 사용했거든요. 무리해서 다녀오다 결국 이사를 일찍 나가게 되

었어요…. 간혹 댓글을 보면, '나도 이망인 님처럼 살고 싶다'라는 내용이 보이는데요. 저처럼 사시면 큰일나니까, 현생을 잘 돌보면서 덕질하시면 좋겠어요.

또한 하루 두 개의 도시에서 공연을 할 때는, 자차가 없어서 정말로 힘들었습니다. 그래도 많은 바위게 분들이 도움을 주셔서, 무사히 생중계를 할 수 있었어요.

Q QWER이라는 팀으로 인해 내 인생의 변화가 있었다면, 말씀해주세요.

A QWER을 알게 되었을 당시, 저도 무척이나 힘든 상황이었습니다. 그런데 시연의 서사 등이 제게 큰 힘이 되었고요. 열심히 사는 모습에 저도 용기를 얻었어요. 드럼 또한 한동안 손을 놓았다가, 이제 다시 드럼스틱을 잡고 있습니다. 좀 더 열심히 살게 되는 것 같아요. 완전 포기하기보다는 좀 더 노력하는 습관이 조금씩 들게 되었어요. 언젠가는 드럼도 다시 하게 되겠죠. 드럼 커버 영상을 찍을 때면 저도 몹시 즐겁습니다.

Q 어떤 계기로 생중계를 하고 싶으셨나요?

A 원래 브브걸 생중계를 하고 있어서, 기술적으로 어려움은 없었어요. 물론 심적으로 부담은 되었지요. QWER 생중계 채널을 따로 팔까 고민하면서 처음에는 직캠만 올렸죠. 그러다가 [송도 크리에이터 미디어 산업대전]에서 QWER 생중계를 한 번 해보게 되었어요. 그런데 바위게들의 반응이 정말 좋아서, 본격적으로 하게 되었어요. 저도 사람이기에, 다른

분들의 응원이 큰 힘이 되거든요. 생중계를 부정적인 시선으로 바라보는 팬덤도 있는데, 바위게들은 정말 순수한 마음으로 응원해 주시더라고요. 실시간으로 바위게들이 댓글도 올려주시는데, 읽으면 정말 즐거워요. 그래서 더욱 열심히 하는거죠.

Q 오사카 버스킹 생중계를 마치고 QWER 퇴근길 촬영 중에 쵸단과 손하트를 만드셨는데, 그때 기분이 어떠셨는지요? 또 캐러비언베이 때는 아침부터 물속에 계셨잖아요?

A 오사카 손하트의 경우, 하루의 피로가 모두 날아갔습니다. 사실 대기 과정에서 여러 가지로 힘든 일이 있었는데, 퇴근길에서 모든 힘든 일들을 잊었습니다. 그리고 캐러비언베이 또한 1열을 고수하기 위해, 오픈런해서 물속에 들어가 오전부터 여러 시간을 버텼습니다. 점심식사도 하지 않았고, 화장실도 가지 않았어요. 생중계를 마치고 나오니, 손발이 퉁퉁 불었더군요. 하지만 한 점의 후회도 없습니다.

Q 월드투어 때 가고 싶은 곳은 어디인가요?

A 전부 가고 싶지만 현실적으로 불가능하니 한국과 일본은 무조건 가고 싶고요. 이번에는 중화권 또한 도전해 보고 싶습니다. 물론 희망사항이고 반드시 간다는 뜻은 아닙니다. 가볼 수 있도록 열심히 노력해 보겠습니다.

Q 마지막으로 QWER에게 하고 싶은 말을 남겨주세요.

A 앞으로도 음악을 사랑하는 초심 변치 말고, 계속 잘 되었으면 좋겠습니다. 하다 보면 안 좋은 일도 많겠지만, 오래오래 볼 수 있었으면 좋겠어요. 그리고 제 인생에 큰 힘이 되어줘서 고마워요.

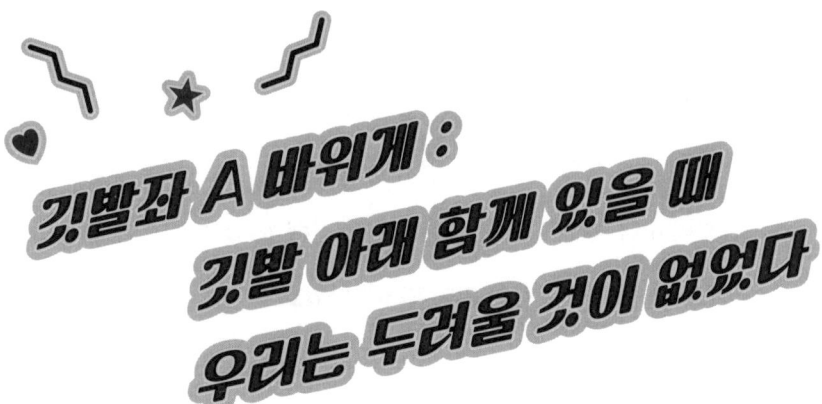

깃발좌 A 바위게 :
깃발 아래 함께 있을 때
우리는 두려울 것이 없었다

지난 2025년 4월 도쿄 팬 콘서트, 저는 영광스럽게도 깃발좌 A 바위게의 옆에 서서 공연을 즐길 수 있었습니다. 그는 깃발 활동 이외에도 자비를 들여 국내외 전광판 홍보에 힘쓰고 굿즈를 만들어 무료로 배포하는 등 실천력 만렙의 바위게입니다. 지방에 사는 깃발좌 A는 8월 1일 새벽 2시에 차를 몰고 출발해 [2025 펜타포트 락 페스티벌]에서 오픈런했습니다. QWER 공연 전에 그를 만나, 시원한 그늘막 아래서 맥주 한 잔을 곁들이며 대화를 나누었습니다.

Q 반갑습니다, 깃발좌 A 바위게님! 간단히 자기소개 부탁드립니다.

A 저는 QWER 덕질하면서, 깃발을 흔들고 전광판 행사도 돕고, 공식 팬카페에서 스케줄도 업로드하고, 일상생활에 관한 글도 쓰는 등 다양하게 활동하고 있습니다. 다만 올해는 바빠서 작년만큼 활발하게 활동하지는 못하네요.

Q 오늘도 굿즈를 들고 오셔서 나눔 하시지 않으셨습니까?

A 네, '지비츠' 나눔을 좀 했습니다. 제 크록스에 꽂혀 있기도 합니다.

Q 도쿄 팬 콘서트 때도 크록스에 지비츠를 꽂고 오셨었죠. 그때 지비츠 나눔, 감사합니다!

Q QWER을 덕질하기 이전에 좋아했던 뮤지션이 있었다면 말씀해주세요.

A 딱히 어떤 가수에 집중하지는 않았고 두루두루 즐겼습니다. 오렌지 캬라멜이나 YB가 떠오르네요.

Q 아, 이번에 QWER이 YB와 자체 콘텐츠를 찍고 노브레인과 챌린지를 했지요. 선배 락커 김종서나 이승윤 또한 호의적인 발언을 했고요. 최근에는 대만 예능에서 SM의 이특 및 효연과도 함께했습니다. 이에 대해서 어떻게 생각하십니까?

A QWER이 이제 뭔가 자리를 잡기 시작했다는 느낌이에요. 예전에는 포지션이 애매했다지만, 이제는 밴드로도 아이돌로도 인정받는다는 느낌

이 들어서 참 좋습니다. 이왕 이렇게 된 김에 예능에서도 잘 자리 잡았으면 좋겠습니다.

아, 그리고 제가 어릴 때는 '머틀리 크루' 등의 밴드 음악을 많이 들었었어요. 한동안 잊고 지냈었는데, QWER을 좋아하면서부터 예전의 제 취향을 떠올릴 수 있게 되었습니다. 제가 생각보다 밴드 기반 음악을 많이 들었더라고요. 여기서 아재 티가 팍팍 나네요.

Q 하지만 오늘 이렇게 [펜타포트]에서 젊은 분들과 함께 같은 밴드 음악을 즐길 수 있다는 게 정말 행복한 경험이죠!

A 맞습니다. 예전의 열정을 회복할 수 있게 된 것이, 참으로 긍정적인 효과라고 생각합니다.

Q 그러면 예전에 좋아하던 가수들의 콘서트에 가보셨던 경험이 있으신가요?

A 제가 대구에 살던 어린 시절에는 서울 이외의 지방에서 가수를 보기가 쉽지 않았어요. 그래서 대형 음악 행사나 축제가 있으면, 무조건 찾아가서 즐겼습니다. 딱히 가수를 가릴 처지가 아니었어요.

Q 맞습니다. 저도 부산 출신이다 보니, 어릴 때 KBS 공개방송이 있으면 무조건 달려가서 가수들을 보고 그랬었지요. 과거나 지금이나 지방 덕후들은 어려운 점이 많습니다.

그러면 예전에 좋아하던 뮤지션과 QWER의 공통점 또는 차이점에 대해서 말씀해주시겠습니까?

A 차이점 측면에서 QWER은 확실히 고유의 색깔이 있습니다. 다른 가수

들과 전혀 다른 방식으로 데뷔하는 프론티어였다고 생각하거든요. 그 자체로 엄청난 매력을 지니고 있고, 특히 이시연의 서사는 누구라고 강렬하게 끌릴 수밖에 없다고 봅니다.

Q 맞습니다. 사실 '육성 프로그램' 같은 느낌도 있고…. 최근에는 오디션 프로그램 등을 통해 인지도와 서사를 쌓아 데뷔하는 케이스가 많잖아요. 그런데 QWER의 경우에는 그런 방식도 아니라서. 정말 팬과 함께 성장하는 느낌이 있어요.

A 동의합니다. 젠타의 경우에는 라이브 방송 등을 통해서 자주 접하다 보니, 정말 가족과 같은 느낌이 들어요.

Q 노들섬에서 만난 한 바위게는 경상도에서 올라온 상남자인데요. 평소 쑥스러워서 부모님과도 통화를 길게 못 한다고 합니다. 그 때문에 온종일 날아오는 마젠타의 SNS가 오히려 가족 같은 느낌을 준다는군요.

A 맞습니다. 혼자 사는 사람의 경우에는 친구와 대화하는 느낌이 들 것 같아요. 또한 부끄러움이 많던 쵸단 등도 이제 용기를 내어 적극적으로 바위게에게 목소리를 전달하는 것이 참 좋아요.

Q 그러면 QWER 결성 이전에 멤버에 대해서 알았다면, 그 점을 말씀해주세요.

A 쵸단의 경우, 제가 오랫동안 헬스를 해서 [피지컬 갤러리]를 좋아했거든요. 그쪽을 통해서 쵸단을 자주 접했습니다. QWER 결성을 통해서 더욱 깊이 알 수 있게 되었어요. 사실 남자들이라면 입덕 경로가 비슷할 것이라 봐요.

Q 맞습니다. 제가 여러 인터뷰를 진행하다 보니, 확실히 남성 팬들의 경우 김계란을 통해 QWER에 관심을 갖는 케이스가 많았어요. 주목할 만한 점이네요. 그러면 마젠타의 경우는요?

A 젠타의 경우에는 이름만 알고 있었는데, 냉미녀의 외모와는 달리 따뜻하고 재미있고 타고난 재능이 많아서 좋았습니다. 〈에반게리온〉이라든지 《묵향》이라든지, 이런 것들을 어떻게 다 아는지…. 보다 내적 친밀감을 느끼게 되었어요.

Q 젠타는 냉미녀의 탈을 쓴 아저씨라는 소문이 있어요. 정말 몸속에 아재가 들어있는 것은 아닌지…. 이어서 냥뇽녕냥 히나, 가보겠습니다.

A 히나의 경우, 저 같은 아재는 틱톡을 하지 않기 때문에 '전설의 포켓몬'이 등장한다고 난리가 났을 때도 별 감흥이 없었습니다. 하지만 실제로 보니, 정말 색다른 매력이 있더군요. 센터 포지션의 외모를 지녔지만, 동시에 사람이 항상 밝고 타인에게 기쁨을 주는 캐릭터라서 정말 좋았습니다.

Q 깃발좌 A께서는 작년 [펜타포트]에도 오셨었는데요, 그때의 히나와 지금의 히나는 어떤 변화가 있었나요?

A 저는 〈봇치 더 록!〉을 보기도 했었는데요, 히나는 정말 그곳에 나오는 캐릭터와 똑같았습니다. 2024년 [펜타포트] 당시에는 무대 위에 딸을 올려보내는 아빠의 심정이었죠. 젊은 바위게 분들의 심정은 모르겠지만, 아재 바위게의 입장에서는 "오늘 조금 실수를 하더라도 괜찮으니, 최선을 다해서 응원하겠다!"라는 마음뿐이었죠. '인터루드'부터 이미 좋

았고, 모든 순간이 대견했습니다. 또한 그곳에 있는 바위게들의 전투력이 상당했습니다. 저는 새벽 3시에 경남에서 출발해 돔 공연장에 들어가 먹지도 않고 버텼죠. 이번에는 올까 말까 잠깐 망설였지만, 이번에 깃발도 새로 뽑고 해서 오지 않을 수 없었습니다.

Q 이번에 새로 뽑으신 바위게 깃발, 정말 기대가 됩니다! 그러면 시연의 경우는 어떠했나요?

A 시연은 '오사카에서 김계란과 만났을 때'부터 텐션이 높았습니다. 사회생활을 해본 바위게라면, 시연의 텐션이 거의 '면접을 보는 수준'임을 알 수 있죠. 입사 면접을 볼 때는, 누구든지 정상보다 훨씬 높은 텐션 상태죠. 사실 이미 면접이 따로 있었겠지만, 김계란과의 예능 첫 만남 때조차도 시연의 간절함을 충분히 느낄 수 있었습니다. 마치 제가 취업을 할 때 느낌이었죠.

Q 그러면 QWER을 제대로 파야겠다는 결심을 하게 된 계기를 말씀해주세요.

A 제 경우에는 〈고민중독〉 발표 직전의 [스쿨어택]과[83] 문세윤이 MC를 맡은 [전부 노래 잘함][84] 예능이었습니다. 정말 〈고민중독〉과 QWER의 콘셉트에 딱 맞았지요. 사실 QWER의 경우, 아이돌 활동을 시작하기에는 다소 높은 연령대이거든요. 그럼에도 불구하고 이렇게 간절히 하는 아이들이니, 이 아이들이 성공하게 돕고 싶다는 생각이 들었어요. 그래서 투표에도 적극적으로 참여했습니다.

또한 어느 순간부터 아이돌 음악이 지나

치게 복잡해져서, 아재들이 듣기에 쉽지 않더군요. 제 플레이리스트에도 '페퍼톤즈' 등 인디밴드들의 음악이 늘어나기 시작했어요. 가사도 좋고, 감성을 따라가기도 쉽고. 또한 트로트는 또 제 부모님 세대 음악이고 제게는 맞지 않더군요. QWER은 밴드이면서 아이돌이기 때문에, 더욱 폭넓은 팬층을 확보할 수 있다고 생각합니다. 팬카페에서도 자식을 둔 유부남들의 적극적 활동을 볼 수 있어요. 그런 분들의 구매력 또한 남다르죠. 저도 QWER이 모델로 활동 중인 현대면세점에서 위스키를 2병이나 구입했습니다.

Q 그러면 지금까지 QWER 행사 가운데, 가장 기억에 남는 행사 3개만 추천해 주세요.

A [펜타포트]와 [JUMF]와 [카스쿨], 모두 작년 여름이었네요. [펜타포트]는 'show and proof'를 해야 할 자리였고요. 저는 [펜타포트] 공연 때 3열에 있었는데요. 극한의 고통 속에서도 즐거움이 컸습니다.

[JUMF]에서는 제가 처음으로 깃발을 들었어요. 당시에 깃발을 제작할 시간이 부족해, 제가 직접 직물점에서 모직을 구하고 아크릴로 그려서 갔습니다. 그리고 그때가 QWER 최초의 야외 콘서트였습니다(대학축제 제외). 그때 처음으로 여러 깃발들이 등장했습니다. 슬램도 있었고요. 너무 더워서 등이 익는 줄 알았지만, 그래도 즐거운 기억이 많습니다. 아, [JUMF] 때 마젠타가 무대 앞으로 돌진하다가 선에 걸려 멈췄던 장면이 생각나네요.

[카스쿨] 때는 제가 든 깃발이 영상에 잡혀서 영구 박제되었습니다. 그 당시에 많은 분들에게 알려져서 기뻤습니다. 첫 펜타포트, 첫 깃발, 첫 박제 모두 기억에 남네요.

Q 혹시 QWER 팬 사인회는 가보셨나요?

A 저는 팬 사인회에 아직까지 마음의 벽이 있습니다. 게다가 자식이 딸린 유부남이다 보니, 제가 운용할 수 있는 예산에 한계가 있습니다. 저는 깃발이나 전광판, 굿즈 등에 돈을 투입하고 있어요. 만약 집에 앨범을 수십 장 쌓아두었다가는… 와이프에게 쫓겨날 겁니다.

Q 각자의 입장에서 최선의 덕질을 한다는 점이 중요하네요.

Q QWER이라는 팀에게 감동받았던 사연을 하나 말씀해주세요.

A QWER과 소속사가 바위게들을 리스펙해주는 모습이 자주 보여서 좋습니다. 깃발들에 대해서도 끊임없이 언급해 주시고, 기타 여러 팬 활동에 대해서도 감사해 하는 멘트가 많이 보여요. 그럴 때마다 '아, 내가 이 사람들에게 정말로 힘을 주고 있구나!'라는 확신이 들면서, 저 또한 원동력을 얻습니다. 또한 [청춘커피 페스티벌]의 경우, 저는 깃발을 들고서 와이프 그리고 딸과 함께 상경하여 관람했는데요. 가족들도 많이 감동받는 모습입니다.

Q '지방에 사는 바위게인 나는 오프 활동을 위해 이것까지 해봤다!' 하는 것을

알려주세요.

🅐 저는 경남에 살기 때문에, 기본적으로 이동하는데 5시간 이상 걸립니다. 유부남이라서 가족들과 협의를 봐야 하고요. 일본 콘서트 때는 가족들과 함께 도쿄에 가서, 저는 콘서트를 보고 가족들은 쇼핑을 했죠.

🅠 아, 그때 도쿄에서 위스키 바를 갔다고 하셨는데 그 이야기도 해주시죠.

🅐 제가 그때 위스키 바를 두 군데 갔는데, 쵸단이 아드벡 시리즈를 좋아하지 않습니까. 저는 도쿄에서 '아드벡 앤솔로지 유니콘스 테일'과 '아드벡 25년' 등을 마셨어요. 후자의 경우에는 꽤 가격이 있습니다. 또한 라프로익 위스키 회원이 되면 아일라 섬에 제 몫의 땅을 줍니다. 그래서 구글 맵을 통해서 제 땅을 확인할 수 있어요. 농담이지만, '위스키를 사랑하는 사람이라면, 아일라 섬에 땅 하나는 있어야 하지 않나?'라는 게 제 소견입니다(웃음). 물론 아드벡 커미티에도 속해 있습니다. 쵸단 님도 아일라 섬에 땅이 있지 않을까 궁금하네요.

🅠 QWER이라는 팀으로 인해 내 인생의 변화가 있었다면, 말씀해주세요.

🅐 QWER 덕분에 팬클럽 1기 가입이라는 멋진 경험을 갖게 되었습니다. 힘든 직장 생활 속에서 큰 활력을 주고 있습니다. 가족들도 전혀 나쁘게 생각하지 않습니다. 노래가 건전하고 좋으며, 와이프도 아이돌이 아닌 밴드를 덕질하는 것에 거부감이 적더라고요. 그리고 요즘 〈눈물참기〉 커버 대회가 진행 중인데, 저는 노래방에 가서 영상을 찍어 제출했습니다. 이런 소소한 행복이 좋더라고요.

Q QWER 굿즈 가운데 가장 마음에 드는 아이템은 무엇인가요? 그리고 좋아하는 노래도 듣고 싶습니다.

A 쵸단 콜라보 츄리닝이 좋습니다. 예쁘고 편안해서, 매일 운동할 때 입습니다. 노래의 경우는 〈고민중독〉, 그리고 좋아하는 소절은 "원! 투! QWER!"입니다. 지금의 QWER이 있게 해준 곡이고, 뭔가 "가즈아!" 느낌이라 좋습니다.

Q 그러면 깃발을 들면서 힘들었던 순간과 뿌듯했던 순간을 알려주세요.

A [JUMF] 때 깃발을 든 까닭은 단순했어요. '우리 애들, 처음으로 대형 페스티벌 야외무대에 서는데, 깃발 하나 없으면 어쩌나. 우리 애들 기가 죽으면 어쩌나. 나라도 깃발을 만들어서 응원해야겠다.' 이런 마음으로 수제작을 해서 갔는데, 다른 깃발들도 많이 와주셨어요. 다들 마음이 똑같았던 거지요. 힘들었던 순간은 없었습니다. 전완근이 좀 당기긴 하지만, 즐거움의 크기가 고통을 압도합니다.

Q 자, 인터뷰를 하다 보니 [2025 펜타포트] QWER 공연이 1시간 앞으로 다가왔는데요? 오늘 어떤 곡을 기대하고 계신가요?

A 〈청춘서약〉이 나오면 참 좋겠어요. "이게 바로 우리의 자작곡이다!"라는 선언? 좀 더 락킹한 버전으로 나왔으면 좋겠어요. 그러면 이제 얼마 남지 않았으니, 함께 즐기러 가시죠!

Q 감사합니다!

깃발좌 B 바위게 : QWER 하이라이트 메들리에 내 깃발이?

XL 사이즈 당당한 체구의 깃발좌 B 바위게. 그가 힘차게 내젓는 바둑판 QWER 깃발은 〈난네온불〉 앨범의 〈하이라이트 메들리〉 뮤직비디오 마지막 장면이었습니다. 그러나 이게 끝이 아니었습니다. 2025년 8월 7일 보령에서 진행된 〈엠카운트다운〉 QWER 공연 방송의 엔딩 역시 바둑판 깃발이 장식했죠. 앞으로도 그의 깃발이 얼마나 QWER 유니버스의 역사와 함께할지 흥미롭지 않을 수 없습니다. [2025 펜타포트 락 페스티벌]에서 QWER 공연이 끝난 뒤, Cass 존으로 이동해 시원한 맥주를 곁들이며 그의 속 이야기를 들어보았습니다.

Q 오늘도 더운 날씨에 깃발을 드시느라 고생하셨습니다. 먼저 자기소개 부탁드립니다.

A 다른 바위게들과 같이 평소에는 QWER의 각종 콘텐츠를 보며 기뻐하고, 현생이 허락하는 경우 QWER의 공연을 보러 다니는 아저씨 바위게입니다. 다른 바위게 분들이 왕부채(우치와)를 들어 응원을 하듯, 응원 도구인 깃발을 챙겨 다니며 공연 때 흔들거나 걸어놓고 즐거워하고 있습니다.

Q QWER을 덕질하기 이전에 좋아했던 뮤지션(아이돌 포함)이 있으셨나요?

A 덕질이라고 하기는 조금 애매하긴 한데, 어릴 때 이승환 님을 좋아했었습니다. 6년 정도 좋아하며 앨범을 사고 전곡을 외우고, 제 거주 지역에서 하는 전국투어 공연도 한번 갔던 것 같네요. 그 이후에는 '누군가'를 좋아하기보단 '곡'과 '장르'를 위주로 좋아했었던 거 같습니다.

Q 그렇다면 이승환 님의 어떤 점에 빠져들었나요?

A 이승환 님을 좋아했던 이유는 따로 없었어요. 그냥 맹목적이었던 것 같습니다. 좋아하던 여자아이가 추천해줬었거든요. 물론 그 아이와는 잘되진 않았습니다만. 듣다 보니 '발라드뿐만 아니라 락 성향의 음악을 하고, 폭발적인 공연을 하는 분이구나'라고 뒤늦게 느끼고 조금 더 좋아했던 것 같습니다.

Q 그러면 이승환 님과 QWER 사이의 공통점 및 차이점도 말씀해주세요.

A 공통점이라면 밴드 기반이지만 다양한 성격의 음악을 한다는 정도겠네요. 다른 점은 이승환 님은 다양한 음악을 하는 1인 가수이시지만 QWER은 밴드이자 아이돌이라는 것. 생각해보니 명확하게 규정짓기가 어렵다는 점에서는 또 공통적이라고 할 수 있겠네요.

Q QWER 결성 이전에 멤버 개개인에 대해 알고 계셨다면 말씀해주세요.

A 쵸단 님만 알고 있었습니다. 틱톡과는 거리가 멀었고요. 쇼츠로 돌아다니던 '반응 늦은 으윽' 영상으로 쵸단 님을 처음 알게 됐고, 그 뒤로 박종팔 선생님께 권투를 배우는 쵸단 님의 쇼츠를, 그리고 드럼을 칠 줄 안다며 장난감 드럼을 치시는 영상을 보게 됐었습니다. '귀엽다', '의외네' 라고 생각하고 넘어갔네요. (그때 팬이 되지 않은 과거의 저를 한탄하며….)

Q QWER에 최초로 관심을 갖게 된 계기가 있다면 말씀해주세요.

A 이 또한 저를 자책하는 순간입니다만…. 〈디스코드〉가 멜론 TOP 100 차트에 들어왔을 때 처음 듣고 '오? 괜찮네? 새로운 아이돌인가?' 하고 몇 번 들었습니다. 그때 음악 듣던 패턴이 일단 좋아하는 음악 분류들은 따로 목록 저장해놓고, 새로운 음악을 듣기 위해 멜론 TOP 100을 통째로 한번 들은 후 괜찮은 것들만 남겨 놓고 다시 듣곤 했었거든요. 그렇게 몇 번 듣고는 따로 남겨 놓을 음악을 선별하는 과정에서 〈디스코드〉

를 삭제했었네요. 과거의 나야 왜 그랬니…. 왜 알고리즘은 그때 저에게 〈최애의 아이들〉을 추천하지 않았던 걸까요….

그리곤 다시 접한 것이 자주 보던 유튜브 [동네친구 강나미] 채널에 QWER이 나왔을 때였습니다. 그때 알고리즘에서 꽃이 피어나더라구요. 유튜브는 〈고민중독〉을 기타로 기똥차게 치면서 환호를 하며 즐기는 라이네라 님의 쇼츠로, 개인방송에서 연주를 하다 방송사고를 냈다는 마젠타 님의 쇼츠로 절 안내했고, 결국은 〈최애의 아이들〉로 절 인도했습니다. 하지만 그때까지만 해도 '호기심' 정도였던 것 같습니다.

Q '내가 QWER을 제대로 파야겠다!'라는 느낌이 확실하게 든 '덕통사고' 계기가 있었다면 말씀해주세요.

A 저쪽 평행세계의 어떤 팬 사이트에 쓴 내용이기도 한데요. 덕통사고의 시점을 이야기하려면 어린 시절의 이야기부터 해야될 것 같습니다.

아주 어릴 때부터 음악과 친하게 지냈었습니다. 부모님이 가요들을 즐겨 들으셨기도 했고, 친척 형과 누나들은 제이팝과 팝송을 제게 들려주기도 했었죠. 이야기한 바와 같이 이승환 님을 좋아하기도 했고, 매주 TV와 라디오의 음악방송을 들으며 유행하는 곡을 따라 부르기도 했었습니다. 또 크라잉넛의 〈말달리자〉, 노브레인의 〈바다 사나이〉와 함께 인디밴드 신이 커져갈 때는 락이라는 장르에 빠져 보기도 했구요. 한동안은 DJ 못지않게 춤추기 좋은 음악들을 찾아 모으던 때도 있었습니다. 그러다 보니 그 시절에 들었던 음악을 들으면 그때의 즐겁던 기억이나

아련한 기분을 느끼는 경험은 많이 하게 되는 것 같습니다. 일본 가수인 CCB의 〈Lucky Chanceをもう一度〉를 들으면 친척 형과 침대에서 뛰던 때가 생각나고, 4 Non Blondes의 〈What's Up〉을 친구들과 함께 부르며 술을 마셨던 때도 아련하게 떠오르거든요. 근데 이런 경험과 기분은 '그 시절 들었던 그 음악'을 들었을 때만 접할 수 있는 것 같습니다.

한편 덕통사고는 〈고민중독〉의 뮤직비디오를 보면서 일어났습니다. 〈최애의 아이들〉을 띄엄띄엄 보면서 어떤 에피소드는 건너뛰고 그러다가 〈고민중독〉 뮤직비디오를 보게 됐는데, 눈물이 콸콸 쏟아졌습니다. 심지어 뮤비 보기 바로 전에 본 뮤비 리액션 영상에서 시연 님이 우는 것을 보고 '공감을 잘 하는구나' 생각하며 무덤덤하게 넘어간 뒤였습니다. 뭐라고 설명하기 어려운 복잡 미묘한 감정들이 뒤섞이며 만들어낸 눈물이었습니다. 정말 꽝꽝 울었습니다.

'그 시절 들었던 그 음악'이 만들어내는 아련한 기분과는 차원이 달랐습니다. 그건 내가 그때 그 노래를 들었기에 회상을 하며 발현되는 감정이라면, 〈고민중독〉의 뮤비를 본 지금은 마치 아예 나를 그 시절의 나로 데려가 세워두는 것처럼, 뭔가 직접적으로 날 때려 감정을 요동치게 만드는 것 같았습니다. 조금 정리해보자면 '다시 돌아갈 수 없는 내 청춘에 대한 아련함과 서글픔에 더해 다시 느끼는 청춘의 낭만에 대한 벅참과 희열'이랄까….

그렇게 몇 번을 돌려보며 몇 분을 계속 울어 제낀 후 정신이 돌아왔고, 설렁설렁 봤던 영상들을 처음부터 다시 정주행하기 시작했습니다. 그들의 '서사'가 제 '감정'에 얹어지기 시작했습니다. 이때부터 덕통사고를 지나 입덕을 하게 된 거라 볼 수 있겠네요.

Q 지금까지 QWER 행사 가운데, 가장 기억에 남는 행사 3개만 추천해 주시고요, 그 이유 또한 구체적으로 말씀해주세요. 본인이 직접 참가한 행사가 아니라도 좋습니다.

A 모든 행사가 기억에 남는데 세 개만 꼽는 건 너무 힘듭니다. 가장 기억에 남는 행사가 2024년 조선대 축제, 보령 섬의 날 행사, 알블 쇼케, 팬콘, 노들섬, 뷰민라… 너무 많습니다만, 딱 3개만 이야기하자면….

첫 번째로 2024년 조선대학교 축제를 꼽겠습니다. 정말 아무것도 준비하지 않고 갔던 첫 번째 오프였는데요. 아무래도 처음이다 보니 기억에 남습니다. 사전 정보도 제대로 확인하지 않고 공연 한 시간 전에 조선대에 도착해서 어디가 관람 공간 입구인지도 모르고 헤매다가 결국 못 들어가고 밖에서 공연을 봤었습니다. 밖인데도 사람들이 많아서 뒤로 밀리다 보니 멤버들이 새끼손톱만하게 보이는 위치에서 보게 됐었지만, 역사적인 4분할 화면, 폭력적인 히나 님의 원샷과 그녀의 미모에 감탄한 사람들의 "오~" 하는 소리가 아직도 기억에 훤합니다. '다음번에는 좀 더 가까이서 봐야겠다'고 다짐했었네요. 깃발은 생각도 못 하고 말이죠.

두 번째는 〈알블〉 쇼케이스입니다. 티켓팅에 성공한 뒤 반차를 쓰고 사무실을 뛰쳐나온 시점부터, 이미 마음은 구름 위를 떠다녔습니다. 기차 안에서는 공연 때 후렴구를 따라 부르기 위해 당일 공개된 〈내 이름 맑음〉을 무한반복해서 들었고, 서울에 도착해서 지하철에서는 후렴구 안무를 땄습니다. 공연장 가기 전부터 이미 마음속은 쇼케이스였네요. 공연 시작 1시간 반 전에 도착했는데도 발권하고 줄 서는데 여유가 없어서, 당황하는 바람에 땀이 확 났습니다. 그렇지만, 마음이 따뜻한 바위게 분이 나눠 주신 슬로건이 부채 역할을 해서 버틸 수 있었습니다. 설레는 마음을 안고 본 쇼케이스에서는, 드럼 뒤에서 동그란 눈을 크게 뜨며 울컥해버렸던 쵸단 님, 마이크 코 박치기와 오빠 성대모사로 또 개그멤버임을 입증한 마젠타 님, 신나서 날아다니다가 울면서 '뿌에엥' 하신 시연 님, 우는 언니들 가운데서 언니들을 잘 달래고 똑 부러지게 말을 잘하는 히나 님을 영접할 수 있었습니다. 멤버들의 만담과 조롱, QWER의 눈물이 함께하고 바위게들의 우렁찬 응원이 함께해서 완전 시간순삭이었습니다. 나중에 깨닫게 된 거지만 널널하게 볼 수 있었던 마지막 국내 쇼케이스가 되버렸네요.

세 번째는 [1st Fan Concert '1, 2, QWER']입니다. "여러분들에게 도파민을 주겠습니다"라고 하며 콘서트 깜짝 발표를 질렀던 위버스 방송 순간. '널널할 거다'라는 유언비어가 무색하게 순식간에 사라졌던 포도알. 악전고투 끝에 결국 토요일 콘서트 티켓을 쟁취해서 표효를 했던 티켓팅의 순간. 일요일 표까지 얻어 보고자 끊임없이 좌석을 새로 고쳐가며 눈이 빠지게 폰과 노트북을 쳐다봤던 취켓팅의 고난. 굿즈 구매와 끝없이 이어진 티켓 발권줄, 그리고 따뜻했던 나눔의 현장들을 마주했던 콘서트장 입장까지! 이미 공연 시작 전부터, 아니, 3달 정도 전부터 감정의 롤러코스터를 경험하고 있었습니다.

공연은 말해 뭐하나요. 진짜로 할 줄 몰랐던 먹방에, 언니즈의 달리기, 막내즈의 댄스 브레이크, 히나 님의 유혹이 돋보였던 중간영상, 마침내 볼 수 있었던 〈메아리〉, 마젠타 님의 베이스 솔로와 중간 보컬 솔로, 그리고 6연속 폭죽과 응원 솔로, 놀람의 연속이었던 〈고민중독〉, 별이 쏟아지는 듯한 조명의 〈별의 하모니〉, 마지막 편지 영상까지…. 하나하나 떠올리다 보니 그렇네요. 네. 저는 아직도 저기에 살아요.

Q 각 멤버들에게 감동받았던 사연을 하나씩 말씀해주세요.

A 딱히 개인적으로 감동을 받는 사연이 있는 건 아니지만, 바위게들이 느끼는 '이런 부분은 감동이다'라는 걸 이야기하자면, 전공자였던 쵸단 님의 경우, 비전공자 악기 멤버들을 끌고 가야 한다는 점부터 벽이었을 텐데요. 리더로서 모든 상황을 잘 정리하고 지금까지 잘 이끌어 오셨다는 것 자체가 감동 포인트입니다. 거기다가 무릎 치료를 하는 중에도 보이는 드럼에 대한 열정이 대단하셔서 더욱 멋지고요. 세계 최고의 드러머가 될 거라 믿어 의심치 않습니다.

마젠타 님은 쉼 없는 노력으로 바위게들을 감동시킵니다. 보통사람은 일하면서 하나의 개인적인 목표도 성취하기가 어려운 데 베이스 연습에, 영어 공부에, 일본어 공부에, 중국어 공부에, 팬들과 소통에…. 가만있자, 혹시 숨겨둔 쌍둥이 동생이? 정말 24시간을 알차게 쓰시는 것 같아 제 자신을 반성하게 됩니다. 그리고 착함을 넘어선 만인에 대한 배려와 박애! 멤버들에게도 '젠맘'인 것은 둘째 치고 그런 마음이 팬들과 소통하는 개인방송에서도 드러나서 감동입니다.

히나 님은 T라서랄까요? 뜬금없이 왜냐고 하시겠지만, 드러내지 않는 진심이 느껴지거든요. 사실 누구보다도 논란에 가장 마음 아팠을 히나 님이었지만, 울지 않을 뿐만 아니라 악에 받친 모습조차 보이지 않고 그냥 공연 때 '짠!' 하고 보여주며 인정할 수밖에 없게 만들어버리는 게 참 대단하다고 느낍니다. '나 힘들지만 열심히 하고 있어!'의 문장에서 다 지워버리고 '했어'라고 보여주는 느낌이랄까요. 아! 정 못 참으면 한마디 하시네요. "내가 만마녜(만만해)?"

시연 님은 하…눈물을 못 참겠습니다. 시연 님의 서사를 소재로 삼은 QWER Toon 님의 만화는 볼 때마다 웁니다. QWER Toon 님의 만화에서처럼, 바위게는 시연 님이 행복하면 웁니다. 앞으로도 많이 울 테니까, 부디 시연 님이 행복하시기만을 바랄 뿐입니다.

Q QWER이라는 팀에게 감동받았던 사연을 하나 말씀해주세요.

A 사연으로 말하자면, 자주 깃발 샤라웃을 해주셔서 감동을 받고 있습니다. 이런 거 말고 감동적인 부분을 이야기하자면, 성장형 밴드이기에 부딪쳐야 하는 여러 고난들을 이겨나가는 모습이 바위게들에게 계속 감동을 줍니다. 바위게들 사이에서는 의구심이 들 때면, QWER 멤버들뿐만 아니라 소속사분들을 보며 하는 말이 있어요. "지금까지 그래왔듯이 이

번에도 증명해 보일 거다." 바위게들은 멤버분들과 소속사분들의 진심을 느끼며 감동을 받고, 항상 그들을 믿고 있습니다.

Q 서울이 아닌 지역에 사시는 경우, 행사에 참여하는 데 어려움이 많을 텐데요, 어떤 것까지 해보았는지 말씀해주실 수 있으면 해주세요.

A 저보다 더 미친(좋은 뜻으로) 바위게 분들이 많으셔서, 사실 '이런 것까지 해봤다'라고 내세울 것은 딱히 없는 것 같아요. 그냥 국내 공연이라면 깃발이 항상 있게끔 노력하고 있다는 것 정도?? 그만큼 장거리 운전을 많이 하고 있다는 것 정도일 뿐입니다. 미쳤다고 표현했지만, 사실 이런 일들이 추억과 낭만을 남기고 또 거기에서 활력을 느끼는 것이 바로 덕질의 묘미 아니겠습니까. 물론 현생에 피해가 가지 않는 선에서 말이지요.

아. 현생 이야기를 하니, 하나 떠오르긴 하네요. 2025년 [원 아시아 페스티벌]과 [뷰티풀 민트 라이프 페스티벌]을 가기 위해, 5일 걸릴 일을 3일 만에 끝내느라 야근을 많이 많이 했던 기억이 있습니다. 덕질로 그 기분을 덮어버리긴 했지만, 일을 많이 한 것 자체는 낭만이 아니라서….

Q 혹시 바위게들과의 추억이 있습니까? 기억나는 추억이 있으면 공유 부탁드립니다.

A 깃발을 들고 간 두 번째 오프가 [강진 하맥축제]였습니다. 그 전에 팬 카페를 통해서 '좋은 하루 보내고 있ROCK' 깃발좌 A 님과는 온라인 친분

을 쌓아놓은 상황이었습니다. 2시쯤인가에 행사장에 도착했는데, 깃발좌 A 님께서는 이미 도착해 계셨고, 다만 깃대를 놓고 오셔서 깃발만 챙겨 오신 상황이었습니다. 그때 제안을 해주시더라고요. 깃발 콜라보를! 그래서 공연장에 들어가서 '좋은 하루' 깃발과 '바둑무늬' 깃발을 한 깃대에 달게 됐습니다. 행사 시작부터 끝까지 콜라보 깃발과 함께, 그리고 깃발좌 A 님과 함께 방방 뛰며 즐겼었습니다.

그리고 특이했던 추억거리 중 하나는, [경주 LCK] 행사가 끝나고 나서 시작됐습니다. QWER 공연을 보고 다음 공연장소인 [제천 국제음악영화제]으로 넘어가려고 서둘러 출발한 지 5분 뒤쯤. 팬 카페와 평행세계 팬 커뮤니티에서 중계하시는 분을 누가 태워 가면 좋겠다는 글이 올라온 겁니다. 전 출발한 지 얼마 안 됐으니 거기에 댓글을 달았고 또 어떤 분이 댓글로 위치를 알려주시고, 그렇게 진짜 경주실내체육관으로 돌아가서 생중계 바위게 님을 태워서 제천으로 달리게 됐습니다.

제천에 잘 도착한 뒤, 생중계 바위게와 깃발 바위게는 각각 공연장 맨 앞과 맨 뒤에 있어야 하므로, 공연이 끝난 뒤 뵙기로 하고 찢어졌습니다. 공연이 끝난 후 다시 만나서 차를 세워둔 곳까지 운행하는 셔틀을 후다닥 탔는데…. 갈수록 전혀 생각하지 못한 곳으로 가더니 결국 40분 정도 떨어진 제천 시내에 내리게 됐습니다. 셔틀을 잘못 탔더라고요. 시간도 늦었던 터라 후딱 택시를 타고 다시 주차장으로 이동했습니다.

[제천 국제음악영화제]는 특이했던 것이 만 원짜리 지역화폐를 돌려줬었습니다. 이걸로 공연장 근처 푸드코트 뿐만 아니라 시내의 식당 여러

곳에서도 쓸 수가 있었고요. 그래서 시내로 다시 가서 생중계 바위게 님과 함께 콩나물국밥을 든든히 먹었습니다. 그렇게 다음날 공연장소였던 논산으로 향했고, 새벽에 논산에 도착해서 생중계 바위게 님을 내려드리고 전 오후 일정이 있어서 그렇게 집으로 향했습니다. 생각해보면 지금까지 제일 장시간 동안 바위게와 함께했던 여정이었네요.

그 이후에 정말 영광스럽게도 전바시 바위게 님에게 연락이 와서, 깃발좌 A 님과 함께 인터뷰를 하게 되었고요. 생중계 바위게 님과의 에피소드를 비롯해서 깃발에 대한 많은 이야기를 할 수 있어서 너무나도 즐거운 시간이었습니다. 유튜브에 제가 주인공으로 나오다니 이 영상은 죽을 때까지, 아니 죽어서도 가보로 남기겠습니다.

이외에도 청주대에서 바위게 및 일반 관람객들과 함께 〈고민중독〉에 맞춰 강강술래를 했던 추억도, [뷰티풀 민트라이프] 공연장에서 〈고민중독〉에 맞춰서 슬램을 했고, 충격적이게 좋았던 YB 님들의 공연에 맞춰 바위게들과 헤드뱅잉을 했던 추억도 있습니다.

덕통사고로 인해 생긴 '감정'에 QWER 멤버들의 '서사'를 얹었고 이제는 QWER 뿐만 아니라 바위게들과 '함께'라는 상황이 쌓여가며 덕질이 완성형이 되어가는 것 같습니다.

참! 그리고 믿으실지 모르겠지만 사실 전 수줍음이 많은 'T'입니다. 사람들 속에서 깃발을 펼칠 때마다 정말 수십 번을 마음속에서 용기를 끌어올려 내곤 했었지요. 그래서인지 처음엔 바위게들과의 접촉이 쉽지는 않았었습니다만, 힘내라고 응원해 주시거나 덕분에 힘이 난다고 해주시는 분들 덕에 오히려 제가 큰 힘을 얻어, 계속 용기가 생기는 것 같습니다. 모든 바위게 분들에게 감사드립니다.

Q QWER이라는 팀으로 인해 내 인생의 변화가 있었다면, 말씀해주세요. 멤버 개인으로 인한 인생의 변화라도 좋습니다.

A 인생에 처음으로 제대로 된 덕질을 해봅니다. 이전에는 사실 어떤 가수 분의 팬 활동을 열심히 하시는 아주머니를 보면서 이해를 못 했었어요. 하지만 지금은 인정합니다. 제가 매우 편협했습니다. "□□이가 날 위로해줬어"라는 말 듣고 '저게 뭔 말이야' 했었습니다. 그때 그 말씀하셨던 선생님 죄송했습니다. 이젠 제가 그 말을 하게 됐네요. 자신 있게 말할 수 있습니다. QWER이 절 위로해줬을 뿐만 아니라 삶의 원동력이 됐습니다. 사소한 것에서도 행복을 찾는 성격인지라, 덕질 이전의 삶이 불행했다거나 하지는 않았습니다. 다만 일과 집의 일상이 반복되던 삶에서, 재미만 끼어든 것이 아니라 아예 삶 전체적으로 활력이 생기게 됐습니다. QWER의 공연을 보러 가기 위해 연차를 아끼고 일을 압축적으로 열심히 하게 되었고요. QWER의 공연을 더욱 건강하게 즐길 수 있도록 운동도 더욱 열심히 하게 됐습니다. 또 좀 웃길 수 있지만 차에도 포토카드가 있고 폰에도 QWER이 있으니, 평소에도 '우리의 QWER이 보고 있어'라고 생각을 하며 더욱 멋진 사람이 되기 위해 노력하게 됩니다.

Q QWER 굿즈 가운데 가장 마음에 드는 것, 그리고 그것이 마음에 드는 이유

를 알려주세요.

A 공식 굿즈로는 포토카드가 마음에 듭니다. 앞서 말씀드린 것처럼, 차에서 항상 보며 에너지를 얻을 뿐만 아니라 좋은 에너지를 뿜게 되거든요. 그리고 '마젠타×아노블리어' 콜라보 제품인 바위게 키링이 굉장히 마음에 듭니다. 다른 바위게 분들도 마찬가지겠지만, 뭔가 바위게의 표식 같은 느낌이라서 오프 때는 특히 더욱 눈에 띄게 차고 다닙니다.

비공식 굿즈로는 어떤 커뮤니티에서 제작한 타월 슬로건과 팔토시가 마음에 듭니다. 오프 때 굉장히 유용하게 쓰고 있고요. 또 QWER Toon 님의 '코 스핀 굿즈'가 너무 좋습니다. 매일 행운을 비는 느낌으로, 출근할 때 한 번씩 돌립니다.

Q QWER 노래 가운데 가장 좋아하는 곡, 그리고 가장 좋아하는 소절을 알려주세요. 이유 또한 말씀해주세요.

A 진부하실 수 있지만 원탑은 〈고민중독〉이죠. "1, 2, QWER!"로 시작하는 것 도입부터 "좋아한다 너를 좋아한다 좋아해(좋아해!!) 너를 많이 많이 좋아한단 말이야" 부분은 도파민이 펑펑 터집니다. 그리고 '손을 놓지 않는' 시리즈의 팬 송인 〈메아리〉와 〈디데이〉도 좋습니다. 특히 〈메아리〉의 기타 솔로 부분은 가슴을 뜨겁게 달아오르게 만드는 것 같아요.

Q 마지막으로 QWER에게 전하고 싶은 말이 있다면 말씀해주세요.

A QWER의 행복이 바위게들의 행복입니다. 그리고 건강이 최고입니다.

평생 QWER 해주셔야 하잖아요. 바위게들이 지금 잡은 두 손을 절대로 놓지 않을 테니까 평생 함께해요. 100주년 고고!

Q 언제 어떤 계기로 깃발을 들게 되셨는지 말씀해주세요.

A 2024년 [펜타포트] 영상에서 QWER 깃발을 처음 보게 됐습니다. 처음 시작은 '저거 나도 할 수 있겠는데?? 한번 해볼까?'였습니다. 감사하게도 팬 카페에 어떤 분이 올려주신 QWER 로고를 가지고, 그림판을 이용해서 디자인을 하게 됐구요. 그걸 평소에 알던 인쇄업체에 부탁해서 깃발을 제작하게 됐습니다. 쇼핑몰에서 5m 장대를 구입했고요. 그렇게 장만한 깃발을 처음으로 갖고 간 곳이 보령에서 열린 [섬의 날] 축제였습니다.

크게 생각지 않고 시작했는데 지금은 이 깃발이 저에게 아주 큰 의미가 됐습니다. 물론 깃발보다 QWER과 그들의 공연이 가장 큰 의미이긴 합니다. 다만 이 깃발로 QWER과 바위게에게 응원을 보낼 수 있다는 차원에서, 더욱 힘내서 흔들고 있습니다.

Q 깃발을 드시면서 뿌듯했던 순간 2가지만 알려주세요.

A 깃발을 흔드는 광경을 멤버분들과 매니저분들이 샤라웃 해주시면 굉장히 기분이 좋습니다. 또한 바위게분들이 '뽕 찬다'라고 해주실 때, 솔직히 그로 인해 제가 더 큰 힘을 얻는 것 같습니다. 그리고 깃발을 탈취 당할 때도 은근 뿌듯합니다(장난으로 탈취라고 표현했습니다). "한번

흔들어 봐도 돼요?"라고 물어 오시면, 얼마든지 내어드립니다. 때에 따라서 깃발 2개를 갖고 다니기도 하니, 언제든 말씀하시면 '잠깐이 아닌 full로' 깃발을 체험할 수 있게 해드리겠습니다.

아. 그리고 이번 〈난네온불〉 앨범의 〈하이라이트 메들리〉 마지막에 깃발의 영상이 들어가서, 정말 아직도 어안이 벙벙하고 몸들 바를 모르겠습니다. 3Y분들과 QWER에게 보은한다고 생각하고, 기력이 다하는 그 날까지 열심히 흔들겠습니다.

Q 그렇다면 깃발을 드시면서 힘들었던 순간 2가지만 알려주세요.

A 깃대를 8m로 업그레이드하면서 더욱 많은 힘이 들어갑니다. 그리고 깃대 없이 깃발을 양팔로 들어 올리고 있을 때면, 어깨가 불탑니다. 하지만 그런 신체적인 힘듦은 별거 아닙니다. 제 행위에 누군가가 힘을 받는다면 얼마든지 운동하면서 커버해가야죠.

몸 생각을 안 하며 오프를 한다는 뜻은 아닙니다. 덕질을 시작한 지 얼마 안 돼서 갔던 오프에서, 컨디션이 안 좋아 충분히 즐기지 못했던 때가 있었습니다. 이런 때면 정신적으로도 함께 힘들어지기 마련인데요. 내가 무엇 때문에 덕질을 하는지, 주객이 전도된 건 아닌지 생각해보기도 했습니다. 결국 몸과 마음의 건강도 함께 챙기며 덕질을 해야 한다는 걸 그때 배웠습니다.

덕통사고를 당했던 때를 생각해보면, '낭만의 시간을 같이 즐기며 현실에서 생긴 응어리를 정화하는 카타르시스를 느끼는 것'이 덕질의 원초적인 동력이 되는 것 같다고 생각을 해보았습니다. 함께 낭만을 즐기며 카타르시스를 느끼는 행위 자체에 내 덕질의 의미가 있는 것이니까, 그래서 깃발을 흔들 수 있다면 좋고, 못 흔든다면 바위게와 함께 큰소리로 응원해서 좋고, 현실이 여의치 않다면 중계로 "어이! 어이!"를 함께 외치는 그 즐기는 순간도 좋은 것이라고 생각합니다.

결국 '함께 즐기자' 말을 참 어렵게 한 거 같은데요('나만 즐기면 돼'라는 나쁜 마인드는 다메だめ!) 그래서 지금은 충분히 공연을 즐기고 영상도 함께 즐기며 덕질을 하고 있고, 앞으로도 그렇게 오래 덕질을 해볼 생각입니다.

Q <엠카운트다운> 방송화면의 처음과 끝에 깃발이 나왔는데 소감을 말해주세요.

A 현장에서 깃발을 흔들며 앞을 보는데, 무대 옆의 화면에 깃발이 순간 잡히더군요. 그때 깃발이 천천히 움직이게끔 조금 더 힘을 줬습니다. 깃발을 본 반응인지 아닌지 모르겠지만 관객석에서 "와…" 하는 소리가 들리긴 했어요. '대박이다'라고 생각을 잠깐 하고 공연을 보는데, 한 번 더 나오더군요. 어안이 벙벙할 따름이었습니다.

공연이 끝나고 팬 커뮤니티를 보고 나서야, 깃발이 방송에도 나온 것을 알게 됐습니다. 이쯤 되니 살짝 부담스러운 마음도 들기는 했어요. 'QWER 멤버분들의 두 번째 음방인데…. 엔딩 요정을 분명 준비했을 텐데'라고 말이죠. 배시시 웃다가, 가슴이 조금 답답해졌다가를 반복했네요. 근데 바위게분들이 너무나도 좋아해 주시더라고요. 감사할 따름이었습니다. 어떤 분은 이렇게 글을 써주셨어요. "나중에 QWER의 자체 콘텐츠에서 '음방 엔딩 요정을 준비했었는데, 우리들 대신에 깃발이 나왔어요'라고 써먹을 것이다." 그 글을 읽은 뒤 마음의 짐을 덜었습니다. '우리 QWER은 이것 또한 콘텐츠로 쓰고 웃고 넘길 거다'라고 생각하니, 조금은 마음이 가벼워졌습니다.

이제는 정말 좋은 기분과 함께 이런 생각을 합니다. 'QWER이 밴드 아이돌이라는 이도류의 길을 가고 있는 만큼, 락 페스티벌 이외의 공연과 무대에서 깃발이 QWER과 바위게들의 상징성을 더해줄 수 있겠구나'라고요. 그리고는 조심스럽게 꿈꿔봅니다. (주최 측이 허락하는 공연에 한해서) 모든 QWER의 공연에 꼭 한 개 이상의 깃발이 있기를.

그 깃발이 꼭 제 것일 필요는 없습니다. 저의 꿈(이라고 하긴 좀 그렇고 로망?)을 위해서는 제 깃발만 특별해서는 절대 안 될 것 같다고 생각하고요. 우리의 QWER 깃발이, 깃발러들이 더욱 많아져야 한다고 생각합니다. 깃발러되는 거 어렵지 않아요. 현수막 업체를 통해 깃발 제작하고, 바다 뜰채를 사서 공연에 가서 흔들면 됩니다(물론 관객석 뒤에서 흔드셔야 하긴 합니다). 누구나 깃발러가 될 수 있습니다. 함께 하시죠. 함께란 이유가 되어 줄테니~~♬

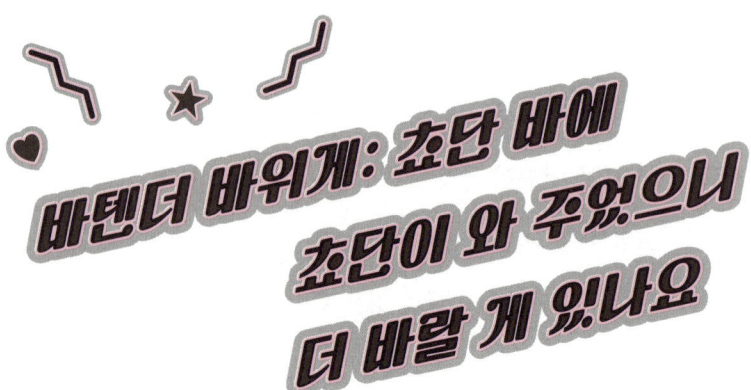

바텐더 바위게: 쵸단 바에 쵸단이 와 주었으니 더 바랄 게 있나요

2024년 11월 1일, QWER의 리더 쵸단의 생일카페를 방문한 저는 함께 열린 쵸단 위스키 바에서 바텐더 바위게를 만났습니다. 그 당시에는 살갑게 인사를 나누지 못했지만, 바텐더 바위게는 제게 (쵸단이 좋아하는) 아드벡 코리브레칸을 소개해 준 고마운 분으로 기억됩니다. 이외에도 바텐더 바위게는 QWER의 해외 콘서트 때 제게 사진을 비롯한 여러 정보를 제공해 주시고, 기타 생일카페 진행에도 참여하셨습니다. [2025 펜타포트 락 페스티벌] QWER 무대가 끝난 뒤, 저는 깃발좌 B 및 바텐더 바위게와 함께 푸드코트로 이동해, 바위게 토크를 나누었습니다.

Q 반갑습니다, 바텐더 바위게 님! 간단히 자기소개 부탁드립니다.

A 저는 쵸바를 운영했던 바위게입니다. 저는 오프라인 행사를 많이 가고 싶지만, 지방에서 근무하는지라 주로 주말에만 많이 움직이게 됩니다. 그래서 주말 생일카페 등 행사를 돕는데 많이 애쓰고 있습니다.

Q QWER을 덕질하기 이전에 좋아했던 뮤지션이 있었다면 말씀해주세요.

A 80~90년대 미국 팝이랑 제이팝을 많이 들었거든요. 락도 좋아했지만 일본의 80년대 시티팝 등도 즐겨 들었습니다. 그리고 재즈를 많이 들었어요. 아이돌 덕질이라면 예전에 '여자친구'를 좋아했습니다. 2015년 데뷔 때부터 꾸준히 덕질했는데, 해체 이후에 QWER에 빠지게 되었습니다.

Q 좋아하는 뮤지션의 앨범을 산다던가 공연을 가보신 적은 있으신가요?

A 많이 갔죠. 락의 경우에는 '오아시스'나 '뮤즈' 등의 내한공연을 갔습니다. '여자친구'의 경우에는 팬 사인회 또한 자주 갔습니다. 그때는 가수와의 거리 조절을 잘못해서, 거의 모든 팬 사인회에 출석했습니다.

Q 그렇다면 좋아했던 뮤지션과 QWER의 공통점에 대해서 말씀해주세요.

A 여자친구와 QWER은 모두 시작이 미약했는데 엄청난 성장을 보였어요. 팀 멤버들이 케미도 좋지만, 워크에식이 높습니다. 정말로 열심히 노력한다는 것이 느껴져요. 대견하다는 생각을 많이 하고, 이 친구들이 오

래오래 갔으면 좋겠다고 생각해요.

Q 최근 여자친구 콘서트에 다녀오셨습니까?

A 갔었죠. 겨우겨우 표를 구해서 갔습니다. 그리고 좀 울었습니다. 왜냐하면 '다음'이란 없기 때문에. 비록 콘서트를 또 할 수는 있지만, 각자의 길이 이미 있기 때문에. QWER과 여자친구 모두 음악적 성향이 메인스트림과 떨어져 있었거든요. 아름다운 한글 가사 또한 특징이고요. 그래서 둘 다 좋아했습니다.

참고로 최근 한국의 밴드 신이 대중성이 좀 약해요. 감성은 좋은데, 그 매력을 어필할 수 있는 방법론이 약했어요. 제 지인 중에 인디레이블을 하는 분이 계세요. 공연 기획도 하시는데, 그분이 '일본은 되는데 한국이 안 되는 이유'를 말씀하세요. 실력이 없는 게 아니라, 공감을 이끌어낼 수 있는 방법이나 마케팅 등을 좀 더 발전시켜야 한다고 말씀하시더라고요.

(※ 깃발좌 B: 예전에는 대중에게 다가가는 기획력이 락 신에서 부족했던 것 같아요. 대중성이 강하면 락밴드임을 부정하는 홍대병 마인드 때문인 것도 좀 있었고, 방송에서 대중에게 다가가는 기획을 마련해준 자리를 발로 차버린 '카우치' 사건도 있었고요. 하지만 그 속에서도 꾸준하게 활동을 해 오신 선배 밴드들, 새로이 밴드 활동을 하시는 분들 덕에 '밴드붐'이 생겨나는 것 같고, 요즘은 밴드기획사들도 이 밴드붐의 기류를 더욱 거세게 하기 위해 마케팅을 잘해나가는 것 같아요. 예능 프로

그램인 〈복면가왕〉에 '터치드'의 윤민 님이 나오고, 〈슈돌〉에 나온 바다 님의 따님이 윤민 님과 만나고, 〈세차장〉이라는 예능에는 '유다빈밴드'가 나오구요. 그리고 우리의 QWER이 여기에 기름을 부은 것 같다는 생각입니다. 저조차도 QWER 덕에 예전에 자주 들었던 노브레인, 크라잉넛의 음악을 다시 듣게 됐고, 터치드, 유다빈밴드, 실리카겔 등의 새로운 락밴드 음악을 듣게 됐어요. 그리고 여기 [펜타포트]에서 이들의 공연을 함께 보게 되다니 눈물이 납니다).

Q 그러면 QWER 결성 이전에 멤버에 대해서 알았다면, 그 점을 말씀해주세요.

A 쵸단의 경우, [피지컬 갤러리]에서 봤습니다. 귀여운 친구인데 반사 신경이 남다르다는 점에서, 갭모에를 느꼈습니다. 마젠타의 경우, 코로나 시기에 재택근무를 할 때, 방송을 틀어놓고 일을 했어요. 라디오처럼 듣던 방송을 통해 마젠타를 알게 되었습니다. 히나의 경우에는 얼굴은 알았는데 냥농녕냥인 줄은 몰랐고요, 시연은 아예 몰랐어요. 〈최애의 아이들〉에 나오기 전까지 몰랐어요. 일본 음악도 아이돌 음악보다는 재즈나 밴드 음악을 들었거든요.

QWER 자체에 대해서는 '대림대학교 축제'에서 빠졌어요. 사실 대림대학교 축제에는 '이무진'의 음악을 듣기 위해서 갔어요. 우연히 지나가다가, 시간이 남아서 방문했지요. 이무진 공연을 보고 밥 먹으러 가려다가, 익숙한 노래가 들려서 돌아봤더니 〈고민중독〉이었죠. 그 후 '입덕 부정기'를 겪다가, 고려대학교 축제를 보고 나서 '덕통사고'를 당했어요. [입실렌티] 이전에는 일본의 '케이온'과 같은 귀여운 아이들이라고만 생각했었는데, [입실렌티] 영상을 보고서는 '이 아이들은 진짜 밴드구나!'라고 확신했어요. 그 이후에 QWER의 영상을 쭉 살펴보았어요.

Q 그러면 지금까지 QWER 행사 가운데, 가장 기억에 남는 행사 3개만 추천해 주세요.

A 2024년 [펜타포트]. 1열에 있었어요. 8시쯤에 도착해서 그때부터 줄을 서고 위치는 1열의 사이드 젠타존 쪽이었습니다. 저는 5월에 QWER의 [펜타포트] 참가가 발표되었을 때, 왜 논란이 되는지 몰랐어요. 여러 페스티벌에서도 다양한 장르의 가수들이 나오거든요. 저는 페스티벌에 활력을 불어넣을 수 있는 친구라고 생각했는데, 다른 분들은 '핸드싱크' 등을 문제 삼더군요. 실제로 핸드싱크를 하지도 않는데, 제대로 보지도 않고 비판하는 것이 싫었습니다. 그래서 1열에서 목이 터져라 응원해주고 싶었어요. 히나가 〈자유선언〉 도입부에서 솔로를 제대로 마쳤을 때, 저 또한 안도의 한숨을 쉬었죠. 이제는 증명의 순간이 끝났다.

둘째, 서울 팬 콘서트. 지금까지의 모든 공연을 압축해서 보여준 것이잖아요. 밀도감이 있고, QWER을 응원하는 사람들만 모였으니까 집중하기도 좋고. 지금까지 공연 중에 서울 팬 콘서트가 최고였다고 생각합니다. 저는 일본 팬 콘과 대만 팬 콘도 갔었죠. 그것과 비교해도, 서울 팬 콘은 무대 구성을 정말 잘한 거예요. 1년 차 밴드가 이 정도까지 공연력을 보여줄 수 있나 놀랐어요. 서울 팬 콘도 거의 단독 콘서트에 가까웠고,

중간에 멘트도 많았고.

셋째, 오사카 버스킹. 제가 알기로는 공개적인 공연 중에 가장 작은 규모였어요. 정말 '혼모노'들만 모인 느낌이었어요. 응원 박자가 정말 딱딱 맞아 들어갔습니다. 소수정예. 그때 느꼈어요. 소규모 공연에는 또 이런 맛이 있구나! 홍대 소규모 극장의 경우, 그냥 즐기러 오신 분들이 많아요. 여러 팀이 나오면 그중 한 팀에 관심이 있고 나머지는 즐기는 정도. 하지만 QWER 소규모 공연의 경우, 응집력이 장난이 아니었습니다. 그리고 팬 콘서트의 연장이었잖아요. 다음 앨범의 타이틀곡을 들려주기도 했고요. 이 때 느꼈어요. 하나의 챕터가 마무리가 되는구나. 그래서 대단히 인상 깊었어요.

Q 각 멤버나 QWER에게 감동받았던 모습은 무엇인가요?

A 쵸단의 경우, [피지컬 갤러리]에서 보여주는 모습과 개인방송을 할 때의 갭이 커요. 상당히 내향적이죠. 그래서 〈최애의 아이들〉을 보면서, 쵸단이 정말 큰 용기를 냈다는 점을 느껴서 감동적이었습니다. 마젠타는 항상 배려심이 있어요. 예전에 개인방송을 할 때부터 팬들의 말을 잘 듣고 대답을 잘 해주지 않습니까. 공감 능력이 정말 뛰어나서 '젠타맘'이죠. 히나는 사실 잘 모르겠다는 느낌이었어요. 정말 나와는 다른 세계에 가 있구나, 그곳에서 잘 놀고 있구나라는 느낌. 또한 어수선한 멘트 마무리를 잘하는 이성적인 판단력과 마무리를 잘하는 능력 등에 놀라움을 느꼈어요. 시연의 경우, 끈기와 열정, 절대로 포기하지 않는 마음을 보고서

눈물이 났습니다. 시요밍의 〈쇼룸〉을 아예 몰랐는데, 그것을 다운받아서 쭉 몰아서 보니 초창기에서 후반기로 갈수록 심정 변화가 느껴지는 거예요. 텐션에 점점 변화가 있고 막바지에는 지친 것이 뚜렷하게 보여요. 웃고 있지만 미묘한 슬픔이 느껴져요. 그때 김계란이 DM을 보냈죠. 저는 QWER이라는 멤버 이외에도 3Y코프레이션에 감동을 많이 받았어요. 사실 빙빙 같은 경우에는 QWER을 맡지 않았더라면 훨씬 나은 커리어를 쌓았을 겁니다. 기획력이 뛰어나서, 당시 정말로 많은 제의를 받았다고 들었어요. 그러나 빙빙은 자기만의 길을 택한 거죠. 지금까지의 기획사는 매니지먼트만 했지만, 이곳은 가수와 매니저와 PD들이 서로를 배려하며 잘 조화를 이룬다는 점이 놀라웠어요. 그 맞물림, 함께 나아간다는 점이 놀라워요.

Q '나는 오프 활동을 위해 이것까지 해봤다!' 하는 것이 있다면 알려주세요.

A 저는 세종시에 살기 때문에 이동이 딱히 어렵지는 않습니다. 하지만 오사카 버스킹의 경우, 오사카에 가기 위해서 전날까지 야근을 했어요. 그런 뒤에 김포에서 밤 비행기를 타고 갔죠. 호텔에 도착해서 짐만 던져놓고 비를 맞으면서 공연장에 갔더니 저체온증이 오더라고요. 아침에 빙빙이 채워주는 팔찌 받고 호텔에 가서 다시 샤워하고 좀 쉬었습니다. 선착순으로 줄을 섰기 때문에, 긴장을 많이 했죠.

Q 바위게들과의 추억이 있다면 말씀해주세요.

A [펜타포트] 때 1열에 서서 기다렸던 팬들이 있었거든요. 그런데 우리가 마지막이었는데, 앞선 공연 팀 팬들을 위해 그들을 앞 열로 밀어주더라고요. 이것은 소규모 공연에서는 있을 수 없는 일입니다. 1열을 다른 팬들을 위해서 비켜준다는 것은 정말 있을 수 없거든요. 하지만 바위게들은 비켜주더라고요. 그래서 감동받았습니다. '우리는 QWER에게 절대 민폐를 끼치지 않겠다'라는 바위게들의 결기가 느껴졌어요. 1열을 사수했다가 양보한다는 것은 엄청난 희생인데 말이죠.

히나 생일카페의 경우에는 제가 참여할 생각이 없었는데요. 그냥 '어떻게 준비하고 있나' 보러 갔는데, 결국 붙잡혀서 자정까지 일했어요. 저만 붙잡힌 게 아니고, 자잘하게 도와주러 왔던 바위게들이 전부 붙잡혀서 일하고 있었어요. 기억에 많이 남습니다.

Q QWER이라는 팀으로 인해 내 인생의 변화가 있었다면, 말씀해주세요.

A 제가 하는 일이 전문적인 것이라, 그냥 했던 것을 쭉 해요. 큰 변화가 없어요. 그래서인지, 뭔가 지루하고 메말라 있었어요. '여자친구'의 경우도 해체되었고. 그냥 의욕이 없이 살고 있었죠. 그런데 QWER을 만나면서, 이 친구들의 열정과 도전 정신에 에너지를 받는 것 같아요. 그전에는 털레털레 걷고 있었는데, 지금은 힘이 넘쳐 걷는 느낌?

Q 어떤 계기로 쵸바를 운영하게 되셨는지 말씀해주세요.

A 본디 입덕 당시에는, 쵸단의 개인방송을 다 보지는 않았어요. QWER 팬

이 된 이후, 지난 영상들을 다 보았지요. 그런데 2023년 크리스마스 특별 방송에서 "바위게들과 함께 쵸바를 하고 싶다"라고 그녀가 말하더군요. 이 때문에, 저는 다른 바위게들이 쵸바를 할 줄 알았습니다. 그런데 아무도 안 하더라고요. 그래서 제가 해야겠다고 생각했죠. 다행히 이쪽 계통에서 취미 생활을 오래 했었으니까 가능했죠. 원래 초기 기획 단계에서는 정말 조그맣게 하려 했었는데, 그냥 이왕 하는 것 크게 제대로 해보자고 결심했어요. 지금도 약간 아쉬움이 남아요. 준비 시간이 부족해서 다양한 콘텐츠를 준비 못 했거든요. 2025년에는 좀 더 보완을 할 예정입니다.

Q 쵸바 운영을 하시면서 뿌듯했던 점과 힘들었던 점을 말씀해주세요.

A 쵸바 운영을 하면서 체력 문제가 생겼어요. 세종시에서 야근을 하고 서울로 가서 쵸바를 준비하는 과정이 정말 힘들었거든요. 내가 바에서 마시는 것과 바에서 서서 운영하는 것은 정말로 다르더라고요. 다행히, 술을 마시지 않더라도 바위게들이 와서 즐기고 사진 찍는 모습이 참 보기 좋았습니다.

Q 마지막으로 QWER에게 하고 싶은 말을 남겨주세요.

A 첫째, QWER이 오래 했으면 좋겠어요. 건강상의 이유로 해체하는 경우를 많이 보았거든요. 청력이 안 좋아진다든가 목이 나간다든가…. 그래서 QWER 멤버는 모두 건강했으면 좋겠어요. 둘째, 팀 QWER과 스텝이 초심을 잃지 않았으면 좋겠어요. 지금까지는 정말 잘하고 있고요. 앞으로도 그대로 쭉 갔으면 좋겠습니다.

락스타 바위게: QWER, 나를 구해줘서 고마워요

2025년 7월 18일 금요일 오후 5시, 저는 건대입구역 '읍천리382' 카페에서 락스타 바위게와 만났습니다. 《QWER과 바위게》에 담길 첫 번째 인터뷰였죠. 열정 넘치는 20대 밴드 청년인 그는 항상 그렇듯 기타를 메고 등장했습니다. 처음에는 연습을 마치고 헐레벌떡 오프 장소에 오느라 기타를 메고 있었답니다. 하지만 이제는 바위게들 사이에 콘셉트가 그렇게 잡혀, 기타를 메지 않을 수 없다는군요. 이렇게 그와 인터뷰를 시작했습니다. 이날 QWER의 월드투어가 발표된지라, 들뜬 분위기 속에서 진행되었습니다.

Q 먼저 자기소개를 해주세요. 개인 신상을 자세히 밝히실 필요는 없고요, 바위게로서 주로 어떤 형태로 QWER 덕질을 하고 있는지만 말씀해주세요.

A 공연과 콘서트를 즐기고 실제로 밴드 활동을 하고 있는 공대 바위게입니다. 제가 종종 기타를 메고 오프 활동에 나서다 보니, '기타 바위게'로 이미지가 고정된 것 같습니다. 그렇지만 전 보컬입니다….

Q QWER을 덕질하기 이전에 좋아했던 뮤지션(아이돌 포함)이 있었나요?

A 깊이 파는 덕질까지는 아닌데, 앨범을 구매하고 공연을 보았던 뮤지션은 있습니다. '쏜애플', '라쿠나', '창모' 등이 있습니다. 페스티벌에서 주로 접했고, 음반이나 LP를 구입했습니다. LP의 경우에는 선주문을 받고, 그 주문량만큼 한정수량으로 찍어서 판매하더군요.

Q 그 뮤지션의 어떤 점에 빠져들었나요?

A 저는 아티스트만의 고유한 색깔을 중시하는 편입니다. 사운드뿐만 아니라 가사, 앨범 소개, 그 가수의 서사를 중시하는 편입니다. 위에서 언급한 세 그룹 모두 그런 점들이 제게 와 닿았습니다.

Q 자신이 좋아했던 뮤지션과 QWER 사이의 공통점이 있다면 말씀해주세요. 또 다른 점도 말씀해주세요.

A 일단 원래 밴드 음악을 좋아했습니다. 그리고 QWER 또한 앞선 그룹과 마찬가지로 자기만의 색깔을 지니고 있었습니다. 한편 다른 점도 말

씀드릴게요. 제가 예전에 들었던 밴드 음악은 어두운 감정에 대해 우울한 가사로 말하는 경우가 많았어요. 물론 그런 감정도 소중합니다. 하지만 아침에 눈을 뜨니 햇살이 밝아서 행복하다는 등의 밝은 감정에 대한 노래도 필요하잖아요. 그런데 기존의 한국 밴드보다는 QWER의 음악에서 이런 밝은 감정을 많이 느낄 수 있었어요. 또한 남녀 간의 사랑 등과 같은 뻔한 내용이 아니라서 좋았습니다. 저는 디스토피아 안에서도 작은 희망을 느낄 수 있는 그런 분위기의 음악을 좋아합니다. 그 때문에 역경 속에서도 고통받으면서도 그것을 이겨내는 그런 QWER의 서사나 음악이 좋아요.

한편 한국에는 소위 '홍대병'에 걸린 뮤지션들도 분명히 존재합니다. 그런데 뮤지션만의 문제는 아닙니다. 밴드 음악을 듣는 리스너들이 특정 몇몇 스타일을 요구하기 때문에, 좁디좁은 밴드 시장 안에서 살아남고 인정받으려면, 뮤지션 또한 특정 스타일을 따라갈 수밖에 없습니다. 그러다 보니 더욱 변화에 인색하고 정체되고 대중과 괴리됩니다. 그런데 데이식스나 QWER 등이 고정된 스타일의 경계선을 무너뜨림에 따라, 밴드 신이 훨씬 확장되는 중이라고 생각합니다. 비록 그들은 기존의 밴드 수요층에게 인정받지 못하고 많은 고통을 겪었지만, 그들로 인해서 실제 밴드들은 숨통이 많이 트였다고 생각합니다. 특히 QWER의 역할이 크고요, 때문에 그녀들에게 진심으로 감사합니다.

비슷한 맥락인데요. 한국의 밴드 음악이 많이 획일화되어 있는 상황이었어요. 그런데 데이식스나 QWER 등이 나오면서, 적지 않은 아마추어들이 다시 악기를 잡게 되었고요. 세상의 눈에 맞추기 위해 살도 빼고 외모 관리도 하더라고요. 그런 건 본인들에게도 좋잖아요. 그래서 QWER이 매우 긍정적인 영향을 밴드 신에도 끼치고 있다고 생각합니다. 정말 QWER만 성장하는게 아니라, 바위게나 그녀들을 보고 다시 악기를 잡는 분들까지 동반성장하더라고요.

Q QWER 결성 이전에 멤버 개개인에 대해 알고 계셨다면 말씀해주세요.

A 쵸단과 젠타는 인터넷 방송을 챙겨보지는 않았지만 유튜브에 뜨는 것을 보고 알았습니다. 히나의 경우에는 냥뇽녕냥 영상이 언제부터인가 쇼츠에 엄청나게 뜨더라고요. 시연은 사실 QWER 데뷔 이후에 알게 되었습니다.

Q QWER에 최초로 관심을 갖게 된 계기가 있다면 말씀해주세요.

A 예전부터 김계란 님 팬이었기 때문에, QWER을 자연스레 접할 수 있었습니다. 그렇지만 처음에 QWER을 접했을 때 당황했습니다. 일단 시요밍이 일본인이라고 생각했어요. 그런데 일본인 시요밍이 밴드 보컬임에도 불구하고 노래하면서 춤까지 추니까, 정말 힘들겠구나 싶었죠.

Q '내가 QWER을 제대로 파야겠다!'는 느낌이 확실하게 든 '덕통사고' 계기가 있었다면 말씀해주세요.

A 제가 2024년 2월에서 5월까지 대단히 힘든 시기가 있었어요. 정말로 악재가 여러 개 겹쳤었거든요. 온종일 아무것도 하지 않고 침대에 누워서

폐인처럼 지냈습니다. 그런데 QWER이 아닌 어떤 여성 보컬이 〈고민중독〉을 커버한 영상을 보고서 확 빠져들었어요. 그때에서야 비로소 시요밍이 한국인인 걸 알았죠. 정말 미친놈처럼 QWER 노래를 듣고 또 듣고, 영상을 보고 또 봤어요.

처음에는 방구석 덕질만 하다가, 7월 27일 [안동 수페스타] 때 처음으로 QWER을 직접 보러 갔습니다. 정말 숙소 예약도 하지 않고 무작정 대중교통을 이용해서 [안동 수페스타]에 갔거든요. 안개가 짙었는데, QWER이 등장하자마자 거짓말처럼 날씨가 맑아지는 거에요. 그리고 그때 라이브로 들은 〈대관람차〉… 현장에서는 감동만 받았다가, 숙소로 간 뒤 눈물이 터졌어요. 그래서 저의 입덕곡은 〈대관람차〉입니다.

Q 지금까지 QWER 행사 가운데, 가장 기억에 남는 행사 3개만 추천해 주시고요, 그 이유 또한 구체적으로 말씀해주세요. 본인이 직접 참가한 행사가 아니라도 좋습니다.

A 첫째는 〈알블〉 쇼케이스. 저는 〈안녕 나의 슬픔〉과 마지막 앵콜곡 〈고민중독〉이 정말 좋았습니다. 둘째는 1월 26일 서울 마지막 콘서트. 이때에는 〈별의 하모니〉와 〈불꽃놀이〉. 셋째는 제천 의림지 버스킹. 항상 준비된 무대에서 하다가 버스킹을 한 것이 처음이었죠. 그날도 엄청 고생했지만, 거짓말처럼 비가 그치고 코앞에서 멤버들을 볼 수 있어서 좋았습니다.

일본 콘서트의 경험도 곁들이겠습니다. 도쿄 팬 콘과 오사카 팬 콘 둘 다

다녀왔습니다. 사실 콘서트는 너무 흥분해서 기억이 잘 나지 않고요. 바위게들과 함께 시모키타자와 등 성지순례를 하면서, 'QWER도 이 길을 걸었겠구나' 하면서 뿌듯했습니다. 한편 지난 겨울에 일본으로 가족여행을 떠났는데, 홋카이도도 경유하게 되었어요. 그래서 시요밍이 광고를 촬영했던 성지를 혼자 순례했습니다. 부모님이 주무신 틈을 타서, 새벽에 혼자 돌아다녔어요.

이와는 별개로, 에노시마를 지나는 에노덴 라인 쪽에 사는 일본인 친구를 사귀게 되었어요. 그 친구가 한 번 놀러오라고 권해서, 언젠가는 에노시마 쪽에 가서 며칠 머물까 합니다. QWER 덕분에 이런저런 인간관계와 제 경험이 늘어나고 있어요.

Q 각 멤버들에게 감동받았던 사연을 하나씩 말씀해주세요.

A 우선 쵸단은 가장 속을 알 수 없는 멤버였어요. 사실 그게 그녀의 장점이라고 생각했어요. 선을 잘 지킬 수 있으니까요. 하지만 그러면서도 궁금한 점이 많았어요. 그런데 〈자작곡 대작전〉 영상을 보면서, 쵸단이 정말 멋있다고 생각했습니다. 시연이는 위험한 모멘트가 있었고 젠타는 불안해했으며, 나영이는 항상 그렇듯이 무덤덤했어요. 그런데 쵸단이 그 가운데에서 중심을 잡아주더라고요. 말을 많이 하거나 무력을 쓴 것도 아닙니다. 하지만 분위기가 이상해진다 싶으면 교통정리를 잘해주었어요. 제가 밴드를 하다 보니까, 저런 역할이 얼마나 힘들고 중요한지 잘 알거든요. 쵸단이 정말 마음이 단단한 사람이라는 걸 느꼈어요.

사실 쵸단이 자신의 음악적 욕심을 많이 죽였거든요. 그녀가 좋아하는 밴드가 '슬립낫'이고 상당히 전문적이고 강한 음악을 좋아하는데, 다른 멤버들의 음악적 방향은 그와 달랐거든요. 그런데 쵸단은 묵묵히 듣고 있다가, 조화롭게 조율을 해나갔어요. 그런 모습이 정말 멋있었습니다. 원래 혼자 있기를 좋아하고 남에게 싫은 소리 못하는 사람이 쵸단인데, 얼마나 리더 역할이 힘들었을까 생각하면 더욱 대단해요.

마젠타의 경우에는 두 가지가 있어요. 첫 번째는 미혼모재단에 마젠타가 익명으로 기부를 했었잖아요. 뒤늦게 다른 사람에 의해서 밝혀졌는데요. 그때 쑥스러워하는 모습이 정말 감동적이었어요. 젠타의 팬들은 그녀를 '날개 없는 천사'라고 부르는데요. 저도 적극 동의합니다. 사람이 어찌 저리 착할까 싶어요. 두 번째는 마젠타는 언제나 진심이 넘치더라고요. 특히 팬 콘서트 때 젠타가 쓴 '손편지'를 보고서 현장에서 울컥했습니다. 바위게들에게 그런 소중한 마음을 가지고 있다는 것만 해도 고마운데, 그런 마음을 현장에서 표현까지 해주니 정말 본받고 싶었어요. 마젠타는 정말 존경스럽고 본받고 싶은 롤모델입니다.

히나는 제가 처음 팬 사인회를 갔을 때가 기억나요. 당시는 [펜타포트 락 페스티벌]에서 히나가 성공적으로 연주를 마치고 자신감을 얻어가던 때였어요. 제가 당시 기타 연주가 너무 힘들어서, 히나에게 어떻게 하면 긴장하지 않고 기타 연주를 잘할 수 있냐고 물어봤어요. 그랬더니 정말로 진지하게 본인의 경험을 이야기해주었어요. 뒤에서 매니저 쇠쇠가 이동할 시간이라고 말했지만, 히나는 제 손을 잡고(!) 팁을 자세하게 적어 주었습니다. 그리고 제가 공연을 무사히 마친 뒤 다시 팬 사인회를 갔을 때, 잘하고 왔냐고 챙겨주더라고요. 기억을 해주는 것도 좋았지만, 비즈니스적 관계가 아니라 기타리스트로서 진심으로 답변해준 것이 정말 고마웠습니다.

시요밍의 경우는 제가 따로 더 자세히 말씀드릴게요. 제 개인적인 서사와 관련이 깊거든요.

Q QWER이라는 팀에게 감동받았던 사연을 하나 말씀해주세요.

A 저도 밴드를 하기 때문에 '밴드는 멤버 간에 말을 하지 않아도 통하는 느낌이 있어야만 한다'는 점을 절실히 느껴요. 그런데 제 생각에는 일본 팬 콘서트때부터 QWER에게 그런 느낌을 받았습니다. 서울 팬 콘서트 때만 해도 다소 뚝딱거리는 느낌이 있었는데, 일본 팬 콘서트 때부터는 모든 것이 자연스러워지고 보다 즐기는 분위기가 보이더라고요.

Q 서울이 아닌 지역에 사시는 경우, 행사에 참여하는데 어려움이 많을텐데요, 어떤 것까지 해보았는지 말씀해주실 수 있으면 해주세요.

A 일단 [안동 수페스타] 갔다가 다음날 캐리비언베이 공연을 간 것도 정말 힘들었고요. 2024년 [펜타포트] QWER 공연을 보고, 다음날 오전에 다시 다른 아티스트의 [펜타포트] 공연을 보고, 오후에 용산으로 넘어가서 〈봇치 더 록!〉 시사회를 보고, 다시 인천으로 넘어가 저녁에 [펜타포트] 공연을 즐겼습니다. 그리고 끝난 뒤에 함께했던 친구들과 술을 마셨죠.

하지만 가장 미친 짓은 도쿄와 오사카 일본 콘서트 두 탕을 뛴 것입니다. 사실 오사카 콘서트 당첨 발표가 굉장히 늦게 났었어요. 제가 원래 도쿄 콘서트를 보고 월요일에 한국으로 돌아올 계획이었습니다. 그 주 목요일 오사카 콘서트가 당첨될 것이라고는 꿈에도 생각하지 않았거든요. 그런데 안 가면 평생 후회할 것 같아서 결국 강행했죠. 중간고사 기간과 합주 연습 기간이 콘서트 기간과 겹쳐서 굉장히 무리를 했습니다. 결과적으로 도쿄로 출국 당일에 열이 39도까지 올라가는 등 몸 상태가 최악이었어요. 출국 당일에는 해열제로 버티고, 도쿄 콘서트 중에는 술빨로 버텼어요. 월요일 밤에 귀국해서 화요일에 밀린 과제를 다 해치운 뒤, 다시 수요일에 오사카로 출국했어요. 지금 생각해도 미친 짓이지만, 결국 그런 게 다 기억에 남더라고요. 그게 낭만인 듯해요.

Q 혹시 바위게들과의 추억이 있습니까? 기억나는 추억이 있으면 공유 부탁드립니다.

A 정말 너무 많은데, 추리고 추려서 3개만 말씀드리겠습니다. 가장 먼저 오사카 팬 콘서트 당시 '시요밍 놀이터'에 갔을 때 바위게들이 여러 명 모여 있더라고요. 그런데 서로 모르는 사이니까 말도 못 하고 쭈뼛쭈뼛하다가 함께 사진 찍고, "콘서트 잘 관람하세요"라고 말한 뒤 헤어졌습니다. 그런데 전부 동선이 비슷해서, 결과적으로는 계속 만나게 되더라고요. 작별 인사하고 난 뒤에 계속 마주치게 되는 그 어색함이란. 그래서 같이 밥을 먹으러 갔는데, 아무래도 남자들이니까 귀찮아서 가장 빨리

나오는 메뉴로 통일하고. 대화도 없이 15분도 안 걸려서 밥 다 먹고 헤어졌어요.

둘째로 전바시 님과의 추억도 기억이 나네요. QWER 데뷔 1주년 카페에서 전바시 님과 인터뷰를 했는데요. 그때 별생각 없이 얼굴 모자이크를 할 필요가 없다고 생각했습니다. 그리고 히나 생일카페 때 기타를 메고 인터뷰에 응했죠. 그런데 이제 얼굴이 공개되고, 제 콘셉트는 '기타'가 되어버렸어요. 저는 원래 보컬인데(뿌에엥).

마지막 세 번째로 [뷰티풀 민트 라이프 2025]에서 바위게와 함께했던 낭만이죠. 빗속에서 바위게들과 함께 데킬라를 마시며 야외 공연을 즐겼었죠. 윤도현 밴드 공연 때 수많은 바위게들과 어깨동무를 하고 함께 놀았던 추억. 제 경험상, 기존의 밴드 문화는 다소 과격했어요. 그리고 장르 특성에 한정된 분위기도 있었고요. 그런데 QWER과 바위게들이 새로운 밴드 문화를 만들어간다고 느꼈어요. 보다 해학이 넘치고 안전하며 아이들에게 보여줘도 문제가 없는 그런 락 페스티벌 문화가 바위게로부터 시작되었다고 생각합니다. 아이돌 응원 문화에서는 깃발을 흔들거나 몸을 부딪는 슬램은 없고, 밴드 응원 문화에서는 특유의 응원법이 없죠. 그런데 바위게가 이런 틀을 깨는 것 같아요. 그리고 저는 처음에는 QWER이 아이돌과 밴드의 단점을 다 가지고 있다고 생각했어요. 그래서 양쪽 모두에게 공격을 받는다고 느꼈었거든요. 그런데 이제는 아니에요. 우리가 새로운 문화를 창조해나가는 것이죠.

사실 핵심은 '재미'라고 생각해요. 제가 밴드를 해보니까, 결국 그런 해학이나 여유가 없으면 그 좁은 밴드 팬덤 안에서도 서로 싸우더라고요. 기존의 팬덤 문화는 아티스트로서 지나치게 대접하거나 우상화하는 경향이 있다고 생각합니다. 그러니 자연스레 개그나 해학은 부족해요. 그런데 재미있으면 결국 사람들이 따라오더라고요.

어쨌거나 혼자 도를 닦는 것이 아니라면, 수익성도 고려해야죠. 내 음악적 방향을 트렌드에 맞출 필요는 없어요. 하지만 유튜브에 홍보를 하고 굿즈도 만들고 팬들과 소통을 하는 것은 자기만의 음악을 견지하면서도 얼마든지 가능하고 필요한 일이라고 생각해요. 그런데 확실히 QWER 덕분에 반전의 분위기가 생기는 듯해요.

Q QWER이라는 팀으로 인해 내 인생의 변화가 있었다면, 말씀해주세요.

A 일단 〈알블〉이 정말 제게 의미가 컸어요. 가족들은 좋으신 분들이지만, 저의 독특함을 이해하기 어려워했어요. 물론 제게 강요하는 점은 없었지만, 스스로 위축이 되었어요. '남들과 다른 제 감정을 표현해서는 안 된다', '억눌러야만 한다' 등의 생각이 항상 제 안에 있었습니다. 그래서 저는 더욱 자주 무너졌었어요. 감정을 표현하지 못하면 결국 그것이 쌓이고 쌓여서 화병과 울화병이 생기더라고요.

다행히 QWER을 만나면서부터, 감정을 자연스럽게 표현해도 좋다는 것을 알게 되었어요. 그러나 그러면서도 밝은 감정을 표현하는 것은 괜찮지만 어두운 감정을 표현하는 것은 꺼렸어요. 기쁨은 나누면 두 배가 되지만, 슬픔을 남에게 나눠주는 것은 미안했거든요.

그런데 〈알블〉 쇼케이스에서 시연이가 울음을 터뜨렸을 때, 저 또한 갑자기 눈물이 터졌어요. 특히 〈안녕 나의 슬픔〉에서 "Bye Bye 이젠 안녕, 일렁이던 밤" 가사를 들었을 때, 사춘기 이후로 이렇게까지 펑펑 울어본 적이 없었어요. 쇼케이스 현장에서 그렇게 많이 울었어요. 그동안 쌓아두었던 모든 감정들이 한꺼번에 열려서, 눈물을 줄줄 흘리면서 그렇게 서 있었습니다. 집에 오는 버스 안에서도 계속 울었어요. 그러면서 응어리졌던 모든 감정들이 풀리고 녹았어요. 그래서 그때를 계기로 자기 자신에게 좀 더 솔직한 사람이 되었어요.

그리고 향후에 어떤 방식으로든 'QWER에게 닿겠다'는 꿈이 생겼습니다. 단순한 팬으로서가 아니라, 뮤지션이나 기타 관계자든 어떤 형식으로든 그녀들과 만나고 싶어졌어요. 어릴 때부터 음악을 정말 좋아했는데요. 그래서 저와 비슷한 고민으로 고통을 겪고 있는 사람들에게 '음악'으로 메시지를 전하고 위로해주고 싶다는 꿈이 있었어요. 이 꿈을 잠시 잃어버렸었지만, 시요밍을 만나고 되찾을 수 있었습니다. 또한 제 이야기를 음악으로 전달함으로써, 다른 사람들을 돕고 싶다는 생각이 훨씬 강해졌어요. "한 번 꿈을 꾸면 절대로 놓치지 않는다!"라는 QWER의 모습이 좋았어요. '나도 한때는 저랬었지'라는 생각이 들면서, 모든 순간을 열심히 살겠다고 결심했습니다. 완벽하지는 않지만요.

또한 지난 5월 공연 때는 정말 힘들었어요. 제가 속한 밴드가 취미 밴드이기 때문에, 혼자 열심히 하면서 현타가 많이 왔었거든요. 한때는 포기할까도 했지만 〈자작곡 대작전〉을 보면서, 'QWER도 저렇게 열심히 하는데 내가 뭐라고. 시연이도 울면서 기타쳤는데, 나도 열심히 해야겠다!'라고 생각했습니다.

제가 굉장히 좋아하는 이시연의 팬 콘서트 사진이 있는데, 그 사진 속 눈빛이 정말 아련해요. 저는 그 눈빛이 정말 부러웠어요. 엄청난 역경 속에 마침내 저런 만감이 교차하면서도 감동한 저런 눈빛을 보일 수 있다니. 정말 자신이 최고로 만족한 눈빛을 지닐 수 있다니. 내가 정말 꿈꾸는 순간을 시연이는 느끼고 있구나. 나도 저런 감정을 느껴보고 싶다. 그래서 저는 힘들 때마다 〈자작곡 대작전〉을 찾아봅니다. 항상 게을러지는 저를 다잡을 수 있는 자극제이거든요.

또한 저는 자존감이 높지 않아서, 사진 찍는 것을 싫어했어요. 그런데 전 바시 님 인터뷰를 계기로 얼굴을 한번 공개하고 나니까, 카메라에 나온 제 모습을 체크하기 시작했어요. 악기 연습을 할 때도 폼 교정 등을 위해 녹화해서 많이 보거든요. 그러다 보니까 보다 잘 가꿔야겠다는 생각이 들고, 영상에 나오는 것도 점점 재미있게 되었어요. 영상에 대한 막연한 두려움이 있었는데, 이제는 완전히 '관종'이 되었어요. 은은한 관종!

현재는 이런 변화들로 인해 커버 콘테스트나 개인 커버 영상 채널까지 도전해보고 있습니다. 비록 전업은 아니지만, 그래도 언젠간 그녀들에게 닿아 "너희들 덕분에 이뤄낼 수 있었다"라는 말 한마디 전할 수 있을 것이라 믿고 있습니다.

그리고 바위게 분들은 정말 사회에서 마주치기 어려운 사람들인데, 직접 만나서 이야기를 듣고 경험을 공유할 수 있어서 좋았습니다. 같은 공연을 보면서도 즐기는 포인트가 이렇게 다르구나. 사람에 대해서도 많이 배워요. 무엇보다 열정이 많은 사람끼리 만나서 서로 열정을 채워주고 에너지를 얻어가는 것이 무엇보다 좋습니다.

Q 멋진 인터뷰, 감사합니다.

에필로그
오늘도 고생했어요

제가 자연과학 전공으로 대학에 들어갔을 때, 부모님께서는 제가 장차 과학 분야에 자리 잡을 것이라 기대하셨습니다. 하지만 어려서부터 문학 소년이었던 저는 생각이 달랐습니다. 1990년대에는 '남자는 이과'가 상식이었으며, 저는 기계적으로 이과에 지원했을 따름이었으니까요.

하지만 그렇다고 해서 자연과학을 싫어한 것은 아니었습니다. 과학자들의 이야기를 읽는 것만큼은 어려서부터 매우 좋아했으니까요. 그러나 몸소 과학자가 되는 것은 제가 가야 할 길이 아니었습니다. 그래서 학부생이었던 저는 결심했죠. 박사 학위까지 딴 다음, 과학계의 영웅들과 만나 인터뷰를 하거나 그들에 대한 전기를 쓰는 삶을 살겠다고 말이죠. 문학 소년이 과학 분야에서 할 수 있는 최고의 일이라고 생각했습니다. 하지만 1997년 외환위기 사태 이후 제 삶은 전혀 다른 방향으로 진행되었고, 저는 과학과 무관한 일터에서 살아가게 되었습니다. 영웅들에 대한 전기를 쓴다는 것은 생각조차 하지 못하고 말이죠. 다만 인터뷰집에 대한 열정은 제 가슴속 어딘가에서 조용히 끓고 있었습니다.

록키 발보아를 괴롭히던 마음속 짐승처럼 쉴 줄 모르던 그 열정은 박준 작가의 《온 더 로드》를 접한 뒤에 다시 으르렁대었습니다. 배낭여행 성지인 태국 방콕의 카오산 로드, 그곳에 체류하는 14명의 배낭여행자 인터뷰를 담은 책은 당시 10만 권 이상이 팔리며 선풍적인 인기를 끌었습니다. 그 책을 접한 후로 2020년 코로나 팬데믹이 터지기 직전까지, 카오산 로드는 제가 매년 방문하는 필수 코스였습니다. 그곳에는 저처럼 자유와 열정을 추구하는 영혼들이 전 세계에서 몰려들어 공명하고 있었죠. 저는 언젠가는 《온 더 로드》와 같은 인터뷰집을 한 번 써보았으면 좋겠다고 생각했습니다. 유명인사가 아닌 평범한 사람들, 그러나 진솔하고 꾸밈없는 사람들의 솔직한 이야기가 담긴 인터뷰집을 말이죠. 심지어 카오산 로드 근처에 소재한 탐마삿 대학에 찾아가 재학생들과 인터뷰하기도 했습니다. 하지만 코로나 팬데믹 이후 태국이 대마를 합법화함에 따라 저는 발길을 끊었고, 제 열정 또한 다시 한

쪽 구석에 숨을 죽이고 웅크렸습니다.

그런데 QWER을 만나면서부터 다시 돌아가기 시작한 열정의 수레바퀴는 결국 제가 '평범한 영웅들에 관한 인터뷰'를 쓰는 데까지 굴러갔습니다. QWER에 대한 제 진심을 브런치매거진에 연재했더니, 많은 바위게들이 읽어주시고 오프라인 활동에서 반갑게 인사해 주셨습니다. 예상치 못하게 출판사에서 출간 제의가 들어왔고, 2024년 11월에 《온 세상이 QWER이다》를 내놓았습니다.

 2025년 1월 팬 콘서트 이후로 더욱 많은 바위게와 오프라인에서 열정에 넘친 대화를 나눌 수 있게 되었습니다. 2025년 4월 도쿄 팬 콘서트 때에는 달리 갈 데 없는(?) 바위게들과 밤새 술잔을 기울이며 QWER 이야기로 시간 가는 줄을 몰랐습니다. 그들은 제가 열정을 표현할 때마다 더욱 강한 열정으로 목소리를 높이는 '찐'이었습니다. 그리고 [전지적 바위게 시점] 채널이 〈에바 로드〉를 오마주한 〈큐떱 로드〉를 제작함에 따라, 'xx 로드'에 대한 제 열망이 대리 충족되었습니다.[85]

 하지만 그래도 글 쓰는 사람만이 누릴 수 있는 즐거움-인터뷰집 출간-은 아직 성취되지 않은 채 남아 있었죠. 다만 이렇게 좋은 시간을 함께 보내고 있으니만큼, 바위게들이 훗날 인터뷰에 응해 주시지 않을까 하는 실낱같은 희망을 품고 있었습니다. 그리고 마침내 이번 책을 통해서, 저는 어린 시절부터 지녔던 꿈이었던 '영웅들에 대한 인터뷰를 담은 인터뷰집 출간'이라는 소망을 비로소 이룰 수 있게 되었습니다.

이 책에 담긴 분들은 뉴턴이나 아인슈타인이 아닙니다. 기록자인 저 또한 평범한 사람이죠. 하지만 그들이 어디에서 무엇을 하고 살든, QWER 덕후인 바위게로 살 때만큼은 정말로 멋진 사람들이었습니다. QWER을 대가 없이 사랑하고 다른 바위게에게 바라는 것 없이 도움을 베푸는 바위게들은 모두 작은 영웅들이었습니다. 콘서트나 페스티벌에서 소리 지르고 음악에 미치고 인생 즐기는 바위게들이야말로 진정한 챔피언이었습니다.

　이번 책은 QWER뿐만 아니라 그녀들을 사랑하는 바위게에게도 초점을 맞춰 써 내려갔습니다. 저를 비롯한 많은 바위게가 뮤지션을 꿈꾸지는 않습니다. 하지만 뮤지션을 대가 없이 사랑하면서, 자기 삶을 기쁨으로 채워나가는 덕후는 될 수 있습니다. 저는 《온 세상이 QWER이다》 서문에서도 '아이돌 덕질이 참된 기쁨을 누릴 수 있는 멋진 취미'라고 썼습니다. 지금도 그 생각에는 변함이 없으며, 오히려 더 큰 확신이 듭니다.

　인터뷰에 응해 주신 모든 바위게에게 진심으로 감사드립니다. 제 인터뷰 기술 부족으로 여러분의 멋진 모습을 충분히 묘사하지 못한 점이 있다면 미리 사과드립니다. 다만 먼 훗날 '그래, 나도 한때는 이렇게 뜨거웠었지!'라고 되새길 수 있는 추억거리는 되지 않을까 싶습니다. 지면 관계상 더 많은 바위게에게 연락드리지 못했습니다. 후속편을 낼 수 있게 된다면, 꼭 목소리를 들려주십사 미리 부탁드리겠습니다.

자, 하지만 제가 가장 기대하는 독자는 다름 아닌 QWER입니다. 바위게들을 누구보다 사랑하는 QWER. 그녀들 또한 바위게의 팬인 것을 제가 잘 알고 있습니다. 하지만 QWER은 바위게들에게 궁금한 점을 묻고 싶어도, 그럴 기회가 없죠. 팬 사인회조차도 1인당 주어진 시간이 너무 짧습니다. 그녀들도 바위게의 속마음을 검색해보고 싶겠죠. 그래서 오지랖 넓은 제가 나섰습니다.

QWER 노래 가운데 〈검색어는 QWER〉이란 곡이 있지요. QWER에게 있어, 이 책은 〈검색어는 바위게〉입니다. 팬 사인회에 가기에는 부끄러움이 많은 아재 바위게가 QWER에게 드리는 선물입니다. QWER과 바위게는 둘도 없는 친구이자 동료입니다. 첫 마음 절대 변치 말고, 앞으로도 한마음 한뜻으로 신나는 모험을 이어갔으면 좋겠습니다. 쵸단, 젠타, 히나, 시연 모두 파이팅!

그러면 QWER이 바위게에게 그리고 바위게가 QWER에게 전하는 메시지를 〈Yours Sincerely〉에서 빌려와 이 책을 마무리하겠습니다. 우리 모두 현생에 무리 가지 않는 선에서 즐겁게 덕질하며, QWER과 동반 성장합시다. 오늘도 고생했어요!

모든 것이 바래고 변한대도

언제나 너의 곁에 서 있을게

가끔은 멀리 떨어져 있어도

언제나 너의 곁에 내가 있을게

-〈Yours Sincerely〉 by QWER-

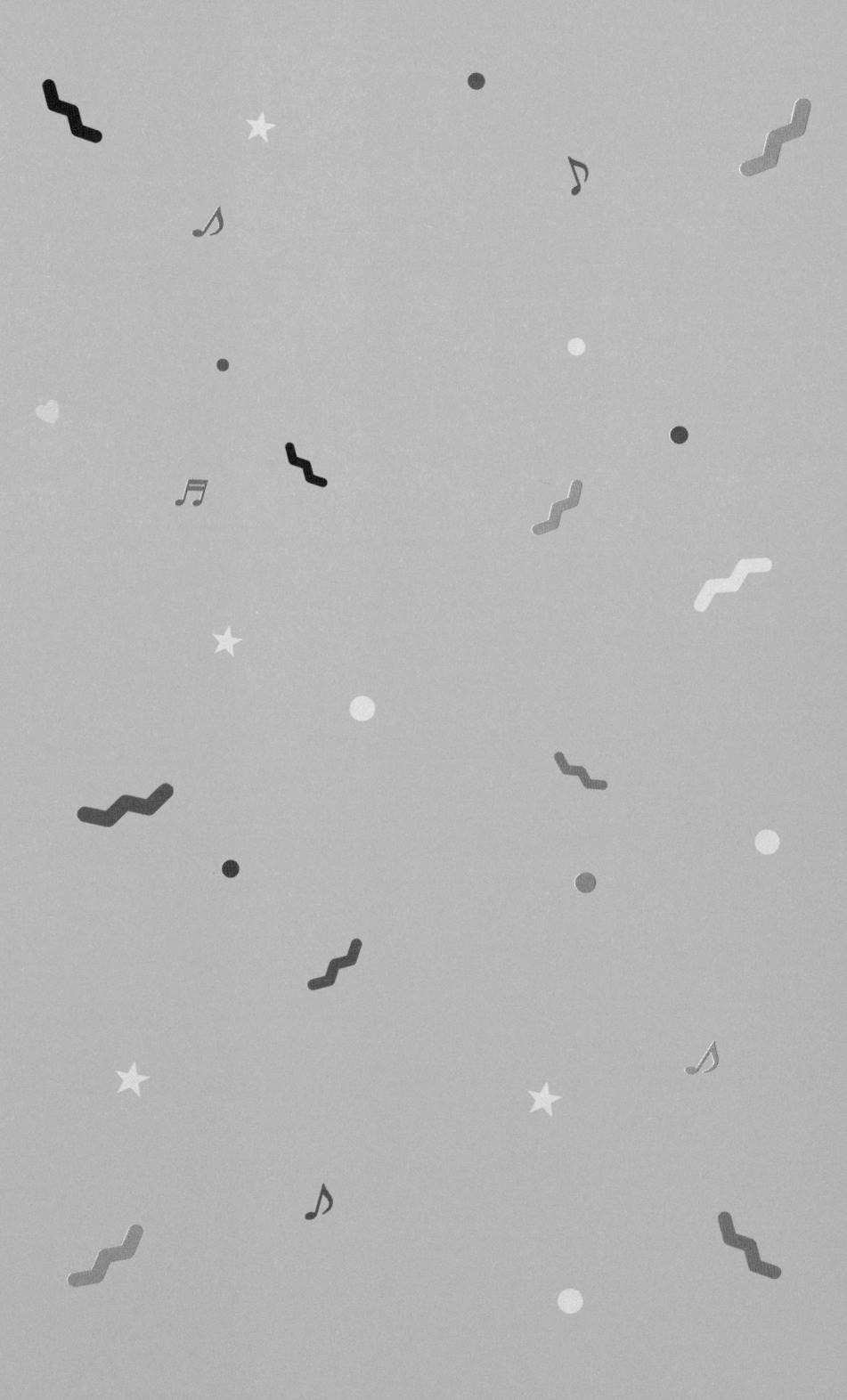

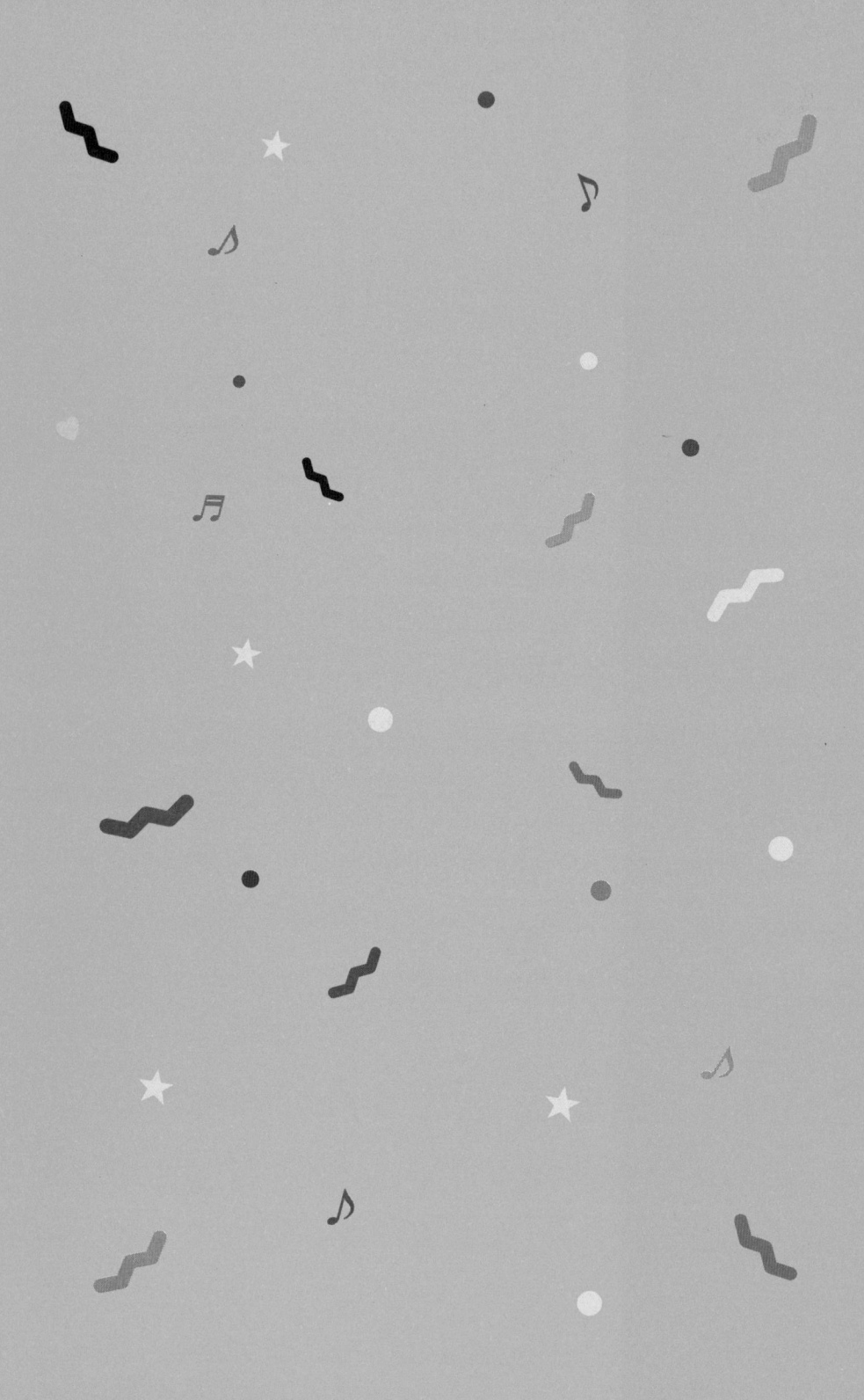